TRAITÉ

DU

RETRAIT SUCCESSORAL

Par M. Xavier Benoit

AVOCAT

AUTEUR DES TRAITÉS DE LA DOT ET DES BIENS PARAPHERNAUX.

GRENOBLE

PRUDHOMME, IMPRIMEUR-LIBRAIRE, ÉDITEUR

RUE LAFAYETTE, 15

PARIS, RUE DES POITEVINS, 9.

—

1838.

Grenoble, Impr. de PRUDHOMME.

TRAITÉ

DU

RETRAIT SUCCESSORAL

Par M. Xavier Benoit

AVOCAT

AUTEUR DES TRAITÉS DE LA DOT ET DES BIENS PARAPHERNAUX.

GRENOBLE

PRUDHOMME, IMPRIMEUR–LIBRAIRE, ÉDITEUR

RUE LAFAYETTE, 13

PARIS, RUE DES POITEVINS, 9.

—

1838.

PRÉFACE.

LES auteurs qui ont écrit sur toutes les matières du droit civil ont incontestablement accompli une œuvre digne du plus haut intérêt ; mais tous les bons esprits ont regretté que des hommes si courageusement dévoués à la science des lois n'eussent pas consacré leur temps et leur savoir à la composition de traités spéciaux. Embrasser à la fois toutes les parties d'un sujet aussi vaste, c'est donner un démenti à la possibilité de tout dire, de tout éclairer, de tout approfondir. La puissance intellectuelle a des bornes que la volonté et le courage même ne peuvent nous faire dépasser. Faire tout et tout bien faire, en matière de droit, est une de ces forfanteries qui ne saisissent jamais le jurisconsulte grave et consciencieux, et la postérité a depuis long-temps fait justice de l'orgueilleuse jactance de Dumoulin, qui avait osé dire de lui : *Moi qui sais tout et à qui personne ne peut rien apprendre.*

Ce n'est pas que nous manquions de bons traités

soient venus signaler le mieux à faire, les
lacunes à remplir, les meilleures solutions à
donner; la première édition d'un ouvrage de
droit n'est jamais qu'un essai, souvent informe
et presque toujours insuffisant.

Lorsqu'une matière de droit n'a jamais été
approfondie, lorsque le travail et la réflexion
d'un homme laborieux n'en ont pas posé les
grands principes, élaboré les difficultés, expliqué
les doutes, rien n'est plus facile que de s'égarer
dans l'application et la pratique; souvent une
règle qu'on ignore sert de base à tout le système,
à la doctrine entière, et est un guide assuré pour
arriver à la solution des questions les plus ardues;
alors, si ce point de départ échappe au jurisconsulte ou au magistrat, l'opinion est toujours
incertaine, flottante, erronée; la décision,
sujette à la réforme ou à la critique.

Dans le sujet que je présente au public, j'ai
souvent rencontré de pareilles erreurs; il m'a
fallu lutter avec la jurisprudence presque constamment; aussi me reprochera-t-on peut-être
d'avoir rapporté un trop grand nombre d'arrêts,
mais je n'ai pu faire différemment : pour bien
réfuter une décision, il faut connaître parfaitement le fait et le droit sur lesquels elle est basée;
il faut que le lecteur puisse embrasser d'un coup
d'œil tous les éléments de la discussion, afin
d'en juger sainement les résultats.

Les personnes, au reste, qui pourront m'a-
dresser ce reproche, trouveront un dédomma-

de droit, mais combien la science n'eût-elle pas
gagné, si des hommes tels que Merlin, Toullier,
Duranton, eussent fixé leurs travaux sur quelques-uns des sujets les plus importants de la
législation? Que de doutes sérieux, que de questions difficiles, qui ont amené des contradictions
choquantes dans la jurisprudence, eussent été
résolus par eux! Et lorsqu'un savant jurisconsulte a fait une longue étude du sujet qu'il veut
traiter, lorsqu'il l'a médité dans tous ses détails,
il est difficile que ses opinions ne soient pas
motivées de manière à concilier toutes les dissi-
dences ; les avis de Pothier étaient suivis avec
autant de respect que les arrêts des parlements
les plus renommés.

Les regrets que j'exprime ici me sont suggérés
par la difficulté que présente toujours la composition d'un traité quelconque. La rédaction du
plan, l'exposition claire de la doctrine, la discussion des questions agitées, l'invention, en quelque sorte, de celles qui peuvent naître, et leur
solution, tout cela demande une hauteur d'in-
telligence, de logique et d'imagination, qui m'a
toujours épouvanté.

Voici cependant le troisième traité que je
publie; mais aussi, chaque jour je me dis qu'il
leur eût fallu une tête bien autrement puissante
que la mienne pour en faire des ouvrages achevés.

Toutefois, si ces traités ne remplissent pas
l'attente du public, du moins ont-ils préparé la
matière que des mains plus habiles pourront

travailler plus tard avec toute la profondeur
et le savoir qu'elle demande. Que mes livres
soient appréciés comme des recueils de ce qui a
été dit et jugé sur les sujets que j'ai choisis,
voilà toute mon ambition. J'ai fait tout ce que
je pouvais faire.

Le *Retrait successoral* n'avait pas été traité
spécialement, et l'on se convaincra facilement
que soit les auteurs anciens, soit les auteurs
modernes qui en avaient parlé, ne l'avaient fait
que d'une manière tout à fait superficielle.

Il y a plus, la législation ancienne n'avait point
de dispositions formelles qui constituassent ce
droit; la jurisprudence l'avait induit par analogie
des lois *Per diversas et ab Anastasio*, qui
avaient créé le retrait des droits litigieux, et le
Code civil, dans ces 2284 articles, n'en a consacré
qu'un seul à ce privilége exorbitant.

Il a donc fallu prendre et réunir le peu d'éléments que présentait la jurisprudence sur la
matière; il a fallu se jeter dans l'examen d'un
certain nombre d'arrêts, et en former un corps
de doctrine qui pût instruire et guider ceux qui
auraient besoin d'y recourir; il a fallu enfin créer,
pour ainsi parler, le droit lui-même sur ce sujet
presque inconnu jusques à ce jour; tout cela je
l'ai fait avec zèle et avec le seul désir d'être utile.

Comme on le pense bien, il y a loin de là à un
bon traité; un jour, peut-être, je pourrai y
apporter la perfection qui y manque; mais
il faut, pour cela, que le temps et l'expérience

gement dans le défaut même de l'ouvrage, celui d'avoir sous les yeux toute la jurisprudence de l'époque; jurisprudence discutée dans ses erreurs, approuvée ou confirmée dans son bien-jugé, soit par le rapprochement de la loi, soit par celui de la doctrine des auteurs, soit enfin par des observations toujours consciencieuses.

Ce que je dis à ce sujet me porte à manifester de nouveau (1) le désir de voir créer un journal qui aurait pour objet unique la critique des arrêts rendus en matière de droit civil et de commerce; cette institution, qui est depuis long-temps chez moi le sujet de constantes préoccupations, exercerait, nous le pensons, une influence salutaire sur les esprits. La jurisprudence, nous pouvons le dire, est sans progrès, elle offre le plus souvent le spectacle étrange et déplorable d'une multitude de décisions contradictoires, d'opinions qui s'entrechoquent, se détruisent, et cela en présence du malheureux justiciable dont la fortune est ainsi soumise aux chances hasardeuses des temps, des lieux, des individus. Plus d'un peut dire avec raison : La jurisprudence m'a ruiné il y a dix ans; dix ans plus tard elle m'eût enrichi; aujourd'hui blanc, demain noir; hier dans l'erreur, aujourd'hui dans la vérité ; voilà ce que la versatilité des opinions a produit; et l'ignorance seule produit la versatilité.

Ce n'est pas qu'un pareil journal pût être

_____

(1) V. la préface de mon *Traité des paraphernaux.*

l'organe infaillible de la vérité; mais il mettrait constamment les principes au grand jour; la loi serait son guide unique, et tout ce qui s'en écarterait y serait ramené avec cette constance et cette réserve qu'inspirent toujours les travaux des compagnies judiciaires.

Ce vœu que je viens d'exprimer produirait, en se réalisant, nous le pensons du moins, un résultat bien utile : celui de forcer en quelque sorte à raisonner d'après le texte de la loi, et non à combattre à coups d'arrêts; car nous en sommes à ce point que c'est celui qui réunit un plus grand nombre de décisions analogues à son système qui semble, aux yeux de l'opinion commune, avoir triomphé de son adversaire.

Ainsi, en résumé, travailler à des traités spéciaux sur les différentes matières de droit, et établir un journal critique de la jurisprudence des arrêts, voilà ce qui tendrait, selon moi, à faire faire un pas immense à la science du droit et à l'administration de la justice.

TABLE DES CHAPITRES.

———•◦◦•———

CHAPITRE PREMIER.

TRAITÉ

DU RETRAIT SUCCESSORAL.

CHAPITRE PREMIER.

CE QUE C'EST QUE LE RETRAIT SUCCESSORAL.

———•o•———

1. Le retrait successoral est le droit qu'a un cohéritier d'écarter du partage d'une succession l'étranger cessionnaire de la part d'un autre cohéritier, en lui remboursant le prix de la cession.

Ce droit est déterminé par l'art. 841 du Code civil, conçu en ces termes :

« Toute personne, même parente du défunt, qui n'est pas son successible, et à laquelle un cohéritier aurait cédé son droit à la succession, peut être écartée du partage, soit par tous les cohéritiers, soit par un seul, en lui remboursant le prix de la cession. »

Cette règle exorbitante de la loi commune, puisque tout cessionnaire peut exercer les droits de son cédant, est fondée sur ce motif qu'il faut empêcher qu'un étranger, en se rendant cessionnaire de la part d'un cohéritier dans la succession , ne vienne s'immiscer dans les secrets d'une famille , et y apporter, par sa présence, le trouble et la division.

2. Quelques auteurs , entr'autres Duranton , tom. 7 , pag. 276 , ont pensé que le retrait successoral prenait son origine dans les lois *per diversas* et *ab Anastasio* , 22 et 23 , C. *mandati* ; mais c'est là une erreur manifeste. Ces lois n'ont été portées que contre les acheteurs de créances litigieuses, et non point contre les acquéreurs des droits successifs. Il nous a paru nécessaire de relever cette erreur afin qu'on ne tirât pas de ces deux textes des conséquences ou des inductions applicables à la matière que nous traitons, et qui , dans la pratique, pourraient égarer le magistrat. Nous allons, au reste, prouver ce point de droit , en faisant connaître en substance les deux lois dont il est question.

Dans la première , le législateur romain , après avoir exposé le motif de la décision , s'exprime en ces termes :

Per hanc itaque legem jubemus in posterum hujusmodi conamen inhiberi. Nec enim dubium est redemptores litium alienarum videri eos esse , qui tales cessiones in se confici cupiunt : ita tamen , ut si quis datis pecuniis hujusmodi subierit cessionem usque ad ipsam tantummodo solutarum pecuniarum quantitatem , et usurarum ejus actiones exercere permittatur.

Nulle part dans cette disposition il n'est fait mention de cession de part cohéréditaire , ni de la faculté d'écarter le cessionnaire du partage de la succession.

Dans la seconde , même silence sur ce point.

Ab Anastasio divæ memoriæ principe justissima constitutio conscripta est tam humanitatis quam benevolentiæ plena : ut ne quis alienum subeat debitum cessione in eum facta , et ne amplius a debitore consequatur his quæ præstitit cessionis auctori , exceptis quibusdam casibus qui specialiter illa sanctione continentur.

On ne nous fera pas , nous l'espérons du moins , le reproche de n'avoir pas rapporté le texte entier de ces deux lois ; outre qu'il est fort long , sa lecture n'aurait fait que confirmer la partie dispositive que nous venons de transcrire , sans laisser de doutes sur la question. On peut d'ailleurs y recourir.

Dans tous les cas , cette opinion , que le retrait successoral n'est pas compris dans les lois *per diversas* , n'est pas seulement la nôtre ; elle est encore professée par une foule d'auteurs recommandables. Voy. Le Brun , *Des Successions* , tom. 2 , pag. 367 , de l'édition in-4° ; Merlin , *Répertoire* , mot *Droits successifs* , n° 8 ; Toullier , tom. 4 , pag. 432.

Cependant , nous devons le dire , l'existence des lois *per diversas* et *ab Anastasio* eut beaucoup d'influence dans l'introduction de ce droit parmi nous. Dès l'année 1613 , le parlement de Paris en étendit les dispositions à l'étranger acquéreur du droit successif d'un cohéritier. Il est curieux ,de connaître par quelle raison ce parlement se décida.

L'avocat-général Servin , qui portait la parole

dans cette cause, disait, en invoquant la maxime *vi ipsa et tacite inest conditio*, que lorsqu'il n'y a pas de loi pour motiver une décision équitable, il fallait ou en créer une, ou étendre les dispositions de celles qui prononçaient sur des cas analogues. Cette doctrine eut un plein succès, l'arrêt fut rendu conformément aux conclusions de Servin, et cet arrêt devint le fondement d'une jurisprudence uniforme sur cette matière. Voy. le 104ᵉ plaidoyer de Servin, dans ses œuvres complètes.

C'est ainsi que les lois *per diversas* et *ab Anastasio* furent appliquées à l'étranger cessionnaire de droits successifs. On voit dans Brodeau Surlouet, lett. C., som. 13, quatre arrêts rendus en 1614, 1615 et 1616, qui jugèrent en ce sens.

Remarquons toutefois que tous les parlements n'imitèrent pas celui de Paris; M. Merlin dit même dans son *Répertoire*, qu'en 1738 on chercha avec chaleur à porter atteinte à cette jurisprudence. « C'était, dit cet auteur, dans une espèce où le sieur Dédale avait exercé le retrait dont il s'agit contre le sieur Lesure, qui avait acquis des droits successifs dont le sieur Dédale était cohéritier. On soutenait pour l'acquéreur que les conventions sont de droit naturel et de droit public; que quand elles sont conformes aux lois par lesquelles elles sont autorisées, elles sont elles-mêmes des lois qui ne peuvent recevoir d'atteinte que par le retrait lignager, féodal ou censuel, admis par nos coutumes; qu'autrement la liberté des conventions que le bien public et que l'avantage du commerce ont introduites serait gênée , et un cohéritier privé du droit de faire son avantage et sa condition meilleurs , attendu que s'il ne pouvait céder ses droits sans que son cessionnaire fût assujetti à la subrogation , personne ne voudrait les acquérir. Mais malgré tous ces moyens , ajoute M. Merlin , il fut jugé au parlement de Paris , le 26 août 1738 , que la subrogation exercée par le sieur Dédale aurait son entier effet. » ‐

3. On a souvent agité la question de savoir si le retrait successoral avait été aboli par les lois intermédiaires. M. Toullier , tom. 4 , pag. 432 , pense qu'il est inutile d'approfondir cette question demeurée indécise , parce qu'il est certain que le cessionnaire d'une portion héréditaire encore indivise peut être exclu , lorsque la cession est postérieure à la promulgation du Code , quoique l'ouverture de la session soit antérieure.

Nous ne sommes pas de cet avis , par la raison qu'il peut arriver que la cession et l'ouverture de la succession soient antérieurs à la promulgation du Code et que dès-lors il devienne nécessaire de connaître si le retrait successoral a été réellement abrogé. C'est au reste ce qui s'est rencontré dans plusieurs circonstances qui ont donné lieu à de très-sérieuses discussions que nous ferons connaître plus tard.

Il est donc utile d'examiner la question, et de savoir si , comme le dit M. Toullier , elle est demeurée indécise.

Un premier décret du 13 juin 1790 déclare aboli

le retrait de *bourgeoisie*, d'*habitation* ou *local*; le retrait d'*éclesche*, le retrait de *société*, de *communion*, de *frareuseté*, de *convenance* ou *bienséance*. Le retrait *lignager* et celui de *mi-denier* furent aussi abolis par un deuxième décret du 19 juillet suivant.

Un troisième décret portait les dispositions suivantes :

« La convention nationale, après avoir entendu le rapport de son comité de législation ; considérant que, d'après les décrets rendus par les assemblées constituante et législative, *il ne peut plus exister aucune espèce de retraits introduits par les anciennes lois, coutumes ou usages locaux ;* déclare que la faculté accordée au mari et à ses héritiers, par l'article 302 de la coutume de Normandie, est comprise dans l'abolition des retraits lignagers et mi-deniers, prononcée par le décret du 17 et 19 juillet 1790. »

Un quatrième décret du 30 septembre 1793 décidait :

« La convention nationale, après avoir entendu le rapport de son comité de législation sur la pétition des enfants puinés de Denis Houlier, décédé le 17 juillet 1790, tendant à ce qu'il soit statué, par une loi expresse, sur la question élevée entre eux et leur frère aîné, de savoir si celui-ci peut encore, nonobstant l'abolition du retrait lignager, exercer le droit accordé aux aînés par l'art. 296 de la ci-devant coutume de Normandie, de retirer dans l'année du décès de leur père, les immeubles qui sont échus à leurs puinés ; — passe à l'ordre du jour motivé sur les décrets qui ont aboli *toutes les espèces de retraits* introduits par les anciennes lois, coutumes et usages locaux, anéantit toute demande en retrait non consentie, ou adjugée en dernier ressort avant leur publication. »

Enfin un cinquième décret du 9 floréal an 2 vint clore la série des actes législatifs sur ce point ; il portait :

« La convention nationale, après avoir entendu le rapport de son comité de législation, sur la pétition de Nicolas-Jacques d'Arves, tendant à obtenir la réforme d'un jugement rendu le 10 avril 1793, en ce qu'il admet à l'exercice d'une espèce de retrait qui doit être anéanti par les décrets ; et à ce que la convention veuille bien expliquer si les lois qui suppriment les retraits lignager, de mineurs, de mi-deniers, féodal, censuel et autres, comprennent aussi dans leur suppression le retrait de *convenance* ou *successoral ;*

» Considérant que, d'après les décrets rendus jusqu'ici sur cette matière, il ne peut plus exister aucune des espèces de retraits introduits par les anciennes lois, coutumes, et usages locaux ; que la convention s'est suffisamment expliquée à cet égard par ses décrets des 2 et 30 septembre dernier ; — déclare qu'il n'y a pas lieu à délibérer ;

» Considérant néanmoins que le tribunal de district de Breteuil a rendu, le 10 avril 1793, un jugement qui admet des héritiers à l'exercice du droit de *retrait successoral* ; — déclare la disposition de ce jugement nulle et comme non avenue. »

Telle était l'instabilité de la législation de ces premiers temps de la révolution qu'après l'émission de ces cinq décrets on se demandait encore s'il était bien vrai que le *retrait successoral fût aboli ;* la lecture du dernier ne semblait laisser aucun doute ; plusieurs jugements du tribunal de cassation en avaient fait l'application rigoureuse (Sirey, tom. 4, en rapporte un du 25 vendémiaire an 5), et cependant il existait encore une inquiétude morale dans les esprits ; on argumentait, on soutenait que le dernier décret du 19 floréal an 2 avait été rendu sur une pétition qui entendait le mot *retrait successoral* dans un autre sens que le *droit d'offrir* au cessionnaire son remboursement. On peut voir dans un arrêt de la cour de cassation du 8 frimaire an 12, rapporté par Sirey, au tom. 4 ci-dessus cité, pag. 188, combien on discuta avec insistance sur ce point.

Plus tard, M. Merlin eut à examiner cette question sur le recours en cassation d'un arrêt de la cour d'Amiens : cet arrêt avait pour motif : « Que si dans quelques instants de la législation, il s'était élevé des doutes sur la question de savoir si l'action en subrogation de vente de droits successifs, vulgairement connu sous le nom de *retrait successoral*, était comprise dans la suppression des retraits prononcée par les lois du 13 juin et 19 juillet 1790, si même *quelques dispositions législatives* avaient pu donner quelque consistance à cette opinion, il était maintenant reconnu que cette action n'avait jamais été regardée comme un des retraits compris dans la suppression ; — considérant d'ailleurs *qu'en admet-*

tant qu'elle y eût été comprise, il est aujourd'hui certain qu'elle a été rétablie par l'art. 841 du Code civil. »

On voit que cet arrêt, tout en paraissant se prononcer pour la non-abolition du retrait successoral, laissait encore des doutes graves sur la question. M. Merlin fit comme la cour d'Amiens, il ne se prononça que douteusement, et se retrancha derrière le moyen tiré de la promulgation de l'art. 841, en sorte que jusqu'alors il n'y eut point de solution franche, et, comme le dit M. Toullier, la question demeura indécise.

Cette irrésolution des esprits venait de ce qu'on sentait la nécessité de revenir aux anciens principes sur le retrait successoral, qui étaient essentiellement justes, et de ce qu'on se trouvait en présence de décrets qui décidaient nettement la question de l'abolition, mais à raison desquels on était allé un peu vite, et peut-être inconsidérément.

Le malaise naissant de cette fausse position porta le jurisconsulte à chercher une voie pour en sortir. Ne pouvant attaquer la lettre trop expresse du décret du 9 floréal an 2, on l'examina dans sa forme et dans sa promulgation. On s'aperçut bientôt qu'il n'avait pas été légalement publié, ni inséré au recueil des lois de la république, et conséquemment qu'il ne pouvait pas être considéré comme loi de l'état.

Ce décret fut ainsi repoussé par arrêt de la cour de Grenoble, à l'audience du 13 juillet 1812, et par la cour de cassation le 20 mars 1828. Voici les motifs de ces deux décisions :

1ᵉʳ ARRÊT. « — La cour ; — considérant qu'avant la publication du Cod. civ., qui, par l'art. 841, donne formellement aux cohéritiers le droit d'écarter du partage le cessionnaire étranger qui aurait acquis les droits de l'un d'eux, cette faculté n'était pas moins fondée en droit commun, dans les pays de droit écrit et particulièrement dans la ci-devant province du Dauphiné ; — qu'elle n'était point considérée comme un retrait ou une dénomination quelconque, soumis à des délais, des formes ou des conditions particulières, mais comme une exception ordinaire pour repousser l'intervention d'un étranger dans le partage d'une succession, en sorte que les décrets d'abolition de diverses sortes de retraits rendus par la convention nationale ne lui étaient point applicables ; — considérant qu'il n'est point vérifié *que le décret du 19 floréal an 2 ait été promulgué dans la forme alors prescrite, inséré au recueil des lois de la république, ni revêtu de la clause d'insertion au bulletin de correspondance*, suivant la forme usitée à l'égard des simples décrets négatifs ou d'intérêts particuliers, et qu'il ne peut pas recevoir d'application générale ; — permet à Boujard, etc. »

2ᵉ ARRÊT. « — La cour ; — attendu que par actes authentiques des 29 ventôse et 2 germinal an 9, le sieur Delivet père, et beau-père des demandeurs, avait acheté les droits successifs de plusieurs des héritiers du sieur Mignot de la Fouraille, décédé le 17 avril 1796, laissant à sa veuve l'usufruit de tous ses biens, et que la veuve, usufruitière, étant décédée le 17 avril 1825, le sieur Morin, l'un des

autres héritiers du sieur Mignot, forma contre le
cessionnaire une demande en subrogation, demande
à laquelle accédèrent, en intervenant, plusieurs
autres héritiers, et qui fut accueillie par l'arrêt
attaqué ; — attendu que le droit d'offrir produisant
l'effet immédiat de prévenir ou de terminer un procès,
consacré par les lois *per diversas* et *ab Anastasio*,
avait été étendu et appliqué par la jurisprudence de
presque tous les parlements, et notamment par la
jurisprudence du parlement de Rouen, aux ventes de
droits successifs faites par un ou plusieurs héritiers à
un étranger ; — attendu que ce droit, différant essentiellement des retraits qui, intentés par des actions
rigoureuses, occasionnaient des procès très-multi-
pliés, n'a été abrogé ni par les lois du 13 juin et
19 juillet 1790, qui n'en parlent pas, ni par le décret
du 19 floréal an 2, *qui, n'ayant pas été légalement
publié, n'est pas devenu loi de l'état*, ni par les décrets intermédiaires ; qu'il y a même raison de décider pour l'extension admise par l'ancienne jurisprudence, que pour l'exécution stricte des lois *per
diversas* et *ab Anastasio*, et que dès-lors, l'action en
subrogation doit continuer d'être régie suivant l'esprit des lois d'où elle dérive ; — attendu enfin, qu'en
faisant même abstraction de l'extension donnée par
l'ancienne jurisprudence aux principes des lois *per
diversas*, et en appréciant l'action en subrogation à
une vente de droits successifs universels faite à un
étranger, d'après des règles et des principes qui lui
soient propres, il faudrait encore reconnaître que le
droit de subrogation, admis dans l'intérêt des fa-

milles pour empêcher des étrangers de pénétrer leurs
secrets et d'apporter le trouble et les discussions dans
les partages, n'a jamais été virtuellement proscrit
par aucune loi, et que, loin d'avoir violé aucune loi,
l'arrêt de la cour royale de Caen a, au contraire,
fait une juste application des principes relatifs à la
matière ; — rejette.

En éloignant ainsi de la discussion le décret du
19 floréal an 2, ces arrêts n'ont plus laissé, comme
on le voit, la question indécise. Il n'est plus douteux
aujourd'hui que le retrait successoral ne puisse être
exercé pour les cessions antérieures au Code civil,
lorsque la succession est restée indivise entre le cédant et les autres cohéritiers. M. Toullier s'est donc
trompé en disant qu'il était inutile d'approfondir
ce point de droit sur lequel cependant il n'y avait
point de solution formelle ; il ne peut y avoir au contraire de décisions plus explicites sur la question que
celle dont nous venons de rapporter le texte.

4. Le retrait successoral est plutôt une exception
qu'une action ; car c'est par exception que les cohéritiers viennent offrir au cessionnaire le remboursement du prix de la cession ; c'est lorsque ce cessionnaire se présente au partage ou qu'il le provoque
lui-même, que ces cohéritiers viennent lui dire :
«Vous n'avez pas le droit de vous immiscer dans nos
intérêts de famille, ni de venir, par votre présence,
porter le trouble et la division parmi nous; voilà ce
que vous avez déboursé.» V. Merlin, *Rép.*, mot *Droits
successifs*, n. 8 ; Malpel, *Des Successions*, p. 540.

5. M. Chabot de l'Allier, tout en reconnaissant
que ce droit est plutôt une exception qu'une action
(v. tom. 3 , pag. 179), pense cependant que les héritiers peuvent se pourvoir, par action directe, en
subrogation, sans attendre que le cessionnaire se
présente.

Nous ne saurions partager l'opinion de ce jurisconsulte.

L'exception est l'exclusion de l'action : *Exceptio
dicta est quasi quædam exclusio, quæ inter opponi
actioni cujusque rei solet ad cludendum id quod in
intentionem condemnationemve deductum est; l. 2, in
pr. ff. de except.* Il suit de là, qu'elle ne peut
être opposée que lorsque l'action est intentée. Et
en effet, si le cessionnaire ne se présente pas au
partage, ou s'il ne le provoque pas lui-même, comment les héritiers connaîtront-ils sa cession? Comment sauront-ils qu'il est le représentant du cohéritier qui lui aura vendu ses droits? Supposons que,
conformément à l'opinion de M. Chabot de l'Allier,
les héritiers assignent par action directe le cessionnaire en subrogation de sa cession; celui-ci ne serait-il pas fondé à leur dire : « Mais je ne vous ai rien
demandé, je n'ai exercé contre vous aucune action;
que me demandez-vous, vous-mêmes? Savez-vous,
dans le cas auquel je serais réellement cessionnaire
de votre cohéritier, si je veux faire usage de ma
cession? Attendez que je me présente au partage, et
alors vous agirez contre moi; en l'état, vous devez
être déclarés non recevables dans votre action et condamnés aux dépens. » Tel serait évidemment le sort

des cohéritiers, s'ils agissaient autrement que par voie d'exception.

Le texte de l'art. 841 prouve suffisamment l'exactitude de ce raisonnement : « Le cessionnaire, porte cet article, *peut être écarté du partage.*» Or, pour être écarté, il faut qu'il se présente ; il faut qu'il fasse connaître sa qualité de cessionnaire. Comment concevoir que des cohéritiers puissent écarter d'un partage un cessionnaire qu'ils ne connaissent pas, qui ne se présente pas à ce partage ?

Nous ne devons cependant pas passer sous silence deux arrêts qui ont jugé contre notre opinion. Le premier a été rendu par la cour de cassation, le 9 août 1830, et le second, par la cour de Bastia, le 23 mars 1835 ; mais les motifs de ces arrêts laissant entières les raisons que nous venons de développer ci-dessus, nous persistons à penser que notre avis est plus conforme aux principes. Voici, au reste, les motifs de ces décisions tels que les rapporte Sirey, tom. 35, part. 2, pag. 349 et 350.

1.er ARRÊT. — « La cour ; sur le moyen pris de la violation et fausse application de l'art. 841, Cod. civ. : — attendu 1° que, d'après cet article, les cohéritiers du cédant peuvent, sans doute, écarter, par voie d'exception, le cessionnaire non successible du défunt, du partage de la succession, lorsqu'il se présente à ce partage ou le provoque lui-même ; mais que la disposition de l'article n'étant pas conçue en termes limitatifs, ils peuvent également, sans attendre que le cessionnaire se présente, agir de leur chef, comme ils l'ont fait dans l'espèce, par action

directe , afin d'être subrogés aux droits acquis par
lui du cohéritier, en lui remboursant le prix de
la cession dans un cas comme dans l'autre , comme
il est prescrit par ledit article; qu'en agissant ainsi,
les cohéritiers du cédant sont entrés dans les principes du droit commun sur l'exercice tant des actions
ordinaires en général, que des actions en subrogation en particulier.....; — rejette , etc. »

2e ARRÊT. — « La cour; — attendu..... etc. ;

» Attendu que l'art. 841 précité, en accordant
aux cohéritiers du cédant la faculté d'écarter le
cessionnaire, non successible du défunt , du partage
de la succession , n'a point limité cette faculté au
moment où celui-ci provoque le partage ou s'y présente; qu'ils peuvent donc, sans attendre ce moment , agir de leur chef et par action directe , afin
d'être subrogés aux droits par lui acquis, ainsi que
l'a formellement décidé la cour de cassation, par arrêt
du 9 août 1830; admet , etc. »

CHAPITRE II.

PAR QUI LE RETRAIT SUCCESSORAL PEUT-IL ÊTRE
EXERCÉ ?

5. Le retrait successoral peut être exercé par tous les héritiers et même par un seul (Cod. civ., art. 841); mais faut-il prendre ici ce mot *héritier* dans son acception la plus générale ? ou bien faut-il la restreindre aux seuls *héritiers légitimes ?*

S'il fallait s'en rapporter à la lettre de l'art. 841, il ne nous paraîtrait pas douteux que le retrait successoral ne pût être demandé que par les *héritiers légitimes*. En effet, par ce mot *héritier*, on ne peut entendre que celui auquel la loi confère la saisine légale : celui-là est le seul véritable représentant du défunt *in universum jus;* les autres ne sont que des légataires ou donataires universels ou à titre universel : ils ne sont pas saisis de plein droit; ils sont obligés, du moins les légataires à titre universel, de demander aux héritiers légitimes la délivrance des biens donnés ou légués. Plusieurs textes viennent à l'appui de ce raisonnement :

L'art. 723 du Code civil dispose : « La loi règle l'ordre de succéder entre les héritiers légitimes, etc. »

L'art. 724 décide que les héritiers légitimes sont saisis de plein droit des biens, droits et actions du défunt, sous l'obligation d'acquitter toutes les charges de la succession.

L'art. 1002 porte : « Les dispositions testamentaires sont ou universelles, ou à titre universel, ou à titre particulier. Chacune de ces dispositions, soit qu'elle ait été faite sous la dénomination d'institution d'héritier, soit qu'elle ait été faite sous la dénomination de legs, produira son effet suivant les règles ci-après établies pour les *legs universels*, *pour les legs à titre universel*, *et pour les legs à titre particulier.*

Toutefois, ce n'est pas ainsi qu'il faut expliquer la pensée du législateur : il faut considérer comme *héritiers*, dans l'application de l'art. 841, tous ceux qui sont appelés soit par la loi, soit par la disposition de l'homme, à prendre une quote-part de la succession: « Il faut, dit Toullier, tom. 1, pag. 437, prendre ce mot dans son acception la plus générale, et alors il comprend non-seulement les héritiers du sang ou les héritiers légitimes qui tiennent leur droit de la loi, mais encore les héritiers ou légataires universels, ou à titre universel, institués par testament, et les donataires universels de tous ou d'une quote-part des biens présents et à venir institués par contrat de mariage ; les enfants naturels qui sont héritiers irréguliers ; en un mot, tous ceux qui ont à partager ensemble une succession indivise : *Hi qui universum jus succedunt hœredis loco habentur.* L. 128, ff. *de reg. jur.* »

Telle est encore l'opinion de M. Chabot de l'Allier
dans son commentaire sur l'article 841 , n° 14 :
« L'action en subrogation , dit cet auteur, appartient même à tous les successeurs, c'est-à-dire à tous
ceux qui , soit par une donation , soit par un testament , soit par une disposition particulière de la
loi , sont appelés à recueillir une quote-part de la
succession. »

Enfin , M. Duranton , tom. 7, pag. 276, partage
aussi pleinement cette doctrine.

Quant à la jurisprudence , elle n'est pas moins
explicite sur la question. Un arrêt de la cour de cassation du 1er octobre 1806, rapporté par Merlin, *Rép.*,
mot *Droits successifs* , n° 8 , a jugé que le donataire
universel d'un cohéritier pouvait exercer le retrait
successoral comme ce cohéritier lui-même. Nous ne
pouvons nous empêcher de transcrire ici quelques
fragments des conclusions qui furent prononcées par
M. Merlin à l'audience où cet arrêt fut rendu , conclusions qui ont jeté de grandes lumières sur la
matière :

« La loi 128 , ff. *de r. j.* , disait l'auteur du *Répertoire* , répute héritiers tous ceux qui succèdent à
l'universalité des droits du défunt, et d'Anthoine, sur
cette loi , après avoir cité trois exemples de pareils
successeurs, ajoute : «Le quatrième exemple convient
» au donataire universel qui est obligé de payer toutes
» les dettes du donateur , *quia ut loco hœredis* , lors-
» qu'il accepte la donation purement et simplement;
» mais quand il accepte sous inventaire, il n'est tenu
» que jusqu'à concurrence des biens; d'où il suit qu'un

» donataire universel est comparé à un véritable hé-
» ritier. » — Furgole, sur l'art. 17 de l'ordonnance de
1731, dit également : « Le donataire de tous biens
» présents et à venir, ou d'une quote, succédant *in
universum jus*, doit être considéré comme héritier,
» et, par conséquent, il doit payer toutes les dettes et
» charges de la succession... il peut même être con-
» venu par action personnelle. » Comment, d'après
cela, le donataire universel d'un cohéritier pourrait-il
vendre les droits successifs de celui-ci, sauf la charge
du retrait successoral? Serait-ce parce que le retrait
successoral ne pouvait pas avoir lieu contre le donataire universel lui-même? Mais il n'aurait pas pu
davantage avoir lieu contre l'héritier du cohéritier;
et puisque l'acquéreur des droits de celui-ci est
sujet à cette action, pourquoi n'en serait-il pas de
même de l'acquéreur des droits de celui-là? Quelle
raison y aurait-il de communiquer plutôt à l'un qu'à
l'autre le privilége qu'avait son vendeur d'être à
l'abri de cette action..... ?

» Mais voulons-nous acquérir la preuve certaine
et irréfragable que, dans l'art. 841 du Code civil, le
donataire à titre universel est compris sous la dénomination d'héritier? Reportons-nous à l'intitulé de
la section dont cet article fait partie. Cette section a
pour titre : *De l'action en partage et de sa forme*; et
elle est la seule de tout le Code civil qui règle, soit
quant au fond, soit quant à la forme, les partages
des droits successifs : c'est par conséquent dans cette
section que les donataires à titre universel doivent chercher, et ce n'est que dans cette section qu'ils peuvent

trouver les dispositions qu'ils ont à suivre pour partager, avec les héritiers du sang, les droits qui sont indivis entre eux. Or, dans cette section, pas un seul article, pas un seul paragraphe, pas un seul mot sur les donataires à titre universel. Il faut donc nécessairement que l'on applique aux donataires à titre universel tous les articles de cette section où figure l'expression *cohéritiers*. Mais si on les leur applique tous, que devient ce système du demandeur? Sa seule ressource serait de dire qu'on doit excepter de cette application générale l'art. 841. Et quel pourrait être le motif d'une telle exception? Si, par la force des choses, on est obligé d'étendre aux donataires à titre universel tout ce que portent, sur les cohéritiers, les vingt-six articles qui précèdent le 841°, comment ne veut-on pas que la force des choses nécessite la même extension pour celui-ci? etc. , etc. »

Un autre arrêt de la cour de cassation, du 2 décembre 1829, a aussi jugé la question en faveur du donataire et légataire à titre universel, et enfin on peut tirer de forts arguments en faveur de ce système d'un autre arrêt de cette même cour, sous la date du 14 mars 1810 (v. Sirey, tom. 10, 1, pag. 216). Nous ne pensons pas qu'on pût élever de nouveau la question avec quelque espérance de succès. V. au reste les arrêts rapportés dans les n°ˢ 7 et 8.

7. Faut-il étendre l'acception du mot *héritier* à l'enfant naturel? En d'autres termes, l'enfant naturel peut-il exercer le retrait successoral?

Les enfants naturels , dit l'art. 756, *ne sont point héritiers ;* la loi ne leur accorde de droits sur les biens de leur père ou mère décédés , que lorsqu'ils ont été légalement reconnus. Elle ne leur accorde aucun droit sur les biens des parents de leur père ou mère.

Les termes de cet article sont formels : les enfants naturels *ne sont point héritiers* ; leurs droits sont assimilés à une créance , et cependant on leur accorde assez généralement la faculté d'écarter le cessionnaire du partage. Les motifs de cette faveur peuvent être que l'enfant naturel a droit à une quote-part de tous les biens de la succession ; qu'il peut prendre, à raison de ce, connaissance de tous ceux qui la composent ; qu'il peut s'immiscer dans toutes les affaires du défunt parce qu'il est de sa famille ; qu'il a un intérêt né et actuel à faire accroître l'hérédité de tous les avantages éventuels puisqu'il y prend une part. D'ailleurs, bien que l'enfant naturel ne soit pas héritier, il peut poursuivre les débiteurs de la succession (arr. de la cour de Paris ; Sirey, tom. 2, part. 2, pag. 250), et exercer une action réelle sur les biens héréditaires (arr. de la cour de cassation , 20 mai 1806 ; Sirey, tom. 6, 2, 623); il a droit à des biens en nature; on ne peut le contraindre à se contenter de valeurs estimatives (arr. de la cour de Paris ; Sirey, tom. 13, 2 , pag. 325); il est recevable à demander le rapport, comme un véritable héritier (arr. de la cour d'Amiens, 26 novembre 1811 ; Sirey, 12, 2, pag. 411).Enfin, l'enfant naturel peut, comme l'héritier légitime , quereller les actes faits par les père et mère, décédés en état d'imbécillité ou de

démence (arrêt de la cour de Rouen du 17 mars 1813;
Sirey, 13, 2, 230).

Un arrêt de la cour de cassation, du 8 juin 1826, a,
du reste, consacré cette doctrine d'une manière formelle dans l'espèce suivante :

Le sieur Journet était cessionnaire de droits successifs dans la succession de Marie Frejal, et il se
trouvait en concours pour les recueillir avec le sieur
Bachelas, représentant, dans cette succession, Marie Bachelas, sa fille naturelle reconnue, née de
Marie Frejal et alors décédée ainsi que la mère. —
Le sieur Bachelas voulut, pour écarter le sieur Journet, cessionnaire, exercer contre lui le retrait successoral autorisé par l'art. 841, en lui remboursant
le prix de la cession. — Le sieur Journet opposa que
le retrait successoral ne pouvait être exercé que par
un *héritier*, et que dans l'espèce le sieur Bachelas,
aux droits de sa fille naturelle, qui n'était pas *héritière* de sa mère, mais seulement *successible*, ne
pouvait exercer le retrait. —1er août 1822, jugement
du tribunal du Vigan, qui admet Bachelas à exercer
le retrait. — « Considérant, porte le jugement, que
quoique, aux termes de l'art. 756 du Cod. civ., l'enfant naturel ne soit pas héritier dans le sens que le
législateur a attaché à cette qualité, il n'en résulte
pas moins des dispositions du Code, au titre *des
successions*, chap. 4, combinées avec les autres dispositions du même titre, que l'enfant naturel a des
droits successifs assurés dans la succession de ses
père et mère, pour l'exercice et le recouvrement desquels les dispositions du chap. 6, au même titre,

lui sont communes avec les autres héritiers légitimes, et par suite les dispositions particulières de l'article 841 ; — qu'il suit de là que l'enfant naturel a, comme l'héritier légitime, le droit d'exercer le retrait successoral permis par ledit article ; que dès-lors ledit sieur Bachelas, ayant succédé en totalité aux droits de Marie Bachelas, sa fille naturelle, et de défunte Marie Frejal, a droit, en cette qualité, d'exclure de la succession de la dame Marie Fréjal le sieur Journet, cessionnaire des héritiers ayant droit au quart des biens auxquels la dame Marie Bachelas ne succède pas. »

Appel par Journet.— 4 décembre 1823, arrêt de la cour royale de Nîmes, qui confirme.

Pourvoi en cassation pour violation de l'art. 756 du Cod. civ., et fausse application de l'art. 841 du même Code.

ARRÊT. — « La cour ; — attendu, en droit, que s'il est vrai que les enfants naturels ne sont pas héritiers, il est vrai aussi que la loi a accordé à ceux qui sont légalement reconnus un droit sur les biens de leurs père et mère décédés; que ce droit est fixé à une fraction de la portion héréditaire que l'enfant naturel aurait eue s'il eût été légitime; qu'ainsi il lui attribue une participation à tous les biens qui composent l'hérédité, et par suite l'action nécessaire pour en fixer la quotité et en opérer la division; attendu que cette action est réglée par le chap. 6, tit. 1, liv. 3, Cod. civ., lequel comprend au nombre de ses dispositions le droit d'écarter du partage tout cessionnaire qui ne serait pas successible; que ce droit fait partie de ceux auxquels participent les enfants naturels pour fixer et diviser l'hérédité ; — attendu, en fait, que le demandeur, n'étant pas successible, mais simple cessionnaire d'un cohéritier, pouvait être écarté, par application de l'art. 841, par l'ayant-droit d'un enfant naturel qui prenait sa part légale dans l'hérédité, et que la cour de Nîmes, en le décidant ainsi, a fait une juste application des articles 756, 757 et 841 du Cod. civ. ; — rejette, etc. Sirey, tom. 26, 1re part., pag. 399.

8. Le simple légitimaire doit-il être considéré comme héritier dans le sens de l'art. 841 ?

La loi fait une réserve en faveur de certaines personnes : il n'est pas permis, par exemple, au père de disposer de toute sa fortune, lorsqu'il a un ou plusieurs enfants ; il faut qu'une portion de son patrimoine leur reste, et cette portion s'appelle *légitime* ou *réserve légale*. Il y a loin, comme on le voit, de cette condition à celle de l'individu que l'affection du défunt a appelé à recueillir sa fortune presque entière. Certes, s'il est un héritier entre ces deux personnes, ce n'est pas, à coup sûr, le réservataire que l'on désignera comme tel, et si ce légitimaire vient à céder ses droits à un tiers, personne ne s'avisera de contester au légataire le droit d'écarter du partage celui qui les aura acquis. Mais si, faisant une interversion de rôles, ou la supposition contraire, nous signalons le légataire à titre universel comme ayant lui-même aliéné ses droits dans la succession, faudra-t-il admettre le simple légitimaire à l'exercice du retrait successoral, et lui accorder le droit d'écarter ce nouveau cessionnaire du partage de l'hérédité en lui remboursant le prix de sa cession ?

Oui sans doute ; ce légitimaire, quelque mince que soit sa portion, a le droit d'exiger sa légitime en corps héréditaire; c'est-à-dire qu'il peut demander que sa part soit faite en nature et non en argent. D'un autre côté, le légitimaire est toujours héritier, en ce sens que ses droits lui sont assurés par la loi, qu'aucun acte n'a pu les lui enlever, et qu'il est le plus près successible du défunt.

Un arrêt de la cour de cassation, du 3 mai 1830, rapporté par Sirey, tom. 30, 1re part., pag. 164, a consacré cette opinion, qui d'ailleurs n'était pas demeurée incertaine.

« Considérant, porte cet arrêt, que la légitime en corps héréditaire, qui est un droit sur l'universalité des biens, ne peut en être séparée qu'au moyen d'un partage, ou d'un acte qui en tienne lieu, etc. »

Remarquons toutefois que le motif donné par la cour suprême est peu concluant ; que la légitime, en effet, soit un droit sur l'universalité des biens, et qu'elle ne puisse en être séparée qu'au moyen d'un partage, cela ne donne pas la faculté d'exclure le cessionnaire qui a aussi, par sa cession, des droits sur tous les biens de la succession ; c'est la qualité d'*héritier* qu'il faut avoir, car c'est au *cohéritier* seul qu'appartient l'exercice du retrait successoral, c'est donc le caractère de l'héritier qu'il faut chercher dans le légitimaire, et non la nature du droit qu'il a à prétendre. Or, le caractère distinctif de légitimaire, c'est qu'il est le représentant du défunt, qu'il est de sa famille, que la loi lui réserve toujours une partie de sa succession, et qu'on le désigne par la qualification d'héritier à réserve.

9. En admettant les légataires et donataires universels et à titre universel, et les légitimaires à l'exercice du retrait successoral, on s'est demandé s'il fallait aussi accorder ce droit au légataire de l'usufruit de tous les biens du défunt ?

Pour la négative, on dit : L'art. 1010, Cod. civ., détermine quels sont les légataires à titre universel, et l'on n'y voit pas figurer ceux à qui le testateur a légué l'usufruit de ses biens : « Le legs à titre universel, porte cet article, est celui par lequel le testateur lègue une quote-part des biens dont la loi lui permet de disposer, telle qu'une moitié, un tiers, ou tous les immeubles, ou tout son mobilier, ou une partie fixe de tous ses immeubles, ou de tout son mobilier, tout autre legs ne forme qu'une disposition à titre particulier. »

Peut-on dire, d'après cette disposition, que celui qui n'a que l'usufruit des biens du défunt soit légataire d'une quote-part de ses biens ? Une quote-part de ses biens, c'est, par exemple, une moitié, un tiers ou un quart, en propriété et en usufruit ; et non pas une quote-part en usufruit seulement ; dès qu'il est dit dans la loi une quote-part des biens, il faut évidemment comprendre par ce mot *biens* la propriété réunie à l'usufruit. Enfin le législateur, ne parlant nullement dans l'art. 1010 du légataire à titre universel , il faut dire que c'est avec intention qu'il a gardé le silence , et qu'il n'a voulu faire considérer le légataire d'usufruit que comme un légataire à titre particulier.

A l'appui de cette opinion on cite un arrêt de la cour de Riom , rendu le 23 avril 1818 dans l'espèce suivante :

Les époux Billaud s'étaient fait une donation mutuelle de l'usufruit de leurs biens en faveur du survivant. — 24 février 1811 , décès de la dame Billaud ; le sieur Billaud se trouve ainsi recueillir la donation de l'usufruit des biens de sa femme. La dame Billaud laissait neuf héritiers , ses parents collatéraux. — Par acte du 11 mars 1811 , huit d'entre eux font cession de leurs droits successifs au sieur Billaud , moyennant la somme de 2,100 fr. ; un seul, la dame Jamin , femme Perrier , n'aliéna point ses droits dans la succession de la dame Billaud. — 11 mars 1816 , décès du sieur Billaud. La dame Perrier demande alors aux mariés Gervoy , héritiers du sieur Billaud , à être subrogée au bénéfice de la cession du 11 mars 1811 , offrant de rembourser la somme de 2,100 fr. , prix de la cession. Les mariés Gervoy répondent que l'art. 841 ne donne droit à l'héritier d'écarter le cessionnaire des droits successifs de ses cohéritiers , que lorsque le cessionnaire n'est pas successible du défunt ; or , dans l'espèce, disent-ils , le cessionnaire , comme mari et donataire universel de l'usufruit des biens de la succession , doit être assimilé au successible , et par conséquent le retrait successoral ne peut être exercé contre lui.

— 29 juin 1817, jugement du tribunal de première instance de Moulins, ainsi conçu :

« Considérant, sur la demande en subrogation formée par la dame Perrier, qu'il y a lieu d'autoriser cette subrogation toutes les fois qu'une cession de droits héréditaires a été faite à une personne non successible du défunt ; — considérant que, soit en sa qualité de mari, soit en qualité de donataire universel d'usufruit, le sieur Billaud ne saurait être regardé comme successible de sa femme ; comme mari, parce que l'art. 767 du Cod. l'excepte formellement, en disant qu'au défaut de parent au degré successible l'hérédité appartiendra au conjoint survivant, d'où il suit que ce conjoint n'est pas successible ; — comme donataire universel d'usufruit, parce que la qualité de donataire et celle de successible sont évidemment distinctes et séparées, quoique dans certains cas elles puissent se trouver jointes dans la personne du même individu ; parce que le conjoint survivant n'a aucun droit de s'immiscer dans le partage de la succession, qui peut se faire sans lui entre les héritiers du sang, et de son vivant, malgré la donation universelle d'usufruit en vertu de laquelle il n'a que la jouissance de la part de chaque cohéritier ; que cela est si vrai en principe, que le légataire d'usufruit, même universel, n'en est pas moins tenu de demander la délivrance de son legs aux héritiers du sang, preuve évidente qu'il n'est pas successible ; — le tribunal ordonne que la dame Perrier sera subrogée aux droits acquis par la dame Gervoy, représentant Etienne Billaud, etc. » — Appel de la part des mariés Gervoy.

— « La cour, — adoptant les motifs des premiers juges, confirme. » Voy. Sirey, tom. 18, 2, pag. 198.

On cite encore à l'appui de cette opinion un second arrêt du 8 juillet 1826, rendu par la cour de Dijon dans l'espèce que voici :

La femme Perrinat avait institué son mari usufruitier universel de sa succession, et le sieur Perrinat s'était depuis rendu cessionnaire des droits de l'un des héritiers dans cette succession, c'est-à-dire dans la nue-propriété. — Après le décès du sieur Perrinat, et par conséquent après l'extinction de l'usufruit, une demande en partage des biens laissés par la femme Perrinat est intentée par les héritiers du sieur Perrinat, agissant en qualité de cessionnaires des droits de l'un des héritiers de la défunte. — Les autres héritiers de la femme Perrinat déclarent alors vouloir exercer le retrait successoral autorisé par l'art. 841, Cod. civ., contre toute personne non successible à laquelle un cohéritier a cédé son droit à la succession ; ils font des offres en conséquence. — Les héritiers Perrinat répondent que leur père, institué usufruitier universel, est successible dans le sens de l'art. 841 ; que dès-lors le retrait successoral ne peut être exercé contre eux. — 8 février 1825, jugement du tribunal de Chaumont qui accueille néanmoins la prétention des héritiers de la femme Perrinat. — Appel.

« La cour ; — considérant que l'usufruitier à titre universel n'ayant pas une quote-part des biens de la succession, ainsi que cela résulte de la combinaison des articles 1010 et autres sur l'usufruit, dans le

Cod. civ. ; de l'opinion de Merlin , en son *Répertoire de jurisprudence* , et de celle de Proudhon , en son *Traité de l'usufruit,* ne peut être rangé dans la classe des successibles dont parle l'art. 841 ; que d'ailleurs cet article n'établit pas le retrait successoral au profit de simples communiers indivis ; — que dès-lors le mari usufruitier à titre universel des biens de sa femme est passible de la subrogation établie par l'art. 841 , lorsqu'il a acheté des droits successifs d'un des héritiers ; — que le décidant ainsi dans l'espèce de la cause , le tribunal de Chaumont a bien jugé; — ordonne que le jugement sortira son plein et entier effet, etc. » Voy. Sirey , tom. 29 , 2ᵉ part. , pag. 157.

Pour l'affirmative on répond :

Que refuser au légataire ou au donataire de l'usufruit de tous les biens du défunt , c'est évidemment s'écarter de l'esprit de la loi. S'il est vrai que l'art. 1010 du Cod. civ. ne fasse pas mention de ce successible , c'est parce que ses dispositions ne sont qu'indicatives , et non point limitatives ou exclusives. Prendre dans les biens d'une succession tous les produits , en percevoir tous les fruits annuellement, n'est-ce pas en avoir une quote-part? Le légataire universel d'usufruit n'a-t-il pas le droit de se faire représenter tous les titres de l'hoirie pour connaître l'étendue du droit qui lui a été laissé ? Ne faut-il pas que l'usufruitier sache en quoi consistent les biens , tant meubles qu'immeubles , sur lesquels doit porter son usufruit? Mais il y a plus, l'art. 600, Cod. civ., oblige l'usufruitier de faire faire un état des immeubles et un inventaire général des meubles soumis à son usufruit ; la loi ne lui confère-t-elle pas par cette disposition le droit de s'immiscer dans toutes les affaires et les secrets de la famille ?

En ce qui concerne les arrêts cités par les partisans de l'opinion contraire , on peut dire que ces décisions contiennent des erreurs en droit évidentes. Dire, par exemple, que la qualité de donataire et celle de successible sont évidemment distinctes et séparées, n'est-ce pas se mettre en opposition avec toutes les idées reçues et consacrées en matière de retrait successoral ? Le donataire, même à titre universel, est considéré comme héritier, comme successeur *in universum jus ;* la jurisprudence a désormais consacré ce point de doctrine de manière à écarter toute espèce de doute. Dire encore que le donataire universel d'usufruit n'est pas successible parce qu'il est obligé de demander la délivrance de son legs aux héritiers du sang, c'est encore s'écarter de l'esprit de la loi et d'une foule de décisions motivées sur la saine raison et sur la plus exacte justice. En effet, le donataire à titre universel est désormais considéré par la jurisprudence des arrêts et même par l'opinion des auteurs, comme héritier, comme successible , et cependant ce donataire est tenu de demander la délivrance de son legs aux héritiers du sang , comme le légataire d'usufruit.

D'ailleurs on peut opposer aux arrêts cités plusieurs arrêts non moins formels sur la question et plus justement motivés.

Rappelóns–en l'espèce pour mieux juger de leur application.

1813. Décès du sieur Barthélemy Savoie. Il laisse un testament par lequel il lègue à Catherine Morlot, son épouse, l'usufruit de tous ses biens meubles et immeubles, et une propriété à ses héritiers naturels.

Les époux Savoie étaient mariés sous le régime de la communauté. L'indivision de la succession et de la communauté dura long–temps après la mort du sieur Savoie. — Dans cet intervalle, la veuve Savoie acheta, de divers héritiers de son mari, les huit quinzièmes de leurs droits successifs.

Lors du partage de la communauté et de la succession, la demoiselle Savoie, héritière pour un quarante-cinquième du sieur Barthélemy Savoie, son oncle, a demandé à être subrogée aux diverses cessions faites alors, en lui remboursant le prix de ces cessions, aux termes de l'art. 841, Cod. civ.

La veuve Savoie répondit qu'en qualité de commune en biens et de légataire universelle en usufruit, elle avait le droit d'intervenir et au partage de la communauté et au partage de la succession, d'autant plus que toute la succession des biens Savoie n'était composée que de sa part dans la communauté; qu'ainsi l'art. 841 ne pouvait être invoqué contre elle.

24 août 1820, jugement du tribunal civil de Troyes, qui rejette la demande en retrait formée par la demoiselle Savoie.

« Attendu que la disposition des lois romaines consacrées par l'art. 841 du Cod. civ. ne pouvaient être entendues dans un sens tellement rigoureux, que la qualité d'héritier proprement dite fût impérativement exigée pour repousser l'action en subrogation ; qu'elles n'ont eu évidemment pour objet que d'écarter du partage les personnes étrangères à la succession, qui viendraient, sans droit ni qualité, s'immiscer dans les affaires de famille ; mais qu'elles ne peuvent s'appliquer à celui qui se présente à un partage à l'aide d'une qualité indépendante de son acte de cession ; que, dans le cas particulier, la veuve Savoie, lorsqu'elle avait traité avec partie des héritiers de son mari, réunissait à la qualité de propriétaire des immeubles communs celle de légataire en usufruit, ce qui lui donnait un droit sur chaque portion de la fortune mobilière et immobilière de son mari ; que même l'art. 612 l'assujettissait à une portion contributive dans le paiement des dettes, et que, sous ce double rapport, elle était incontestablement autorisée à prendre connaissance entière de la masse active et passive de l'hérédité. »

Appel par la demoiselle Savoie.

ARRÊT. — « La cour ; attendu 1° qu'il est mis en avant et non contesté que Barthélemy Savoie étant né sans fortune, ayant tout dû à son industrie, sa succession se trouve composée uniquement de la moitié à lui revenante dans la communauté d'entre lui et son épouse, en sorte que sa succession et sa portion dans la communauté sont une seule et même chose ; que, par l'art. 1476 du Cod. civ., le partage de la communauté, pour ce qui concerne ses formes, la licitation des immeubles, quand il y a lieu, les effets du partage, la garantie qui en résulte et les soultes, est soumis à toutes les règles qui sont établies au titre des successions pour les partages entre cohéritiers ; qu'ainsi la loi ouvre aux communiers la même voie qu'aux co-successibles pour sortir de l'indivision : celle d'acquérir les parts de leurs co-partageants, sans être sujets au retrait ; que la feue dame Savoie, née Morlot, était commune, ayant droit de son chef au partage de la communauté, et a pu conséquemment, aux termes précis de la loi, user de ce droit, sans que le retrait puisse être exercé sur elle ;

»Attendu, 2° qu'en supposant que Barthélemy Savoie ait laissé quelques propres qui ne feraient point partie de la communauté et appartiendraient uniquement à sa succession, la dame Savoie, légataire en usufruit de la totalité des biens de son mari, était successible, et à ce titre dûment autorisée, suivant la loi, à acquérir des portions dans la succession de son mari, sans être exposée au retrait ; qu'elle était successible, car être successible c'est être appelé à la succession. Il y a deux manières d'y être appelé : la vocation de l'homme et celle de la loi ; l'une est aussi respectable que l'autre, et la vocation de l'homme prévaut même sur celle de la loi, qui n'est elle-même que la vocation présumée de l'homme ; qu'en vain oppose-t-on que le légataire en usufruit, son lot étant fait par le testateur, n'a rien à démêler avec l'héritier réduit à la nue-propriété ; qu'on aperçoit, au contraire, qu'il peut naître entre eux de nombreuses difficultés : 1.° quant à l'actif ou à l'exercice

des droits d'usufruit qui, s'appliquant individuelle-
ment au même objet que la nue-propriété, donne
lieu, malgré la division des droits, de la part du
propriétaire, à une surveillance, à une sollicitude
légitime, et, s'il est processif, à des tracasseries con-
tinuelles; 2° quant au passif ou aux dettes et charges,
qui sont communes entre le propriétaire et l'usufruitier, et peuvent devenir une autre source abon-
dante de querelles ; qu'en un mot, loin que, en ce
cas, la possibilité de faire cesser l'indivision ou le
mélange d'intérêt par l'acquisition des parts des co-
intéressés puisse être refusée, faute de motifs, il
n'y en a peut-être aucun où elle soit plus désirable
et plus nécessaire ; qu'enfin il s'agit d'exécuter la loi
strictement, à la lettre, sans y rien ajouter, mais
aussi sans y rien retrancher ; que le légataire universel en usufruit *est, dans toute la force du mot*, un
successible ; qu'il faut donc lui en accorder tous les
droits, etc. » V. Sirey, tom. 22, 2° part., p. 29.

Peut-être dira-t-on contre cet arrêt, qu'il fut
rendu plutôt sur les premiers motifs ci-dessus trans-
crits et sur des considérations dont le dernier considérant fait mention, que sur la raison puisée dans
le titre et la qualité d'usufruitier universel des biens
du défunt ; à cela on répondrait que la manière dont
cette raison est développée fait assez voir qu'alors
même qu'elle eût été seule et isolée, la question n'en
eût pas moins été tranchée en faveur du légataire en
usufruit ; il suffit, pour en acquérir la conviction,
de lire attentivement ces développements; ils nous
paraissent décisifs.

Voici ensuite un autre arrêt dont l'espèce n'offre rien d'étranger à la question ; les faits sont en peu de mots :

En 1813, décès du sieur Michel Chevalier, laissant un testament par lequel il lègue à la dame Fuzier, son épouse, l'usufruit de tous ses biens, et institue pour héritiers universels Ange Chevalier, son frère, et la veuve Canson, sa sœur. — 19 juillet 1819, cession par Ange Chevalier à la dame Fuzier de tous ses droits dans la succession, encore indivise, de feu Michel Chevalier. En 1827, la veuve Canson, se fondant sur l'art. 841, Cod. civ., qui donne à l'héritier le droit d'écarter du partage toute personne non successible à laquelle un cohéritier a cédé ses droits dans la succession, en lui remboursant le prix de la cession, fait à la dame Fuzier, ou quoique soit, au sieur Meyssonnier, son héritier, offre de lui rembourser le prix de la cession du 19 juillet 1819. Le sieur Meyssonnier soutient que la dame Fuzier, en sa qualité de légataire universelle de l'usufruit des biens de son mari, doit être réputée *successible*, et que, par suite, la cession à elle consentie par l'un des héritiers n'est pas soumise à l'action du retrait ou subrogation établie par l'art. 841, Cod. civ.

25 juillet 1827, jugement du tribunal de Privas, qui accueille ce système en ces termes : — «Considérant que l'art. 841, Cod. civ., n'autorise l'action en subrogation que contre celui qui n'est pas successible ; qu'il faut donc se fixer sur l'acception de ce mot pour apprécier le mérite des prétentions de la veuve Canson ; que par l'expression *successible*, on

doit naturellement entendre la personne qui est appelée à une succession; qu'il importe peu qu'elle y soit appelée par la volonté de la loi ou par la volonté de l'homme, car celle-ci est aussi respectable que l'autre et prévaudrait même sur celle de la loi, qui n'est elle-même que la vocation présumée de l'homme quand il n'a pas manifesté sa volonté; que la succession étant la manière dont les titres, les droits, les dettes et charges des personnes qui meurent, passent à d'autres, qui entrent à leur place, il est évident que ces biens, ces dettes et charges passent à l'usufruitier universel comme au légataire en la nue-propriété, puisque tous les deux sont obligés d'acquitter ces dettes et charges, et succèdent ainsi aux obligations du défunt; qu'il n'y a que le légataire à titre particulier, par opposition au légataire universel ou à titre universel, soit en propriété, soit en usufruit seulement, qui est dispensé du support des charges et du paiement des dettes, et qui ne peut, par conséquent, être réputé successible, parce qu'il prend un objet certain, une chose déterminée, qui fait une partie de la succession, mais qui ne saurait la constituer, puisque cet objet se prélève franc des dettes et charges, et qu'ainsi le légataire ne représente pas le défunt; qu'au texte précis de la loi se joint aussi son esprit, manifesté par la doctrine de tous les auteurs; que le but du législateur a été d'empêcher les étrangers, c'est-à-dire les non-successibles (or la parenté ne suffit pas pour être appelé à une succession), de s'immiscer dans les secrets des familles, d'en connaître les papiers, les documents, les affaires,

d'y porter le trouble et les dissensions ; que , dans
l'espèce , rien n'était à craindre de semblable de la
part de la veuve Chevalier, qui, en sa qualité d'héritière universelle de l'usufruit, devait forcément être
appelée à connaître tout l'actif de la succession pour
le posséder et en supporter les charges annuelles ,
comme aussi à apprécier le passif afin qu'on n'en
grossît pas l'état, qu'on ne simulât pas des dettes, à
l'acquittement desquelles elle devait concourir ,
d'après l'art. 612, Cod. civ.; qu'ainsi, ayant incontestablement qualité par son titre et par la volonté
expresse du défunt, de s'immiscer dans toutes les
affaires de la succession, il serait dérisoire et arbitraire d'admettre contre elle le retrait successoral,
qui serait sans but plausible, sans motif raisonnable
et contraire à l'intention de feu Michel Chevalier ,
dont le testament est le titre commun des parties ;
que l'obligation imposée à l'héritier universel des
fruits, de demander la délivrance de son legs , ne
saurait le faire considérer comme non successible ,
puisque cette obligation est également imposée au
légataire universel en la pleine propriété , s'il se
trouve en concours avec un héritier à réserve, et qu'il
serait cependant absurde de n'attribuer à ce dernier
la qualité de successible , d'autant que le légataire
universel n'est tenu de demander la délivrance qu'autant qu'il existe des héritiers à réserve , et, sans
doute , par égard pour des héritiers de cette qualité
personnellement, puisque, s'il n'en existe pas, le légataire universel est bien saisi de plein droit, et
est bien , ainsi , successible dans toute la rigueur de

l'expression (Cod. civ. , art. 1006); que si la veuve
Chevalier avait aliéné son legs d'usufruit en faveur
d'un étranger ou parent non successible, la veuve
Canson aurait eu très-certainement le droit de l'écarter du partage et de lui interdire la connaissance de
la succession en lui remboursant le prix de la cession; qu'elle l'aurait alors considérée comme sa
cohéritière, et à juste titre, et qu'ainsi elle ne peut
pas lui contester la qualité de successible, car cette
expression ne saurait avoir plus de force et d'étendue
que celle de cohéritiers ou de successeurs à titre universel qu'emploient les articles 841, 873 et 875 Cod.
civ. ; que le moyen pris de ce que Meyssonnier n'est
pas lui-même successible de Michel Chevalier, et
qu'il se trouve personnellement étranger à la succession, manque de justesse et de fondement; qu'en
effet, la cession du 19 juillet 1819, reçue par Dupin,
notaire, enregistrée, ayant été valablement consentie à la dame Fuzier, veuve Chevalier, par le sieur
Ange Chevalier, son beau-frère, son résultat immédiat et incontestable a été de consolider l'usufruit et
la propriété cédée; que ce droit, ainsi consolidé, a
été transmis à Meyssonnier, qui représente la veuve
Chevalier *in universum jus* et à titre d'héritier universel. »

Appel. L'appelante invoque, à l'appui du système
contraire à celui consacré par les premiers juges,
l'opinion de M. Merlin, *Répertoire*, v. *droits successifs*, n° 13.

ARRÊT. — « La cour ; — adoptant les motifs des
premiers juges, a mis et met l'appellation au néant;

—ordonne que le jugement dont est appel sortira son plein et entier effet. » Voy. Sirey, tom. 30, 2° part., pag. 186.

Enfin, voici les motifs d'un arrêt de la cour de Bastia, rendu le 23 mars 1835, qui, comme ceux du précédent, décident nettement la question :

« Attendu, porte cet arrêt (Sirey, tom. 35, 2° part., pag. 349), que de la combinaison des art. 870, 871, 926, 1010, 1012 et 1015 du Cod. civ., il résulte que le légataire à titre universel est assimilé au légataire universel dans la proportion de son legs, puisque, comme lui, il participe aux dettes et charges de la succession et aux obligations du testateur, que par conséquent il doit aussi, comme lui, profiter des avantages attachés à la qualité d'héritier d'une quote-part, sauf les modifications établies par la loi ; qu'ainsi on ne saurait lui refuser le retrait successoral accordé à tout héritier, sans créer contre lui une exception qui n'est point dans la loi, et contrairement à l'opinion des auteurs les plus graves et à la doctrine professée par la cour de cassation, notamment dans son arrêt du 2 décembre 1829 ;

» Attendu que ces principes s'appliquent également au légataire universel de l'usufruit, comme à celui de la nue-propriété, puisqu'il est, comme ce dernier, appelé à recueillir une quote-part de l'hérédité ; qu'il en doit, comme lui, supporter les dettes et les charges ; qu'il est, comme lui, qualifié par la loi de légataire universel ou à titre universel (art. 1010 et 1012), et qu'en un mot il est, comme lui, au rang des successibles, ainsi que l'ont décidé plusieurs cours du royaume, et la cour de cassation par deux arrêts du 31 avril 1830 ; — qu'à la vérité ces arrêts ont été rendus dans la circonstance où l'on voulait exercer le retrait contre le légataire universel de l'usufruit, devenu cessionnaire des droits d'un cohéritier, mais dès qu'on reconnaît en lui la qualité de successible, il faut, par une conséquence néces- saire, lui en attribuer tous les droits et actions. »

Voilà tout ce que l'on a jugé de part et d'autre sur cette question intéressante. Nous adoptons cette dernière doctrine, parce qu'elle nous paraît plus con- forme aux principes et à l'intention du législateur , qui nous semble avoir voulu donner une grande extension à l'exercice du retrait successoral, afin de faire triompher plus facilement le motif qui l'a fait introduire. Toutefois, en nous rangeant de cette opinion, nous devons relever une erreur du dernier arrêt que nous venons de rapporter, celui de la cour de Bastia. Elle consiste en ce que cette cour a dit que le légataire de l'usufruit des biens de l'hérédité est qualifié par la loi de légataire universel ou à titre uni- versel ; ce qui est inexact. Les art. 1010 et 1012 du Cod. civ. ne parlent nullement du légataire d'usufruit; s'ils le faisaient, ainsi qu'on l'affirme , il n'y aurait plus aucun doute sur la solution de la question, ou, pour mieux dire , il n'y aurait pas de question.

10. Faut-il compter au nombre des personnes qui peuvent exercer le retrait successoral l'héritier bénéficiaire ?

M. Duranton n'y met pas le moindre doute: « Pour

pouvoir écarter le cessionnaire, dit-il, tom. 7, pag. 276, il n'est pas nécessaire d'avoir accepté la succession purement et simplement ; l'héritier béné- ficiaire le peut également, car il est héritier comme l'héritier pur et simple, puisque, comme lui, il est soumis à l'obligation du rapport, s'il y a lieu. Les effets du bénéfice d'inventaire sont d'ailleurs tous dans son intérêt. »

M. Toullier est aussi de cet avis : « La faculté d'ex- clure du partage, dit ce savant auteur, le cession- naire d'une portion héréditaire est accordée soit à tous les cohéritiers, soit à un seul ; ainsi, tous les héritiers purs et simples ou bénéficiaires ont le droit d'y concourir, car la loi ne distingue point. »

Enfin, M. Delvincourt décide la question de la même manière ; il se fonde aussi sur ce que la loi ne distingue point, et en outre sur ce que, plus la succession est embarrassée, plus l'on doit craindre de mettre le feu dans les affaires en laissant s'y in- troduire un étranger.

La jurisprudence n'est pas moins expresse sur la question. Un arrêt de la cour de Liége l'a jugée en ce sens dans l'espèce suivante :

Le sieur Le Fournier de Wargemont mourut en 1743. Il laissa trois enfants ; les biens ne furent point partagés, mais un arrangement fut fait pour la jouissance. En 1792, les deux cadets Wargemont émigrèrent ; la nation jouit du cinquième qui leur revenait avec le sieur Wargemont l'aîné, qui était resté en France. Après cela, celui-ci épousa la de- moiselle Savouray ; ils se firent par contrat de mariage un don mutuel au survivant en toute propriété. Le mari décéda en l'an 7; sa veuve se mit en possession de la part de la succession que son beau-père lui avait laissée. En l'an 10 et en l'an 11, les cadets de Wargemont rentrèrent en France, se firent rayer de la liste des émigrés, réclamèrent et obtinrent chacun leur part dont l'état s'était emparé. Le premier complémentaire an 12, la dame de Wargemont vendit au sieur Roussel tous ses droits dans la succession de son beau-père, droits qu'elle avait du chef de son mari, dont elle était donataire universelle. Cette vente fut de l'universalité des droits de la dame de Wargemont; elle s'engagea à la garantir, fournir et faire valoir. La dame de Wargemont ne survécut pas deux mois à cette vente; elle mourut le 22 brumaire an 13. Le 30 du même mois, les sieurs de Wargemont firent signifier au sieur Roussel qu'ils entendaient jouir du bénéfice de l'art. 841 du Code civil, qui les autorisait à lui rembourser ce qu'il lui en avait coûté, à se subroger à lui dans l'acquisition qu'il avait faite des droits de la dame de Wargemont. Le sieur Roussel s'opposa à cette prétention, en soutenant que la faculté d'écarter un cessionnaire de droits successifs n'appartenait qu'à l'héritier pur et simple, et que l'un des sieurs de Wargemont n'était qu'héritier bénéficiaire; il faisait ensuite valoir plusieurs autres raisons inutiles à rappeler. Le tribunal de première instance accueillit la demande des sieurs de Wargemont; le sieur Roussel interjeta appel, et le 13 mars 1806 intervint arrêt confirmatif, dont voici les termes :

« La cour ; — considérant que l'héritier bénéficiaire jouit de toutes les prérogatives qui lui appartiennent et profite de tous les droits qui compètent à l'héritier pur et simple; que l'hérédité tout entière, que toutes les actions de l'héritier lui appartiennent comme à celui-ci ; qu'il n'existe entre eux qu'une différence, c'est que la loi accorde à celui qui a été régulièrement admis au bénéfice d'inventaire le droit de ne pas confondre avec ses biens personnels les biens et charges de l'hérédité ; qu'il existe entre sa fortune et l'hérédité une division qui le met à l'abri des condamnations personnelles qui pourraient être prononcées contre lui, en rendant compte de l'administration qu'il a eue de cette hérédité ; que d'ailleurs la loi n'a pas distingué quelles seraient les qualités du cohéritier qui avait le droit d'écarter l'étranger du partage, d'où il résulte que ce droit compète à l'héritier bénéficiaire comme à l'héritier pur et simple. » Voy. Sirey, tom. 6, 2ᵉ part., pag. 943.

La question, ainsi tranchée par la cour de Liége, ne fut point portée à la décision de la cour de cassation ; le recours eut lieu pour d'autres motifs, mais il fut rejeté. Le sieur Roussel pensa sans doute que l'arrêt ne pouvait pas être cassé pour violation de l'article 844 ; nous verrons tout-à-l'heure s'il eut raison.

Le 16 mars 1832, la cour de Bordeaux a aussi jugé en ce sens ; voici dans quelles circonstances :

Le sieur Barthélemy Jalby mourut laissant un fils et deux filles ; sa succession est acceptée sous bénéfice d'inventaire seulement. — Jalby fils cède ses droits héréditaires aux époux Mothe; les demoiselles Jalby déclarent alors vouloir exercer contre les cessionnaires le retrait successoral, et les assignent à cet effet directement devant le tribunal de Bordeaux, sans essai préalable de conciliation. De là les époux Mothe font résulter une fin de non-recevoir contre l'action.—Les demanderesses répondent que, comme héritières bénéficiaires, elles ne pouvaient transiger sur les objets de l'hérédité, et qu'ainsi leur action n'est pas soumise au préliminaire de la conciliation. — 27 août 1831, jugement qui déclare l'action régulièrement intentée et ordonne de plaider au fond. — Appel. — Devant la cour s'élève la question de savoir si l'héritier bénéficiaire a qualité pour exercer le retrait successoral.

ARRÊT. — « La cour;—attendu que l'exercice du retrait successoral n'est pas un droit dépendant de la succession ; que ce droit est accordé à la personne de tous et un chacun des successibles, afin d'écarter les étrangers du partage ; — attendu que la loi n'interdit pas à l'héritier sous bénéfice d'inventaire la faculté d'exercer ledit retrait; attendu qu'il peut user de cette faculté et qu'il peut y renoncer; attendu que ceux qui peuvent traiter et transiger ne sont pas dispensés du préliminaire de la conciliation ; qu'ils ne peuvent être entendus en justice sans justifier de l'accomplissement de cette formalité, etc. ; par ces motifs, — déclare n'y avoir lieu de prononcer quant à présent sur la demande des demoiselles Jalby , etc. »

En résumé, les raisons qui font admettre l'héritier bénéficiaire au retrait successoral sont celles-ci :

1° La loi ne distingue pas entre l'héritier pur et simple et l'héritier bénéficiaire ;

2° L'héritier bénéficiaire est héritier comme l'héritier pur et simple ;

3° L'héritier bénéficiaire jouit de tous les droits qui appartiennent à l'héritier pur et simple ;

4° La loi n'interdit pas l'exercice du retrait à l'héritier bénéficiaire ; donc il peut en jouir.

Au premier aspect, ces raisons peuvent paraître concluantes, mais, examinées et approfondies, elles doivent cesser d'exercer aucune influence sur la pensée des esprits sages ; nous croyons pouvoir le démontrer.

Et d'abord, il n'est pas vrai de dire que l'héritier bénéficiaire soit héritier comme l'héritier pur et simple, et qu'il jouisse de tous les droits qui appartiennent à ce dernier. Dès le moment que l'héritier a fait au greffe du tribunal la déclaration qu'il entend ne prendre cette qualité que sous bénéfice d'inventaire, aux termes de l'art. 793 du Code civil, il cesse réellement de l'avoir sur sa tête ; il n'est plus héritier, sa qualité est en suspens ; ce point est tellement certain et peu susceptible de controverse, qu'on voit dans la loi elle-même (art. 797), que pendant la durée des délais pour faire inventaire et pour délibérer, l'héritier ne peut être contraint de prendre qualité, d'accepter ou de renoncer à la succession ; il faut dire aussi qu'il ne peut exercer les droits de l'héritier, et qu'il n'en a point les prérogatives. Et en effet, l'héritier bénéficiaire n'a nullement la disposition des biens de la succession ; il en est l'administrateur et voilà tout. Ecoutons ce que dit encore la loi sur ce point :

« L'héritier bénéficiaire est chargé d'administrer les biens de la succession etdoit rendre compte de son administration aux créanciers et aux légataires (Cod. civ., art. 803, *in pr.*). Il ne peut vendre les meubles de la succession que par le ministère d'un officier public, aux enchères, et après les affiches et publications accoutumées (Cod. civ., art. 805); il ne peut vendre les immeubles que dans les formes prescrites par les lois sur la procédure, il est tenu d'en déléguer le prix aux créanciers hypothécaires qui se sont fait connaître (Cod. civ., art. 806); il est tenu, si les créanciers ou autres personnes intéressées l'exigent, de donner caution bonne et solvable de la valeur du mobilier compris dans l'inventaire et de la portion du prix des immeubles non délégués aux créanciers hypothécaires (Cod. civ., art. 807).

L'héritier bénéficiaire, il faut donc le dire encore, n'est point héritier ; il est l'administrateur des biens de la succession, et jusqu'à ce qu'il ait délibéré et pris qualité, il ne peut exercer le retrait successoral, qui est un acte inhérent à l'héritier seul, à l'héritier pur et simple.

Il est tellement vrai que l'héritier bénéficiaire ne peut exercer le retrait successoral, que s'il le faisait il perdrait sa qualité de bénéficiaire, et qu'il deviendrait héritier pur et simple, car il aurait fait acte d'héritier, il aurait quitté le rôle d'administrateur pour prendre celui de propriétaire. Ne perdons pas de vue que l'héritier bénéficiaire peut, à sa volonté, quitter ou conserver la faculté du bénéfice d'inventaire ; or, dès le moment qu'il traite avec le cessionnaire, il se dépouille de sa qualité d'administrateur pour se revêtir de celle d'héritier pur et simple, car en sa qualité d'administrateur il ne peut traiter des biens de la succession. Et comment l'héritier sous bénéfice d'inventaire pourrait-il exercer le retrait successoral sans perdre sa qualité de bénéficiaire, lorsqu'il ne lui est pas permis de compromettre sur les contestations relatives à la succession ? Nous trouvons en effet un arrêt de la cour royale de Paris, qui a jugé en ce sens dans une espèce que nous allons rapporter ; elle est courte.

La demoiselle Petiet avait accepté, sous bénéfice d'inventaire, la succession du sieur Rebuffel, son père. Il est à remarquer qu'au décès de ce dernier subsistaient encore des contestations qui s'étaient élevées entre lui et la demoiselle Barbereux. Les choses en cet état, un compromis est passé entre la dame Petiet et la demoiselle Barbereux au sujet de ces contestations. Des arbitres, ou mieux, des amiables compositeurs sont nommés, et doivent les vider, sans appel ni recours en cassation. Par suite du compromis, une sentence arbitrale est rendue en faveur de la demoiselle Barbereux. La dame Petiet forme opposition à l'ordonnance d'exéquatur. Elle demande ensuite la nullité d'une saisie-arrêt qu'avait faite la demoiselle Barbereux entre les mains du sieur

Bourget, débiteur de la succession Rebuffet, en vertu de la sentence dont il s'agit.

La dame Petiet se fonde sur ce que, en sa qualité d'héritière bénéficiaire, elle n'a pu valablement compromettre. « L'héritier bénéficiaire, dit-elle, en effet n'est qu'un simple administrateur; il est comptable ; il ne peut par conséquent faire valablement les actes qui sont au-dessus de la simple administration et qui tendent à l'aliénation, comme, par exemple, le compromis. — Dans l'espèce, le compromis que j'ai passé est donc nul; la sentence qui l'a suivi aussi ; et par suite, la saisie-arrêt de mon adversaire. » La demoiselle Barbereux répond que l'héritier bénéficiaire qui fait un acte de pure aliénation, et non de simple administration, ne saurait faire par là un acte nul, en ce qu'il peut toujours faire un acte d'héritier pur et simple ; qu'alors c'est en effet ce qu'il fait : il fait acte d'héritier pur et simple; il renonce au bénéfice d'inventaire, mais il fait acte valable. — 25 mars 1812, jugement du tribunal de première instance de la Seine, qui déclare nulle la saisie-arrêt dont il s'agit. — Appel. — Arrêt, qui infirme en ces termes :

« La cour; — considérant que pour compromettre il faut avoir la libre disposition de ce qui fait l'objet du compromis, que par conséquent l'héritier bénéficiaire, en compromettant, renonce, ainsi qu'il en a le droit, à la qualité de simple administrateur et au bénéfice d'inventaire à l'égard de celui avec lequel il compromet, a mis et met l'appellation et ce dont est appel au néant ; émendant, décharge la fille

4

Barbereux des condamnations par elle prononcées ;
au principal , déclare bonne et valable l'opposition
ou saisie-arrêt par elle formée entre les mains de
Bourget ; ordonne que ledit Bourget sera tenu de
payer et vider ses mains en celles de la fille Barbereux. » Voy. Sirey , tom. 14 , 2ᵉ part. , pag. 384.

Ainsi , si l'héritier bénéficiaire ne peut compromettre sans perdre sa qualité , s'il devient héritier
pur et simple par le fait seul d'un compromis , ne
faut-il pas , à plus forte raison , le dire de l'héritier
bénéficiaire qui, en sa qualité d'héritier, traite, avec
le cessionnaire de son cohéritier, des biens de la succession. Mais, dira-t-on peut-être , en exerçant le
retrait successoral, l'héritier bénéficiaire fait un acte
étranger à la succession , dont aucun des cohéritiers
ne doit profiter ; il n'agit que pour lui et dans son
seul intérêt , par conséquent il ne traite pas des biens
de la succession. Ce raisonnement est erronné : d'a-
bord , pour exercer le retrait successoral il faut être
héritier , celui qui n'a pas cette qualité est incapable,
donc c'est là un acte qui concerne la succession ; en
second lieu, le retrait n'a-t-il pas pour objet les biens
de la succession ? N'est-ce pas pour écarter l'étranger
du partage que le retrait a été introduit ? N'est-ce
pas pour faire rentrer une portion de biens aliénés
qu'il a lieu ? C'est donc comme héritier que le retrayant agit , c'est donc pour les objets de la succession qu'il agit.

Mais faisons cette concession que l'héritier n'agit
que pour lui et que son acte de retrait ne concerne
pas la succession ; ce qui est une absurdité; eh bien !

qu'arrivera-t-il si l'héritier bénéficiaire, après avoir exercé le retrait, vient à renoncer à la succession ? Cela peut arriver si la succession n'offre, après inventaire fait, aucun avantage à l'héritier bénéficiaire, ou bien si cet héritier, trouvant les affaires de la succession trop compliquées, trop embrouillées, trop chanceuses, ne veut pas continuer à s'en occuper et aime mieux abandonner ce qu'il en retirerait que d'en opérer la liquidation. Dans ce cas que deviendra le retrait ? L'héritier bénéficiaire pourra-t-il se présenter au partage ? Pourra-t-il, quand l'apurement de la succession sera fait, venir demander sa part en vertu de son retrait ? Mais on lui dira : « Vous n'êtes pas héritier, vous avez renoncé à la succession, vous n'avez rien à y voir ni à y prendre, nous ne vous connaissons pas ; l'héritier qui renonce est censé n'avoir jamais été héritier (Cod. civ., 785); vous n'avez pas pu exercer le retrait successoral dont vous venez réclamer le bénéfice. » Certes, les autres cohéritiers en lui tenant ce langage seraient dans leur droit, personne ne pourrait le leur contester. Or, si l'héritier bénéficiaire pouvait exercer le retrait, du moins ne serait-il pas prudent pour lui de le faire. Mais nous persistons à dire que l'héritier bénéficiaire n'est pas héritier, que sa qualité d'héritier est en suspens tant qu'il n'a pas pris qualité, et qu'on sera toujours fondé à lui dire: « Pour exercer le retrait il faut être héritier et vous ne l'étiez pas lorsque vous avez demandé la subrogation. »

11. La question que nous venons d'examiner dans

le numéro précédent nous conduit naturellement à dire que l'héritier qui a renoncé à la succession ne peut pas se faire subroger au bénéfice de la cession : pour exercer le retrait il faut être héritier, c'est un point constant, il résulte de la lettre et de l'esprit de la loi. Dès le moment qu'un héritier a renoncé à la succession, sa part accroît à ses héritiers, et ceux-ci ont seuls le droit de se faire subroger. Si le renonçant a des enfants, ceux-ci ne pouvant venir à la succession par représentation n'auront pas qualité pour exercer le retrait, puisqu'ils n'ont aucun droit à la succession ; mais si tous les cohéritiers du renonçant venaient à décéder, les enfants de ce dernier, venant alors de leur chef à la succession à laquelle leur père aurait renoncé, pourraient exercer le retrait contre le cessionnaire d'un des cohéritiers décédé, cela n'est pas douteux.

12. Toutefois, il faut remarquer que l'héritier qui renonce à la succession perd bien à la vérité le droit d'exercer le retrait successoral comme héritier, mais si à cette qualité il joint la qualité de donataire universel ou à titre universel, et qu'il ait renoncé à la succession pour s'en tenir au don qui lui a été fait, il nous paraît certain qu'il peut, à ce dernier titre, demander la subrogation au cessionnaire étranger. Dès le moment en effet qu'il est décidé que le donataire universel ou à titre universel peut exercer le retrait successoral, qu'il est regardé à cet égard comme héritier, il importe peu que ce légataire, héritier d'ailleurs, ait renoncé à la succession ;

son titre de donataire ou de légataire lui reste et lui suffit pour avoir droit à la subrogation.

13. En serait-il autrement si l'héritier qui aurait renoncé n'était d'ailleurs que donataire à titre particulier ou d'objets certains et déterminés ? Un arrêt de la cour de cassation, du 2 décembre 1829, a jugé pour l'affirmative dans l'espèce que voici :

Par son contrat de mariage avec Denis Bossu, Marguerite Lauvergnat avait été instituée donataire de son père, en ces termes : « Ledit Pierre Lauvergnat, son père, lui constitue en dot le quart au total dans deux habitations, granges, étables, cours, jardins, chenevières, prés, terres labourables ; pour jouir, ladite future, dudit quart en toute propriété dès aujourd'hui en avancement sur la succession dudit Lauvergnat père. » — Lauvergnat père étant mort, Marguerite Lauvergnat déclara renoncer à sa succession pour s'en tenir à la donation qui vient d'être rappelée. — A cette occasion diverses difficultés s'élevèrent entre elle et ses frères. Marguerite Lauvergnat prétendait que la donation devait avoir effet jusqu'à concurrence de la quotité disponible et d'une part d'héritiers. — Les frères soutenaient au contraire que Marguerite Lauvergnat, ayant renoncé à la succession du père commun, était censée n'avoir jamais été héritière (Code civil, art. 785), et que dès-lors elle n'avait que le même droit qu'aurait un étranger, c'est-à-dire celui de retenir la quotité disponible. — Ce système des frères Lauvergnat fut adopté par arrêt passé en force

de chose jugée. — Plus tard , et pendant l'instance
en partage entre Marguerite Lauvergnat et ses frères,
il arriva qu'un de ceux-ci transporta ses droits à un
tiers ; le sieur Gayet , moyennant une somme déterminée. — Ayant eu connaissance de cette circonstance , Marguerite Lauvergnat demanda à être
subrogée aux droits acquis par Gayet , en lui remboursant le prix qu'il en avait donné ; cette prétention
de Marguerite Lauvergnat était fondée sur l'art. 841
du Code civil. Gayet refusa la subrogation , sur le
motif que le droit de la demander n'appartenait
qu'aux *héritiers* , d'après les termes mêmes de la loi
invoquée par Marguerite Lauvergnat ; que dès-lors
celle-ci était inhabile à l'exercer puisqu'elle avait
renoncé à la qualité d'héritier , et que d'ailleurs un
arrêt passé en force de chose jugée avait déclaré
qu'elle avait perdu , par sa renonciation , tous les
droits attachés à cette qualité. — 21 août 1826 ,
jugement du tribunal de St-Amand , qui déclare
en effet Marguerite Lauvergnat sans qualité pour
exercer le retrait successoral. — Appel. — 29 janvier
1827 , arrêt confirmatif de la cour de Bourges :
« Considérant qu'à la vérité les droits réclamés par
Gayet résultent de la vente qui lui en a été faite par
Anne Lauvergnat, et qu'aux termes de l'article 841 ,
Code civil , toute personne qui n'est pas successible
d'un défunt , et à laquelle un cohéritier aurait cédé
ses droits , peut être écartée du partage en remboursant le prix de la cession ; mais que le droit de
retrait ne peut être exercé que par tous les cohéritiers
ou par un seul, et que la femme Bossu (Marguerite

Lauvergnat), ayant renoncé à la succession de son père, n'est pas héritière, mais seulement donataire, ainsi qu'il a été jugé par l'arrêt du 4 mai 1825. » V. Sirey, tom. 29, 2, 78.

Pourvoi en cassation par Marguerite Lauvergnat, femme Bossu, pour violation de l'art. 841, Code civil. — « Si l'on consulte, dit la demanderesse, la pensée qui a guidé le législateur dans l'art. 841, on remarquera que son seul but a été d'empêcher un étranger, cessionnaire de droits successifs, de s'immiscer dans les affaires de la succession, de prendre connaissance de tous les titres et papiers et de découvrir tous les secrets de la famille. Or, les donataires, les légataires ou héritiers à titre universel, ont le droit, en leur dite qualité, de venir au partage de la succession, de le provoquer, et même, pour faire régler leur quote-part, ils ont encore le droit de prendre communication de tous les titres et papiers, d'examiner toutes les affaires, d'assister à toutes les opérations. — Dès-lors il est évident que ni les termes ni l'esprit de l'art. 841 ne peuvent leur être applicables, et que la loi n'a voulu écarter du partage que les cessionnaires d'un étranger qui, en vertu d'une autre qualité, n'auraient pas le droit d'y assister. » Telle est l'opinion de M. Chabot de l'Allier, dans son *Commentaire sur les successions*, art. 841. — Telle est aussi la doctrine consacrée par la cour de cassation dans son arrêt du 14 mars 1810 (Sirey, t. 10, 1, 231). — Le défendeur répond que la faculté d'exercer le retrait successoral est exorbitante, que dès-lors il faut la restreindre aux seuls cas prévus par le législateur , et ne l'accorder ainsi qu'aux *héritiers* proprement dits ; que si on pouvait l'étendre aux donataires ou légataires , ce ne devrait être en tout cas qu'aux donataires ou légataires universels, parce qu'eux seuls participent au droit d'accroissement , droit qu'il faut nécessairement supposer dans les personnes auxquelles est accordée la faculté du retrait ; — que dans l'espèce, non-seulement Marguerite Lauvergnat n'est pas donataire universelle, mais qu'elle n'est pas même donataire à titre universel, qu'on ne doit la considérer que comme donataire à titre particulier. — Ici le défendeur fait remarquer que la donation faite à Marguerite Lauvergnat ne porte pas sur *tous* les biens du donateur , qu'elle est restreinte au contraire à certains biens déterminés , d'où il faut tirer la conséquence, dit-il , que cette donation est seulement à titre particulier. Or , il soutient que le donataire ou le légataire à titre particulier, n'ayant pas eux-mêmes, en leur qualité, le droit de s'ingérer dans les affaires de la succession , d'en voir les titres , d'en connaître les secrets , ne peuvent pas éloigner des étrangers devenus cessionnaires , pour les empêcher de prendre part aux affaires de la succession , puisque cette intrusion des étrangers ne peut leur causer aucun préjudice , qu'elle leur est tout-à-fait indifférente.

Arrêt. — « La cour ; — attendu que le contrat de mariage de Denis Bossu et de Marguerite Lauvergnat, en date du 30 janvier 1785 , porte que Pierre Lauvergnat , père de la future , lui donne entre vifs le quart au total dans deux habitations, granges, étables, cours, jardins, chenevières, prés, terres labourables, situés au lieu de Corveau, paroisse du Gravier ; attendu que si la donation est faite par quotité, elle est néanmoins à prendre, non dans tous les biens que le donateur a ou qu'il pourra avoir, mais seulement dans deux habitations dont il indique l'assiette et la consistance actuelle, sans que la portion donnée puisse, par la nature des choses, augmenter ou diminuer ; ce qui constitue le titre particulier d'une donation ou d'un legs ;

» Attendu que le donataire ou légataire particulier qui est en même temps héritier et qui renonce à la succession perd la qualité en vertu de laquelle il aurait eu le droit de venir au partage, et n'a plus que celle de donataire ou légataire particulier, titre qui l'écarte de la succession et ne lui confère que le droit de demander la délivrance due qui a été fixée ou déterminée pour lui par le donateur ou testateur, ce qui peut s'opérer sans qu'il soit besoin que le donataire ou légataire prenne connaissance des affaires ou des secrets d'une famille ;

» Attendu que ce n'est que pour obvier à cet inconvénient que le Code civil, art. 841, dispose que toute personne, même parente du défunt, qui n'est pas son successible, et à laquelle un cohéritier aurait cédé son droit à la succession, peut être écartée du partage, soit par tous les héritiers, soit par un seul, en lui remboursant le prix de la cession ;

» Attendu que si l'action en subrogation peut être exercée par le donataire ou légataire. universel, et

par le donataire ou légataire à titre universel, quoiqu'il ne soit pas successible ou qu'il ait renoncé à la
succession, c'est parce que, son émolument n'ayant
été ni fixe ni déterminé, il a le droit de prendre dans
la succession la quotité qui lui a été donnée ou léguée,
et qu'il faut pour cela qu'il prenne connaissance de
tous les biens, de toutes les affaires, de tous les
papiers de la succession, d'autant plus qu'il doit
supporter sa part des dettes, et que son titre universel le fait réputer héritier sous ce rapport ;

» Attendu qu'il n'en est pas de même du donataire
ou légataire particulier, ainsi qu'on l'a déjà expliqué,
alors même qu'il est successible comme Marguerite
Lauvergnat, et qu'il a, comme elle, renoncé à la
succession ; d'où il suit qu'en rejetant la demande de
Marguerite Lauvergnat et de Pierre Bossu, son mari,
en subrogation à la cession que Jeanne Lauvergnat,
fille de François, et femme Pouillard, a faite à Pierre
Gayet, de ses droits dans la succession de Pierre
Lauvergnat, la cour de Bourges a justement appliqué l'art. 841, Code civil ; — rejette, etc. » Voy.
Sirey, tom. 30, 1re part., pag. 29.

14. Il résulte ainsi de cet arrêt qu'il faut absolument être ou donataire ou légataire universel ou à
titre universel, pour pouvoir exercer le retrait
successoral, bien que l'on ait eu la qualité d'héritier
dont on s'est dépouillé par une renonciation. La
jurisprudence assimile en effet le donataire universel
ou à titre universel à l'héritier, et cela devait être :
celui qui réunit sur sa tête le titre de donataire et

celui d'héritier peut renoncer à l'un sans nuire aux droits de l'autre.

15. Le cohéritier qui a cédé ses droits successifs à un étranger peut-il exercer le retrait successoral?

Pour l'affirmative, on peut dire que le cohéritier qui a cédé ses droits à un tiers étranger ne s'est point dépouillé, comme celui qui a renoncé, de sa qualité d'héritier ; que la cession qu'il a faite n'a fait que transmettre ses droits, mais non le titre d'héritier ; que c'est toujours à lui que doivent s'adresser ceux qui ont à exercer quelques réclamations contre la succession ; que la qualité d'héritier est restée sur sa tête, qu'elle est attachée d'une manière inamovible à sa personne, à moins qu'il ne s'en dessaisisse par la renonciation, seule voie autorisée par la loi ; que ce n'est pas aux droits, mais au titre de l'héritier que le privilége de la subrogation est accordé ; le cohéritier peut en effet ne rien retirer de la succession, n'avoir que des dettes à payer, et ne pas répudier sa qualité par des motifs de réputation et d'honneur, d'où il suit qu'on ne doit pas lui enlever le bénéfice du retrait successoral.

Pour la négative, on répond que dès le moment que le cohéritier a cédé ses droits et actions dans la succession il n'a plus qualité pour exercer aucune demande relative à cette même succession ; que si on l'admettait au retrait successoral on lui donnerait le droit d'anéantir des actes qu'il avait lui-même consentis ; qu'en donnant à des tiers, par sa cession, la faculté d'intervenir dans les affaires et les secrets de la famille , il a violé la loi dont il voudrait invoquer en sa faveur les dispositions.

Ces derniers motifs ont été adoptés par la cour royale de Bastia , par arrêt du 23 mars 1835. Il paraît que dans l'espèce de cet arrêt, la veuve Vicenti, héritière de la dame Limazola , sa mère , avait cédé ses droits successifs aux frères Piève et à Joseph Valery , auxquels d'autres cohéritiers avaient aussi pareillement cédé leurs parts ; dans cette position la veuve Vicenti voulut exercer le retrait successoral contre les cessionnaires de ses cohéritiers , mais elle fut déboutée de sa demande en ces termes :

« La cour ; — attendu, quant à la veuve Vicenti, qu'ayant fait elle-même des aliénations en faveur des frères Piève et de Joseph Valery , dont ces derniers sont cessionnaires , elle ne saurait être admise à éluder les effets des actes qu'elle a volontairement consentis ; qu'elle ne saurait non plus être admise à ce droit de retrait pour les aliénations faites par ses cohéritiers , puisqu'en appelant elle-même des tiers à la succession de sa mère , elle a , par son propre fait , renoncé à un bénéfice que le législateur a précisément introduit dans le seul but d'empêcher des étrangers de s'immiscer , malgré les héritiers , dans les secrets des familles , a mis et met l'appellation , etc. » Voy. Sirey, tom. 35 , 2ᵉ part. , pag. 349.

Au milieu de ces raisons également puissantes , nous dirons qu'il ne faut pas sans doute admettre l'héritier qui a cédé ses droits successifs , à éluder et détruire , par son propre fait , la cession qu'il a volontairement consentie , mais qu'enlever à ce

cohéritier la faculté d'écarter les étrangers du partage de la succession par l'exercice du retrait successoral, c'est violer à son égard le motif qu'on lui
reproche d'avoir violé lui-même. Si le cohéritier
cédant, revenu à des idées plus saines et plus mo-
rales, veut empêcher que les secrets de la famille
ne soient révélés à des étrangers, pourquoi s'y opposer? Ses cohéritiers n'auront-ils pas à son égard
et à l'égard de son cessionnaire le même pouvoir
de se faire subroger au bénéfice de la cession par lui
consentie? Ne perdons pas de vue d'ailleurs le texte
de la loi qui accorde à l'héritier l'exercice du retrait
successoral; en transmettant ses droits, le cohéritier
n'a pas aliéné son titre d'héritier, ce titre est resté et
restera constamment sur sa tête tant qu'il ne l'aura
pas abdiqué par une renonciation formelle; or, dès
qu'il n'a pas cessé d'être héritier, il ne cesse pas de
jouir du privilége attaché à cette qualité. Qui le lui
aurait enlevé? ce n'est pas la loi, qui reste muette sur
ce point; ce n'est pas sa cession, car personne n'oserait soutenir que le cessionnaire fût lui-même investi
du droit de se faire subroger par suite de la cession
qui lui a été faite.

Il est tellement vrai que le cédant n'a pas perdu
son titre et ses droits d'héritier par la cession qu'il
a faite, que si l'un des cohéritiers du cédant venait
à mourir, sa part n'accroîtrait pas au cessionnaire,
mais bien à l'héritier qui aurait fait la cession.
Ecoutons ce que dit sur ce point le savant Merlin,
dans son *Répertoire*, mot *droits successifs*, cela nous
dispensera de prouver nous-mêmes ce point de droit,

et le lecteur nous saura gré , sans doute , de substituer ici l'opinion de ce magistrat à la nôtre :

« Une question intéressante est celle de savoir si ,
depuis la cession qu'a faite un héritier pour partie
de ses droits successifs , son cohéritier venant à
renoncer , la part de celui-ci accroît , pour le profit
comme pour les charges , au cédant ou au cessionnaire. La raison de douter se tire : 1° de ce que la
chose accroissant à la chose , elle doit accroître à
l'acquéreur qui a déjà une portion de la chose ; 2° de
ce que tout ce qui dépend d'un droit successif doit
accroître à ce droit successif; 3° de ce que la portion
du colégataire qui renonce accroît à la portion de
celui qui a accepté plutôt qu'à sa personne. Ces
raisons ont entraîné le suffrage de Barthole , de
Duaren et de plusieurs autres docteurs. Mais Cujas
et d'autres jurisconsultes , dont l'opinion nous paraît
préférable , pensent différemment. On ne fait aucun
tort au cessionnaire de le borner au titre de sa cession,
et l'on en ferait un à l'héritier en lui refusant de
prendre la place de son cohéritier renonçant , parce
que ce droit lui est acquis ; car quoiqu'il ait cédé sa
portion, *il n'en demeure pas moins cohéritier*, puisque
s'il ne l'avait point été il n'aurait pu céder. Or , la
portion du renonçant devant accroître à un cohéritier
ou à un étranger , il est plus naturel qu'elle accroisse
au premier qu'au dernier , parce qu'en fait d'hérédité c'est plutôt à celui qui est habile à la recueillir
qu'à tout autre qu'elle doit profiter. Au surplus, c'est
une maxime décisive , qui est que dans un acte , on
ne suppose pas ce qui ne se présume point être

venu dans l'idée aux parties ; or, comme il n'y avait point encore de renonciation , ce serait mal à propos qu'on supposerait que les parties l'ont prévue , dès qu'elles ne s'en sont point expliquées , explication néanmoins qui aurait dû partir du cessionnaire, parce qu'elle pouvait l'intéresser. D'ailleurs , aurait-il été permis de traiter par anticipation d'un droit qui ne pouvait appartenir au cédant qu'après la renonciation ? Joignez à cela que les docteurs qui sont d'un avis contraire , sous prétexte que la chose accroît à la chose , se trompent ici ouvertement ; car en supposant une maxime vraie et absolue dans tous les sens , elle aura son entier effet dans le cas dont il s'agit , parce que la renonciation accroissant à l'héritier , elle accroîtrait toujours à la chose , c'est-à-dire au prix de la cession , lequel est représentatif de l'hérédité cédée. »

De tout cela il suit que , selon nous , la cour de Bastia a bien et mal jugé à la fois : bien jugé en refusant à la veuve Vicenti l'exercice du retrait contre son propre cessionnaire , et mal jugé en ce qui concerne la subrogation demandée par elle contre les sieurs Pierre et Joseph Valery , cessionnaires des demoiselles Limazola et des dames Poggi et Bagniamischi.

16. Nous avons dit, n° 5 , que l'héritier , le donataire ou légataire pouvaient exercer le retrait successoral, et même celui qui ne prenait qu'une quotepart dans la succession. Que faut-il décider à l'égard de ceux qui ne viennent à une succession que par

droit de transmission , comme héritiers d'une personne qui y était appelée avec le cédant ? En d'autres
termes, le droit d'exercer le retrait successoral est-il
transmissible aux héritiers , donataires ou légataires
de l'héritier ?

Cela ne nous paraît pas douteux. L'héritier , en
succédant aux biens , succède aussi aux droits et
actions qui reposaient sur la tête du défunt. M. Duranton, qui pose lui-même cette question , la résout
en ces termes:

« Un cessionnaire de droits successifs peut aussi
être écarté du partage d'une succession par un héritier qui ne vient à cette succession que par droit de
transmission , comme héritier d'une personne qui y
était appelée avec le cédant. Par exemple , Paul a
deux enfants de deux mariages différents ; il meurt,
et avant que l'enfant du second lit , dont la mère vit
encore , ait accepté son hérédité ou y ait renoncé ,
cet enfant meurt aussi , laissant sa mère héritière
pour un quart , et son frère consanguin pour le
surplus , de sorte que la mère a droit pour un hui-
tième dans la succession de son mari. Le frère survivant cède à un tiers ses droits dans l'une et l'autre
succession. La mère peut écarter le cessionnaire ,
non-seulement du partage de la succession de son
fils , ce qui ne souffre aucune difficulté , mais elle
peut aussi l'écarter de la succession du père ; car
quoiqu'elle ne soit héritière de son fils que pour un
quart seulement , néanmoins elle a succédé pour le
tout , et comme à un droit indivisible , au droit
qu'avait eu son fils d'écarter du partage de cette

succession le cessionnaire qui s'y serait présenté. Elle a recueilli l'hérédité de son fils *cum omni causa*, par conséquent avec la faculté d'écarter un cessionnaire des droits successifs du cohéritier, ce qui rend indifférente la circonstance que la cession a eu lieu depuis la mort du fils, et celle aussi que la cession n'aurait eu pour objet que les droits du cédant sur l'hérédité du père. »

17. Le représentant d'un cohéritier pourrait-il exercer le retrait, si ce cohéritier avait accepté un legs universel d'usufruit qui lui aurait été fait pour lui tenir lieu de ses droits?

La cour royale de Nîmes, par un arrêt du 3 mai 1827, a jugé cette question; elle s'est décidée pour la négative. Nous ne partageons pas cette opinion; nous en dirons les raisons après avoir rapporté l'espèce de cet arrêt et les motifs sur lesquels il est fondé :

Du mariage de Jean Thomas avec Ursule Grafaud sont issus deux enfants, Barthélemy et Jeanne-Ursule, depuis épouse du sieur Larguier. — En 1785, décès de Jean Thomas père, après avoir institué son fils pour héritier universel, à la charge de payer à sa sœur une légitime de 2,000 fr. — En 1816, Barthélemy décède à son tour, laissant un testament par lequel il appelle à recueillir la nue-propriété de son entière hérédité un sieur Prosper Thomas, étranger à la famille; lègue à Ursule Grafaud, sa mère, encore vivante, l'usufruit de tous les biens de la succession, pour tenir lieu, est-il dit, à ladite Ursule

Grafaud du quart qui lui est réservé par la loi ; enfin, lègue à Jeanne-Ursule Thomas, sa sœur, une somme de 300 fr. — La dame Grafaud accepte le legs d'usufruit à elle fait, et se met, en conséquence, en possession de tous les biens de la succession. Quant à Prosper Thomas, légataire universel de la nue-propriété, 'il fait cession', le 18 novembre 1821, à une demoiselle Rose Thomas, de tous les droits qu'il peut prétendre sur la succession de Barthélemy Thomas, et, par conséquent, sur celle de Jean Thomas, père de celui-ci, qui s'y trouvait confondue. — Il importe de remarquer que la cession fut consentie pour un seul et unique prix, sans ventilation.

En cet état, les époux Larguier veulent exercer le retrait successoral contre Rose Thomas. Pour établir leur droit à cet égard, ils ont soutenu 1° que la dame Larguier pouvait exercer le retrait de son chef dans la succession de Barthélemy son frère ; qu'en effet, celui-ci étant décédé sans enfants, elle était successible, qualité qui, suivant l'art. 841, Cod. civ., était identique avec celle de cohéritier ; que d'ailleurs elle était appelée à prendre part à l'hérédité en sa qualité de légataire ; 2° que si elle n'avait pas le droit d'exercer le retrait de son chef, elle l'avait, du moins, du chef de sa mère ; que cette dernière était bien certainement cohéritière du cédant dans la succession de Barthélemy, pour la quotité qui lui était réservée par la loi ; 3° que la dame Larguier étant héritière à réserve de Jean Thomas, son père, on ne pourrait, dans tous les cas, repousser son action relativement à la succession de celui-ci, laquelle se

trouvait cédée par le fait avec celle de Barthélemy.
— 31 décembre 1823, jugement du tribunal d'Alais,
qui admet la demande en retrait. — Appel.

ARRÊT. — « La cour ; — attendu que l'art. 841 ,
Cod. civ. , n'autorise que le cohéritier à exercer le
retrait successoral ; que cette faculté est interdite au
légataire particulier, qui n'a qu'une action en délivrance de son legs, et qui ne peut, par conséquent,
être admis à éloigner un tiers d'un partage dans
lequel il n'est pas lui-même intéressé ; qu'ainsi Xavier Larguier , en qualité de tuteur de sa fille mineure , n'est pas admissible à écarter l'appelante de
la succession de Barthélemy Thomas ; qu'en effet,
Jeanne-Ursule Thomas n'est point cohéritière de son
chef de la succession de Barthélemy Thomas , mais
simple légataire d'une somme de 300 fr. ; qu'elle n'a
rien non plus à prétendre du chef de sa mère , légataire de l'usufruit de tous les biens de son fils , pour
lui tenir lieu de sa réserve légale ; qu'Ursule Grafaud
opta pour le legs d'usufruit, en se mettant en possession des biens de son fils ; qu'elle a continué sa jouissance jusqu'à son décès ; qu'elle n'aurait pu elle-
même , après avoir opté , réclamer, à titre de réserve
légale, un quart du bien de son fils en propriété ; que
sa fille et les représentants de celle-ci ne sauraient
avoir plus de droit qu'elle, et qu'ainsi , sous ce
deuxième rapport, l'action en retrait de la succession
de Barthélemy Thomas est inadmissible ; — attendu
que les droits héréditaires de Jeanne-Ursule Thomas ,
dans la succession de Jean Thomas , son père , ne
pourraient autoriser l'action en retrait successoral

qu'autant que l'appelante ne serait cessionnaire que
des droits de Barthélemy dans la succession de son
père, mais que Prosper Thomas, dont l'appelant a
acquis les droits, a été institué légataire universel de
Barthélemy Thomas; qu'il n'est pas prouvé que la
succession de Barthélemy Thomas se compose seulement des droits qu'il avait à prétendre dans la succession de son père; qu'elle consiste en outre dans
les biens et droits personnellement acquis par Barthélemy; que la cession des droits de celui-ci dans
l'hérédité de son père, et de ses droits et biens personnels, a été faite par un seul et même acte, et pour
un seul et même prix; qu'en outre des charges ont
été imposées au cessionnaire; qu'en cet état il est
impossible de fixer le prix que les parties étaient dans
l'intention de donner pour chacune des deux successions; que d'ailleurs, si le retrait était autorisé seulement pour la succession de Jean Thomas le père,
il en résulterait que l'appelante, privée des avantages
qu'elle attendait de cette succession, resterait néanmoins sujette aux charges de l'hérédité de Barthélemy, ce qui serait injuste et contraire à l'intention
des parties; met l'appellation et le jugement au
néant, émendant, rejette l'action en retrait, etc. »
V. Sirey, tom. 28, 2ᵉ part., pag. 268.

La cour de Nîmes a, selon nous, commis une
double erreur en refusant à Jeanne-Ursule Thomas,
femme Larguier, l'exercice du retrait successoral.

Il est évident, en effet, que la dame Larguier,
représentant Ursule Grafaud sa mère, devait jouir
du bénéfice de la subrogation; cette dernière était

évidemment cohéritière , ou devait être considérée
comme telle, puisqu'elle était usufruitière de l'universalité des biens de Barthélemy Thomas son fils.
Nous n'avons pas besoin de répéter ici les raisons
puissantes qui font admettre l'usufruitier des biens du
défunt au retrait successoral; c'est un point que nous
avons suffisamment démontré au n° 9 , soit par la
doctrine des auteurs , soit par la jurisprudence, et
c'est là le principe que la cour de Nîmes a méconnu.
Remarquons en effet que cette cour a considéré Ursule Grafaud comme ayant en quelque sorte renoncé
à la succession par cela qu'elle avait accepté le legs
universel d'usufruit que lui avait fait Barthélemy
Thomas son fils , pour lui tenir lieu de la réserve ;
elle aurait dû considérer aussi que si elle avait perdu
sa qualité de réservataire ou d'héritière à réserve, qui
lui donnait le droit d'exercer le retrait successoral ,
elle avait acquis celle de légataire à titre universel ,
en acceptant la libéralité de l'usufruit que son fils
lui avait faite , qualité à laquelle était aussi attaché
le droit de demander la subrogation. Or, dès le moment que la femme Larguier prétendait exercer le
retrait du chef de sa mère, usufruitière universelle
de son fils , ce droit ne pouvait lui être refusé, puisqu'il est constant que le représentant de l'héritier ou
du légataire succède au bénéfice de la subrogation.

Mais il y a plus: Ursule Thomas devait encore être
admise à en profiter de son chef, attendu sa qualité de légitimaire dans la succession de Jean Thomas
son père ; nous avons démontré, au n° 8 , comment
l'héritier à réserve , réduit à la simple qualité de

légitimaire, devait avoir le droit d'exercer le retrait.
Peut-être nous dira-t-on que la femme Larguier avait
été dotée d'une légitime en argent ; qu'en effet son
père avait chargé Barthélemy Thomas de lui payer
une somme de 2,000 fr. pour lui tenir lieu de ses
droits légitimaires;mais qui ne sait qu'UrsuleThomas
avait le droit de demander sa légitime en corps héréditaire,et par conséquent de s'immiscer dans la succession, d'en faire constater la consistance, d'en
vérifier tous les titres, d'en connaître, en un mot,
tous les secrets.

Cet arrêt a encore fait naître un doute dans notre
esprit : nous avons vu que Jeanne–Ursule Thomas,
femme Larguier, était héritière légitime de Barthélemy son frère ; qu'elle lui aurait incontestablement
succédé s'il n'eût pas fait de testament ; que même il
lui avait fait un legs de 300 fr. ; eh bien ! dans ce
cas, nous nous sommes demandé si, parce qu'elle
ne prenait rien ou presque rien dans la succession,
elle ne devait pas être néanmoins considérée comme
héritière, comme successible, et si elle n'avait pas
le droit en cette qualité d'exercer le retrait successoral ? Une foule de raisons se présentent en faveur
de l'affirmative : on peut dire d'abord que le vœu de
la loi ne serait point violé en appelant au bénéfice
du retrait successoral celui que la loi appelait à la
succession, il est peu probable que cet héritier abu-
sât de la connaissance qu'il prendrait de tous les
titres et de tous les secrets de la famille, puisque
lui-même en fait partie et que souvent il pourrait
se trouver en concours avec des étrangers, si le défunt

avait trouvé convenable de leur donner ses biens, en
sorte que, dans un pareil cas, c'est le membre de la
famille qui serait exclus, et l'étranger qui serait appelé. D'un autre côté, tant que l'héritier testamentaire ne se fait pas connaître, l'héritier légitime n'est-
il pas considéré comme héritier, comme successible ?
Si, par exemple, il y avait plusieurs légataires, que
le testament fût attaqué par l'héritier légitime, et
que pendant l'instance sur la validité du testament,
un des légataires fît cession de ses droits à la succession à un tiers; dans cette hypothèse, pense-t-on que
l'héritier légitime ou l'un des héritiers légitimes qui
aurait été appelé à recueillir la succession à défaut
de testament, n'eût pas le droit d'écarter le tiers acquéreur en lui remboursant le prix de la cession ?
Cette supposition donne beaucoup à réfléchir. Le
doute s'accroît encore si l'on suppose que cet héritier
légitime est légataire à titre particulier, car alors il
est appelé à prendre quelque chose dans la succession;
il ne peut être considéré comme étranger, puisque la
loi l'appelait à succéder si le testament n'eût pas
existé.

Mais à tout cela on peut répondre que l'héritier
n'est considéré comme tel, que lorsqu'il vient à la
succession, qu'il y prend une quote-part des biens
et que s'il est exclu par un héritier testamentaire, on
ne peut plus dire de lui qu'il est héritier. Il faut absolument prendre part au partage, être légataire ou
donataire universel ou à titre universel, ou enfin être
héritier part prenant. Tous ceux qui ne sont pas appelés au partage sont étrangers aux yeux de la loi, bien

qu'ils soient parents, qu'ils fassent partie de la famille ; c'est-là, peut-on dire, l'esprit de l'art. 841 du Code civil.

18. Les créanciers d'un héritier peuvent-ils exercer le retrait successoral et profiter du bénéfice de la cession que leur débiteur négligeait de demander?

En règle générale, les créanciers peuvent exercer tous les droits et actions de leur débiteur, à l'exception de ceux qui sont exclusivement attachés à la personne (Cod. civ., 1166) ; toutefois il est aussi de principe que les créanciers ne peuvent exercer les droits et actions du débiteur lorsqu'il néglige d'acquérir ; ils ne peuvent agir que lorsqu'il aliène : *Non fraudantur creditores cum quid non acquiritur a debitore, sed cum quid de bonis diminuitur; l. 134, ff. de reg. jur. Qui occasione acquirendi non utitur, non intelligitur alienare; l. 28, ff. de verb. sign.* Il suit de là qu'en n'exerçant pas le retrait successoral, le cohéritier débiteur ne fait rien contre les droits de ses créanciers, et que par conséquent ceux-ci ne sont pas fondés à l'exercer à sa place. On ne pourrait pas objecter la disposition de l'art. 788 du Code civil, qui porte que les créanciers de celui qui renonce au préjudice de leurs droits peuvent se faire autoriser en justice à accepter la succession du chef de leur débiteur en son lieu et place ; il n'y a pas là omission d'acquérir, il y a renonciation à un droit acquis ; l'héritier est saisi de la succession par le seul fait de son ouverture, et sa renonciation doit être considérée comme une véritable aliénation. D'un autre côté, le droit d'exercer le retrait successoral est, selon nous, exclusivement attaché à la personne de l'héritier en ce sens du moins qu'il est bien transmissible à ses héritiers légataires ou donataires universels ou à titre universel, mais non point à ses créanciers. Vainement dirait-on que les créanciers de ce copartageant ont le droit d'intervenir au partage et de s'opposer à ce qu'il soit fait hors de leur présence (Cod. civ., 882) ; l'objection tomberait d'elle-même ; car, dans ce cas, c'est leur action personnelle, c'est leur droit individuel qu'ils exercent, et non celui de l'héritier leur débiteur. Cela est tellement vrai que, bien qu'ils puissent, ces créanciers, se présenter au partage pour empêcher qu'il ne soit fait en fraude de leurs droits, ils ne peuvent demander le rapport qui n'est dû que par le cohéritier à son cohéritier, et nullement aux créanciers (Cod. civ., 857). Peut-être dira-t-on encore que, puisque les créanciers ont le droit de se présenter au partage, il n'y aucun inconvenient à les admettre au bénéfice du retrait successoral, par la raison qu'ils peuvent prendre, dans leur intérêt, connaissance de tous les papiers et titres de la famille, et qu'alors le motif de la disposition prohibitive de l'art. 844 disparaît entièrement à leur égard ; on répond à cela que si les créanciers ont une voie pour pénétrer dans les secrets de la succession, ce n'est pas une raison pour leur en ouvrir une seconde ; que, du reste, cette raison ne détruit pas celle tirée de ce que le retrait successoral est un droit personnel à l'héritier et que ne peuvent exercer les créanciers.

19. Le tuteur peut-il, sans l'autorisation du conseil de famille, exercer le retrait successoral ? En règle générale, aucun tuteur ne peut introduire en justice une action relative aux droits immobiliers du mineur, sans l'autorisation du conseil de famille; telle est du moins la disposition formelle de l'article 464, Cod. civ. Il s'agit maintenant d'examiner si le retrait successoral est une action relative aux droits immobiliers du mineur.

Le droit que le mineur a, comme héritier, d'intervenir au partage et d'y réclamer la part qui peut lui revenir dans les biens du défunt est bien un droit immobilier ; cela ne peut souffrir aucune difficulté. Mais l'action que le mineur intente au cessionnaire par l'intermédiaire de son tuteur est-elle bien une action immobilière ou relative à des droits immobiliers ? Cela n'est pas aussi clair.

Nous avons déjà démontré que l'exercice du retrait successoral devait être considéré plutôt comme une exception que comme une action ; que le cohéritier qui dirigerait une action contre le cessionnaire avant qu'il eût fait usage de sa cession, devrait être déclaré non recevable. Cela posé, examinons ce qui se passerait dans le cas où un tuteur aurait la faculté de se faire subroger au bénéfice de la cession. Un partage est demandé par le tuteur, et alors il a obtenu l'autorisation du conseil de famille, ou cette demande est formée contre lui, et alors il n'en a pas besoin ; dans cette instance en partage intervient le cessionnaire, qui, armé de son titre, se présente et demande à y prendre part. Que doit faire alors le tuteur? Il doit offrir à ce tiers, qui voudrait s'immiscer dans les secrets de la famille, de lui rembourser le prix de sa cession; il doit lui dire : Votre demande en partage, ou votre intervention dans le partage est nuisible aux intérêts du mineur, j'ai le droit de vous en écarter : j'use de ce droit. Voilà ce que le tuteur a à faire, user tout simplement de son exception.

Maintenant, ou le cessionnaire accepte le remboursement du prix de sa cession, ou il le refuse. S'il l'accepte, il n'y a pas d'action à intenter, le tuteur rembourse et tout est fini entre eux; dans ce cas, peut-on dire que l'autorisation du conseil de famille soit nécessaire? Nous ne le pensons pas ; c'est là une opération purement mobilière, purement personnelle. Mais, dira-t-on peut-être, cette opération, l'exercice de ce retrait, est relative à des droits immobiliers du mineur, donc il faut l'autorisation du conseil de famille pour que le tuteur agisse régulièrement. Cette objection serait une erreur manifeste: l'autorisation du conseil de famille n'est requise que lorsque le tuteur exerce ou veut exercer une action immobilière; or, ici, on le répète, le tuteur n'exerce pas une action, il use d'une exception à laquelle le cessionnaire se rend immédiatement. Veut-on que cette opération, parce qu'elle est relative à des droits immobiliers, nécessite l'autorisation du conseil de famille? Mais où est la loi qui le prescrit, qui en fait une obligation au tuteur? Le tuteur ne peut, il est vrai, aliéner ni hypothéquer les biens immeubles du mineur (Cod. civ., 457); mais ici il n'y a ni

aliénation, ni hypothèque de biens immobiliers ; le
tuteur a disposé d'un capital mobilier pour faire rentrer dans la succession une part qui avait été vendue,
et voilà tout.

Si le cessionnaire refuse le remboursement du
prix de sa cession et qu'il veuille contester , qu'il
prétende, par exemple , qu'il est successible et qu'il
ne peut pas être écarté du partage ; dans ce cas il
faut distinguer : ou le cessionnaire intente lui-même
le procès pour faire reconnaître sa qualité et être
admis au partage des biens de la succession , ou c'est
le tuteur qui provoque lui-même le partage (car n'ou-
blions pas qu'il ne pourrait pas, avant que le cessionnaire eût fait usage de sa cession, demander la subrogation). Dans le premier cas, le tuteur répond à une
action , il est contraint d'ester en justice pour le
mineur , il n'a donc pas besoin de l'autorisation du
conseil de famille , cela est évident. Dans le second
cas , le tuteur , ne pouvant provoquer le partage au
nom du mineur sans y être autorisé (Cod. civ., 465),
sera obligé de remplir cette formalité , mais remarquons bien que l'autorisation ne peut , dans aucun
cas , être nécessaire au tuteur pour l'exercice du
retrait , puisqu'il ne peut pas être demandeur sans
courir le risque d'être déclaré non recevable.

20. Toutefois , supposons que cette autorisation
soit nécessaire au tuteur pour exercer le retrait ;
dans ce cas , l'omission de cette formalité for-
merait-elle une nullité absolue ou une nullité
relative ? En d'autres termes, le défaut d'autorisation

pourrait-il être opposé par d'autres que par le mineur ?

Deux arrêts de la cour de cassation ont décidé que la nullité n'était que relative, que le défaut d'autorisation ne pouvait être opposé que par le mineur.

L'admission d'une pareille doctrine nous paraît contraire aux principes du droit et à l'équité; nous croyons pouvoir le démontrer. Il ne s'agissait pas dans les espèces de ces arrêts de l'autorisation d'exercer le retrait successoral, mais de celui d'un autre droit immobilier, ce qui, pour la solution de la question, est la même chose. Voici en quels termes l'arrêtiste Sirey rapporte ces arrêts, tom. 11, 1re part., pag. 52, et tom. 14, pag. 5 :

« Le 9 pluviôse an 8, contrat par lequel le sieur Canivet, en s'obligeant envers le sieur Pepin en paiement d'une rente annuelle de 125 fr., hypothèque un immeuble, avec convention qu'à défaut de paiement de la rente, le créancier serait propriétaire de l'immeuble hypothéqué. — Le sieur Canivet n'ayant pas exactement payé les arrérages, la veuve Pepin, en qualité de tutrice de ses enfants mineurs, s'est pourvue devant le tribunal de première instance de Vire, pour voir dire qu'à défaut de paiement des arrérages de la rente, elle serait déclarée propriétaire de l'immeuble hypothéqué, conformément à la convention stipulée par le contrat constitutif du 9 pluviôse an 8. — Jugement du tribunal de Vire, qui déclare la veuve Pepin propriétaire de l'immeuble, estimation préalablement faite. — Le sieur Canivet

appelle de ce jugement, il arguë de nullité les poursuites dirigées par la veuve Pepin, parce que, s'agissant d'une action immobilière, elle n'avait pu
l'intenter sans une autorisation préalable du conseil
de famille, conformément à l'art. 464 du Cod. civ.,
portant : « Aucun tuteur ne pourra introduire en
» justice une action relative *aux droits immobiliers*
» du mineur, ni acquiescer à une demande relative
» aux mêmes droits, sans l'autorisation du conseil de
famille. » La dame Pepin a répondu qu'il s'agissait
de l'exercice d'un droit mobilier, qui rentrait dans
les bornes d'une pure administration ; que d'ailleurs,
la nullité des poursuites résultant du défaut d'autorisation était relative au mineur et ne pouvait être
invoquée que par lui. — Le 24 décembre 1808, arrêt
de la cour d'appel de Caen, qui dit bien jugé sur le
motif qu'il ne s'agissait pas de la propriété immobilière du mineur, mais d'une action de pure administration.

» Pourvoi en cassation de la part du sieur Canivet,
pour contravention à l'art 464 du Cod. civ. L'autorisation du conseil de famille, a-t-il dit, n'est pas
seulement nécessaire lorsqu'il s'agit de la propriété
immobilière du mineur, elle l'est encore lorsque le
mineur veut exercer des droits immobiliers sur la
propriété d'autrui. L'art 464 ne comporte pas de
distinction. Sa disposition s'applique à tous les cas
où le mineur prétend exercer des droits sur un immeuble, sans distinction. Sans doute la nullité
résultant du défaut d'autorisation est relative au
mineur, mais cela ne fait point obstacle à ce qu'il

soit forcé de régulariser son action , de même que
la femme mariée qui agit sans autorisation ; cela est
d'autant plus raisonnable que par là les droits du
mineur sont légalement défendus , et les contestations prévenues.

» ARRÊT. — La cour ; — sur les conclusions de
M. Thuriot , avocat-général ;

» Attendu que l'art. 464 du Cod. civ. n'a disposé
que dans l'intérêt des mineurs et ne peut être invoqué
à leur préjudice ; — rejette , etc.

» Deuxième espèce ; — il s'agissait d'une com-
plainte ou action possessoire intentée par la dame
Terrasse , en sa qualité de tutrice de ses enfants
mineurs. Le sieur Chévrier , défendeur , demanda
que la dame Terrasse fût préalablement autorisée
par le conseil de famille, aux termes de l'art. 464 du
Cod. civ.

» 15 juin 1811 , jugement de la justice de paix ,
qui rejette l'exception de Chévrier.

» 4 juillet , autre jugement qui le condamne au
fond.

» Appel par Chévrier ; — le tribunal civil de Belley
confirme en ces termes : « Attendu que l'art. 384 ,
Cod. civ., accorde à la dame Terrasse, tutrice de ses
enfants en basse minorité , la jouissance de leurs
biens jusques à l'âge de 18 ans , que de la qualité
de tutrice légale dérive , par la force de la loi , celle
d'usufruitière ; qu'ainsi la première suppose nécessairement la seconde ; qu'en droit toutes les actions
possessoires compètent à l'usufruitier, ce qui résulte
de l'art. 613 du même Code.

» Pourvoi en cassation, pour violation de l'art. 464
du Cod. civ.

» Le demandeur faisait observer que la dame Terrasse n'avait point agi en qualité d'usufruitière ;
qu'elle n'avait pris d'autre qualité que celle de *tutrice ;*
qu'aux termes de l'art. 464, Cod. civ., la tutrice ne
peut plaider relativement aux droits immobiliers de
ses mineurs sans autorisation du conseil de famille.
Il soutenait que si le défaut d'autorisation ne peut
être invoqué contre le mineur qui a obtenu un jugement favorable par le défendeur qui n'a point réclamé
avant le jugement, et qui n'a point requis le tuteur
de le faire autoriser, il ne saurait en être de même
lorsque le défendeur s'est plaint, *in limine litis* , du
défaut d'autorisation, et a formellement requis l'autorisation du tuteur par le conseil de famille. Il
appuyait cette distinction sur l'autorité de Doneau
dans ses *Commentaires du droit civil* , lib. 17,
cap. 23.

» ARRÊT. — La cour, — attendu que l'art. 464,
Cod. civ., n'a disposé que dans l'intérêt des mineurs
et ne pouvait dans l'espèce être invoqué contre leur
intérêt ; — rejette, etc. »

On voit qu'il s'agissait dans ces deux espèces de
droits immobiliers appartenant à un mineur, que
par conséquent c'était évidemment le cas d'appliquer la disposition de l'art. 464 du Cod. civ., comme
dans celui où il s'agirait de l'exercice du retrait
successoral ; la raison de décider doit donc être
évidemment la même. Nous allons examiner si le
motif donné par la cour de cassation ne peut pas être

attaqué comme tout-à-fait incomplet , et insuffisant pour résoudre la question.

Lorsque le législateur a voulu qu'aucun tuteur ne pût introduire une action relative aux droits immobiliers du mineur, sans l'autorisation du conseil de famille , quelle a été son intention , et quel genre de décision a-t-il portée en s'exprimant ainsi ?

Il a sûrement voulu que le tuteur ne pût pas compromettre les intérêts du mineur en agissant seul et peut-être avec irréflexion et témérité ; c'était là la pensée dominante qui a fait dicter l'art. 464 du Cod. civ. , comme tous ceux où l'on prend des mesures conservatrices du patrimoine des mineurs. Or c'est là , incontestablement , une disposition absolue d'ordre public , car tout ce qui intéresse les mineurs s'y rattache d'une manière immédiate ; on ne saurait nous contester ce principe : il est le résultat de toute l'économie de la loi sur la tutelle.

Si donc l'obligation imposée au tuteur, de se faire autoriser par le conseil de famille pour la poursuite des droits immobiliers du mineur , appartient à l'ordre public , son omission doit nécessairement former une nullité absolue que tout le monde doit pouvoir opposer ; la conséquence est forcée.

Qu'a voulu dire la cour suprême par ces mots : « L'art. 464 ne dispose que dans l'intérêt des mineurs et ne peut être invoqué contre eux ? » Cela est assez difficile à comprendre , non pas en prenant ces termes isolément , mais dans leur application à la question dont il s'agit. En effet , peut-on dire que parce que la disposition de l'art. 464 intéresse les mineurs ,

6

elle n'intéresse qu'eux? N'est-il pas aussi d'un grand
intérêt pour ceux qui plaident avec eux de le faire
avec toute la sécurité possible, dans le cas où ils
obtiendraient gain de cause? Supposons, par exemple,
qu'un majeur contraint de plaider avec un mineur
demande, *in limine litis*, que le tuteur ait à se faire
autoriser par le conseil de famille à plaider contre
lui, et que le tuteur ne veuille pas ou néglige de le
faire ; dans ce cas, faudrait-il admettre le mineur
condamné, à opposer de son défaut d'autorisation,
lorsque le majeur aurait tout fait pour qu'il obtînt
du conseil de famille cette autorisation, et refuser à
ce majeur le droit d'attaquer une procédure vicieuse,
que cependant il aurait voulu prévenir en demandant
lui-même que le tuteur fût autorisé ? Ne serait-ce
pas rendre la loi inégale, injuste, absurde même? Faisons bien sentir la vérité de ceci par une hypothèse :

Pierre, tuteur de Paul, exerce le retrait successoral
contre Jacques, cessionnaire d'Adrien ; Jacques,
sur l'instance introduite, dit à Pierre : « Le retrait
successoral est une action relative aux droits immobiliers du mineur, que vous ne pouvez introduire
qu'avec l'autorité du conseil de famille, conformément à l'art. 464 du Cod. civ. » Pierre néglige cette
formalité ou bien il se refuse à la remplir ; le tribunal,
sans s'arrêter à l'incident, juge le fond et admet le
tuteur au bénéfice du retrait successoral. Plus tard
le partage est opéré ; le mineur, devenu majeur,
s'aperçoit que la part résultant du retrait est d'une
valeur inférieure à la somme que son tuteur a remboursée au cessionnaire ; il attaque la procédure

comme étant intervenue sans autorisation du conseil de famille. Le cessionnaire Jacques vient et dit : « Mais j'ai résisté à ce retrait de tout mon pouvoir; j'ai demandé que vous fussiez autorisé, en la personne de votre tuteur, par le conseil de famille ; je n'ai été écouté par personne, comment pourrais-je supporter aujourd'hui la peine d'une faute que vous seul avez commise ? L'art. 464 du Cod. civ., dites-vous, n'a été porté que dans votre intérêt et ne peut vous être opposé; la cour suprême l'a ainsi décidé, mais c'est là une jurisprudence qui ne pourra se soutenir; elle cèdera devant la puissance de l'équité et de la raison. » Il est certain que si la cour de cassation eût eu à juger l'espèce que nous donnons pour exemple, elle n'aurait pas hésité de décider la question comme nous le faisons nous-même.

Et qu'on ne dise pas que jamais un tribunal puisse repousser la demande en autorisation du tuteur que fera le défendeur ; que ce serait une chose moralement impossible, ce tribunal sachant bien que tout tuteur doit être autorisé à la poursuite des droits immobiliers du mineur; ce serait là une chose d'autant plus hasardée que c'est là précisément ce qui était arrivé dans l'une des deux espèces jugées par la cour de cassation. Le sieur Chévrier, défendeur, avait demandé devant le juge de paix, et *in limine litis*, que la dame Terrasse fût préalablement autorisée par le conseil de famille, et le juge de paix avait rejeté son exception.

M. Sirey, jurisconsulte aussi judicieux qu'éclairé,

en rapportant l'arrêt du 24 août 1813, faisait déjà
pressentir le vice de cette jurisprudence, dans une
note mise au bas de ce même arrêt :

« Faut-il conclure, dit-il dans cette note, faut-il
conclure de cet arrêt qu'une partie soit obligée de
plaider avec un tuteur non autorisé, et qu'elle n'ait
aucun moyen de se préserver d'une procédure dont
le résultat serait *valable contre elle* et non valable *à
son profit* ? — Non, sans doute; — si le défaut d'autorisation n'autorise pas l'action en nullité contre
ce qui est fait, au moins elle autorise une exception
dilatoire, une fin de *non-recevoir* quant à présent,
et jusques après autorisation. »

On voit que M. Sirey, dans cette note, craint de
répondre nettement à la question qu'il pose lui-même.
Il aurait dû voir cependant que l'exception dilatoire
proposée par Chévrier avait été repoussée par le juge
de paix, et que ce magistrat avait jugé au fond, et
que ce particulier n'avait pu se préserver d'une procédure, dont le résultat était *valable* contre lui et *non
valable à son profit.*

De tout cela il faut donc nécessairement conclure
que l'omission de l'autorisation du conseil de famille, dans le cas où le tuteur voudrait exercer le
retrait successoral (si ce tuteur se décidait à intenter
l'action en retrait avant que le cessionnaire eût demandé le partage) formerait une nullité que le mineur et les tiers pourraient opposer également ; que
refuser cette faculté à la partie condamnée serait
violer tous les principes de justice et d'équité ; qu'il
faut bien favoriser les mineurs, mais jamais au

détriment de cette maxime éternelle qui veut que la loi soit égale pour tous.

21. Si le cohéritier avait formé la demande en subrogation ; qu'une instance se fût liée sur cette demande, et qu'après il fût mort laissant un mineur pour son héritier, le tuteur de ce mineur serait-il obligé de demander l'autorisation du conseil de famille pour reprendre et continuer l'instance introduite par le père ?

Pour l'affirmative on peut dire que, bien que l'article 464 du Cod. civ. ne parle que de l'*introduction* et non de la *continuation* de l'instance relative aux droits immobiliers du mineur, néanmoins le conseil de famille doit être consulté, parce qu'il peut n'être pas de l'avis du père, lequel peut avoir formé une demande injuste et mal fondée ; que d'ailleurs le motif de la loi est d'empêcher que les intérêts du mineur ne soient compromis par un procès intenté trop légèrement ; que si la loi ne soumet le tuteur à demander l'autorisation que pour intenter l'action , c'est par un vice de rédaction ; qu'il faut, dans ce cas, consulter plutôt l'esprit que la lettre du texte de l'art. 464.

Pour la négative, on répond que le tuteur n'a pas à vérifier, lorsqu'il entre en fonction, si le père du mineur devait ou ne devait pas former la demande en retrait ; qu'il trouve une instance liée, il est obligé de la suivre malgré lui, à moins de s'en désister , ce qui pourrait avoir des résultats fâcheux pour lui ; que plus tard le mineur, devenu majeur, pourrait lui en faire le reproche et demander une indemnité à raison des bénéfices dont il aurait été privé et des pertes que lui aurait causées le désistement, puisqu'il devrait nécessairement payer les dépens du désistement et de l'instance; que d'ailleurs on ne peut mettre sous sa responsabilité l'exercice d'une action qui n'est pas son fait, ni l'obliger de consulter le conseil de famille qui ne doit surveiller que ses actes et non ceux du père du mineur; que ce n'est pas sans intention que le législateur n'a soumis le tuteur à demander l'autorisation que dans le cas où il introduirait lui-même l'action immobilière et non point lorsqu'il ne ferait que suivre l'instance déjà introduite; qu'enfin il y aurait de l'injustice à soumettre le tuteur à une pareille obligation et à une semblable responsabilité; qu'il suffit de réfléchir pour se convaincre qu'une pareille pensée n'a pu entrer dans l'esprit des auteurs de l'art. 464.

Nous partageons pleinement cette dernière opinion, qui nous paraît essentiellement juste et rationnelle. Un arrêt de la cour de Metz, du 26 prairial an 13, a, du reste, jugé que l'art. 464 ne s'applique point au cas où le tuteur ne fait que reprendre une action régulièrement introduite à une époque antérieure à la tutelle. Voy. Sirey, tom. 7, 2ᵉ part., pag. 1242.

22. Le tuteur qui, pouvant exercer le retrait successoral, ne l'aurait pas fait, serait-il obligé d'indemniser le mineur à raison des bénéfices dont il aurait été privé?

Cette question s'était présentée dans l'examen d'un compte tutélaire sur lequel j'avais été consulté ; voici les faits qui avaient fait naître le doute :

Pierre Beaup, en mourant, avait laissé quatre enfants et une fortune assez considérable, grevée cependant de nombreuses dettes chirographaires. Henri Beaup, l'un des enfants majeurs, avait vendu la part qui lui revenait dans la succession à un sieur Jacques Terrier, au prix de 17,800 fr.; la cession était publique, elle avait été reçue par le notaire des lieux.

Terrier provoqua le partage, lequel fut ordonné sans opposition soit de la part des enfants majeurs, soit de la part du sieur Arnaud, tuteur de Frédéric Beaup, enfant mineur. La division opérée entre les cohéritiers et le cessionnaire, on s'aperçut que celui-ci avait fait des bénéfices considérables, et que la part qui lui avait été assignée valait au moins 10,000 francs de plus que le prix de la cession. On se reprocha mutuellement de n'avoir pas usé contre lui de la faculté de l'éloigner du partage. Le tuteur se défendit en disant qu'il craignait, en se faisant subroger, de compromettre les intérêts de son mineur, attendu que les comptes et la liquidation n'étant pas opérés, on ne pouvait pas savoir s'il y avait des bénéfices à faire.

Plus tard, Frédéric Beaup étant devenu majeur, le sieur Arnaud son tuteur rendit son compte tutélaire ; une instance s'éleva sur plusieurs questions que présentait ce compte. Le sieur Frédéric Beaup, dans ses contredits, soutenait que le tuteur devait l'indemniser pour n'avoir pas, en son nom, exercé le retrait successoral contre le cessionnaire Terrier ; ce fut en cet état que le compte me fut soumis par le sieur Arnaud, pour avoir mon avis sur les diverses questions agitées et notamment sur celle du retrait.

Le mineur fondait son système sur plusieurs textes : il invoquait d'abord la disposition de l'art. 450, Cod. civ., qui porte que le tuteur administrera les biens du mineur en bon père de famille, et répondra des dommages et intérêts qui pourraient résulter d'une mauvaise gestion.

Or, disait l'oyant-compte, un bon père de famille n'aurait pas manqué d'exercer le retrait successoral contre le sieur Terrier, acquéreur de la part d'Henri Beaup, soit pour éloigner cet étranger du partage et de la participation à tous les secrets de la famille, soit pour faire les bénéfices que ce cessionnaire a faits lui-même ; le tuteur doit des dommages-intérêts au mineur non-seulement pour les pertes qu'il lui a fait éprouver, mais encore pour les gains qu'il pouvait faire en son nom et qu'il n'a pas faits. Il citait à l'appui de cette opinion les termes de la loi 7, *Cod. arbr. tutel.* : *Quidquid tutoris dolo vel lata culpa aut levi, seu curatoris, minores amiserint, vel cum possent non adquisierint, hoc in tutelæ seu negotiorum gestorum utile judicium venire non est incerti juris.*

Je réfutai ce système en disant : « 1° L'administration d'un bon père de famille ne consiste pas à courir les chances d'un marché dont les résultats ne peuvent pas être connus à l'avance. La succession de Pierre Beaup, le fait n'était pas contesté, était grevée de

nombreuses dettes, dont la quotité n'était pas connue des cohéritiers et encore moins du tuteur de
Frédéric Beaup ; et cela était tellement vrai, on
pouvait tellement craindre des chances de perte en
se faisant subroger, que les cohéritiers majeurs n'ont
pas osé eux-mêmes exercer le retrait successoral ;
ils sont restés, comme le tuteur, dans l'inaction la
plus complète à ce sujet ; pourquoi en ferait-on alors
le motif d'une demande en dommages-intérêts contre
le tuteur ?

» 2° Quant à la loi 7, *Cod. arb. tutel.*, elle ne doit
recevoir son application que lorsqu'il est certain que
le tuteur pouvait, sans compromettre le patrimoine
du mineur, faire des acquisitions avantageuses; que
si, pour faire des bénéfices, il fallait courir quelque
danger, s'exposer à des pertes, alors l'application de
cette loi devait nécessairement être repoussée par la
raison que si, en acquérant, le tuteur avait fait un
mauvais marché, le mineur ne l'indemniserait pas
de la perte qui certainement serait mise sur le compte
du tuteur et de sa mauvaise administration. »

23. Le mari peut-il exercer le retrait successoral ?

Cette question doit être examinée et résolue sous
divers points de vue.

D'abord, si les époux sont mariés sous le régime
de la communauté, il faut recourir pour la solution
de la question aux dispositions de l'art. 1428, Code
civil. Cet article porte : « Le mari a l'administration de tous les biens personnels de la femme. Il

peut exercer seul toutes les actions *mobilières* et *possessoires* qui appartiennent à la femme. Il ne peut aliéner les immeubles personnels de sa femme sans son consentement. Il est responsable de tout dépérissement des biens personnels de sa femme, causé par défaut d'actes conservatoires. »

Il nous semblait, d'après cette disposition, qu'il ne pouvait s'élever aucun doute dans son application, et que dès qu'il ne s'agissait pas d'actions *mobilières* ou *possessoires*, le mari était sans pouvoir et le jugement rendu entaché de nullité.

Deux arrêts de la cour de cassation nous ont appris le contraire ; mais encore ici, nous osons le dire, ils ne nous ont pas convaincu.

Voici les espèces de ces deux arrêts ; nous en discuterons tout-à-l'heure les motifs. Faisons remarquer toutefois dès à présent qu'il ne s'agissait pas de retrait successoral, mais d'autres *actions immobilières*, ce qui est la même chose pour l'application des principes.

Premier arrêt. — Par acte public du 9 pluviôse an 6, le sieur Martinot vendit à Antoinette Lescherres, femme d'autre Martinot, une portion de fonds dont l'héritière du vendeur, femme du sieur Dumont, fit la délivrance dans un endroit différent de celui convenu. Le sieur Dumont, agissant en qualité de mari et maître des droits de sa femme, intenta une action en revendication de ce fonds contre les époux Martinot, qui lui opposèrent une fin de non-recevoir, prise de ce que, selon eux, le mari n'avait pas qualité pour exercer les *actions immobilières* de son épouse, sans le concours de celle-ci.

Jugement du tribunal de Mâcon qui rejette cette fin de non-recevoir, et ordonne de plaider au fond.

Appel par Martinot. — Sur cet appel, la dame Dumont, instruite de l'exception opposée à son mari, déclare, par un acte devant notaire, ratifier l'action par lui intentée; elle intervient ensuite dans l'instance et y prend, comme son mari, des conclusions tendant au délaissement du fonds litigieux.

6 mai 1830, arrêt de la cour royale de Dijon, qui statue en ces termes : — « Considérant, en droit, que le mari n'a pas qualité pour exercer les actions immobilières de sa femme ; — considérant, en fait, que Dumont a, sans le concours de sa femme et en son nom personnel seulement, intenté à Martinot une action en relâchement d'immeubles qu'il soutenait appartenir à cette femme ; que dès-lors il doit être déclaré non recevable dans son action ; que vainement la femme Dumont, sentant les conséquences qu'on pourrait tirer contre son mari de cette fin de non-recevoir, a voulu, par acte du 17 avril 1829, ratifier ce qu'il a fait, et ensuite intervenir en cause d'appel ; cette intervention et cette ratification tardives ne peuvent valider une procédure nulle dans son principe ; par ces motifs, sans s'arrêter à l'intervention de la dame Dumont, met ce dont est appel au néant ; condamne Dumont à tous les dépens. »

Pourvoi en cassation par les sieur et dame Dumont, pour violation de l'art. 1428, Cod. civ.,

combiné avec les art. 818 , 1401 , 1421 , 1549 et
2254 du même Code. — L'art. 1428 , dit-on pour
les demandeurs , porte que le mari a l'administration de *tous* les biens personnels de la femme ; il
ajoute que le mari peut exercer seul toutes les
actions *mobilières* et *possessoires* qui appartiennent
à la femme ; faut-il conclure de là que le législateur
a entendu exclure les actions immobilières ? L'arrêt
attaqué décide l'affirmative ; mais cette décision est
évidemment inconciliable avec les dispositions des
articles 818 , 1401 , 1421 , 1549 et 2254 , Cod. civ.,
qui instituent le mari seul chef et administrateur de
la communauté dans laquelle tombent les fruits et
revenus des immeubles appartenant à la femme ;
qui lui donnent le droit de provoquer le partage
définitif ou provisionnel de ces immeubles ; qui lui
confèrent même à lui seul l'administration des biens
dotaux de sa femme , le droit d'en poursuivre les
débiteurs et détenteurs , d'en percevoir les fruits et
les intérêts , de recevoir le remboursement des capitaux , enfin qui le rendent responsable de la prescription qui , pendant le mariage et à l'égard de ces
biens , aurait couru contre la femme. — La conséquence nécessaire de ces diverses dispositions , c'est
que le mari doit avoir le droit d'intenter toutes les
actions immobilières de sa femme, soit dans l'intérêt
de celle-ci , soit dans l'intérêt du mari lui-même ,
lorsqu'elles tendent , comme dans l'espèce , à faire
rentrer dans la communauté un bien dont les fruits
lui appartiennent , ou même seulement à mettre sa
responsabilité d'administrateur à couvert. S'il en

était autrement., il dépendrait de la femme, par son
refus, de concourir à l'action du mari, de le priver
des revenus qui doivent tomber dans la communauté,
pour en avantager, par quelque motif secret, les
détenteurs de ses biens propres...... A l'appui de
ce système, les demandeurs invoquaient l'opinion
de M. Toullier, tom. 12, n° 384 et suiv., où cette
grave question se trouve longuement et disertement
traitée ; ils invoquaient aussi des arrêts des cours de
Riom, Bruxelles et Colmar.

ARRÊT. — « La cour; — vu les art. 1401 et 1428,
Cod. civ. ; — attendu qu'aux termes de ces articles
le mari est administrateur des biens personnels de
sa femme, responsable du dépérissement qu'ils
éprouvent par le défaut d'actes conservatoires, et
maître des fruits qui en proviennent pendant le
mariage; qu'il suit nécessairement de ces attributions
que le mari a qualité pour exercer, dans son intérêt
et pour la conservation des droits de sa femme, les
actions immobilières de celle-ci, et que s'il les exerce
sans son concours elle peut intervenir dans l'instance pour le maintien de ses droits; qu'à la vérité,
si la femme n'intervient pas dans l'instance, le jugement rendu contre le mari n'aura point de force de
chose jugée contre elle, s'il lui est défavorable ; mais
qu'il dépend du défendeur de l'amener en cause pour
prévenir cet inconvénient, s'il trouve bon de le faire;
que dans l'espèce, le demandeur a intenté l'action
en qualité de mari et maître des droits de sa femme;
que celle-ci après l'avoir ratifiée, est intervenue dans
l'instance pour le soutien de ses droits ; qu'aux

termes des art. ci-dessus cités , l'action et l'intervention étaient recevables , que cependant l'arrêt
attaqué juge le contraire ; qu'en cela il viole formellement lesdits articles ; donnant *défaut* contre le dé-
faillant, casse. »

DEUXIÈME ARRÊT.—Il s'agissait d'une action intentée
par le sieur Méjean contre le préfet de l'Ardèche, en
maintenue et reconnaissance de droits d'usage, revendiqués au nom de la dame Méjean, dans les forêts
de Bauzon appartenant à l'état. Un premier jugement par défaut, du 19 mars 1828, adjugea au sieur
Méjean les fins de ses conclusions. — Mais sur l'opposition formée par le préfet, les prétentions du
sieur Méjean furent écartées par jugement contra-
dictoire du 5 mars 1829. — Appel par le sieur Méjean. Entre autres moyens, le préfet de l'Ardèche
opposa au sieur Méjean un défaut de qualité , pris de
ce qu'il exerce sans le concours de sa femme une
action immobilière appartenant à celle-ci.

8 février 1829, arrêt de la cour royale de Nîmes,
qui infirme.... : « Attendu que , soit sous le régime
dotal, soit sous le régime de la communauté, le mari
a le droit de jouir des fruits et revenus des biens
personnels de sa femme et de ceux qui lui ont été
constitués en dot ; qu'il a aussi l'obligation de veiller
à la conservation de tous les droits de sa femme; que,
sous ce double rapport , l'appelant a intérêt et qualité, non-seulement pour demander d'être maintenu
dans la possession et jouissance des droits d'usage
qui font l'objet du procès, mais encore pour repousser l'exception , prise du droit de propriété de sa

femme, que l'intimé lui oppose; qu'ainsi l'appelant doit être déclaré non recevable dans l'action en maintenue de possession et jouissance, par lui intentée contre le préfet de l'Ardèche, qui aurait pu mettre en cause la femme de l'appelant, s'il avait jugé sa présence nécessaire....... »

Pourvoi en cassation par le préfet de l'Ardèche.

ARRÊT. — « La cour, — sur le premier moyen, fondé sur la violation des art. 526, 1428, 1454 et 1576, Cod. civ. : — attendu qu'aux termes des articles 1481 et 1428 dudit Code, le mari est administrateur des biens personnels de sa femme; qu'il est maître des fruits qui en proviennent pendant le mariage soumis au régime de la communauté; qu'il est de même, suivant l'art. 1549, seul l'administrateur des biens dotaux; qu'à l'égard des biens paraphernaux, il peut également, de l'aveu ou à défaut d'opposition de sa femme, faire des actes de possession et jouissance; qu'il a donc intérêt et qualité pour exercer les actions de sa femme, sauf, dans le cas où il les exerce seul, le défaut d'autorité des jugements à l'égard de la femme, et la faculté pour elle d'intervenir, et pour le défendeur de l'appeler en cause; et qu'ainsi, dans l'espèce, la demande introduite a pu être déclarée recevable, sans violer les articles cités du Code civil; sur le deuxième et troisième moyen:....... rejette, etc. » Voy. Sirey, tom. 32, 1ʳᵉ part., pag. 388.

D'après ce qu'on vient de lire, les motifs de ces deux arrêts peuvent se résumer en ces termes : Le mari est administrateur des biens personnels de sa femme, il est responsable des dépérissements qu'ils éprouvent par le défaut d'actes conservatoires, il est maître des fruits qui en proviennent pendant le mariage; d'où il suit qu'il a droit et qualité pour exercer les *actions immobilières* appartenant à sa femme, sauf à elle à intervenir ou au défendeur à l'appeler en cause.

A cela on répond :

1° Il n'est pas permis de créer en faveur du mari, par l'interprétation ou l'argumentation, un droit que la loi lui refuse. Le législateur, en fixant tous ceux qu'il devait avoir sur les biens personnels de la femme, ne lui a donné que l'exercice des *actions mobilières et possessoires* ; s'il eût voulu lui accorder les actions *immobilières*, il n'aurait pas manqué de le dire dans l'art. 1428 ; or, s'il ne l'a pas fait, c'est qu'il a pensé qu'il ne fallait pas investir le mari de pouvoirs qui n'appartiennent qu'au propriétaire et non à celui qui est tout au plus usufruitier.

2° On ne peut tirer aucun avantage du fait que le mari est maître des fruits qui proviennent des biens personnels de la femme; car l'usufruitier aussi est maître des fruits de l'immeuble dont un autre a la propriété, et cependant on ne lui a pas conféré le droit d'exercer les actions qui ont trait à cette propriété. Il ne faut pas confondre, dans la discussion qui s'élève sur cette question, les droits du mari dont la femme est mariée sous le régime dotal, parce que la loi lui a conféré, d'une manière expresse, des actions réelles, tandis que, dans notre cas, la femme reste maîtresse de ses biens propres, lesquels ne sont pas déclarés inaliénables comme dans le régime dotal.

3° La disposition qui met à la charge du mari les dépérissements qui peuvent arriver aux biens de la femme, faute d'actes conservatoires, n'est pas plus concluante que les autres. Pour la conservation des biens le mari a tous les actes d'administration, et si ces actes ne suffisent pas, il peut exercer les actions immobilières en faisant intervenir la femme; que si celle-ci refuse, il l'assigne régulièrement pour assister en l'instance, mais en aucun cas il ne peut agir seul dans l'exercice des actions immobilières, à moins que la femme assignée ne fasse défaut.

4° Mais, dit-on, c'est au défendeur à la demande du mari, à appeler la femme en cause pour régulariser l'instance; nous ne le pensons pas. Le défendeur assigné par le mari qu'a-t-il à faire? il a à examiner si celui qui le traduit en justice a droit et qualité pour le faire; il voit que la loi refuse au mari l'exercice de l'action qu'il lui intente, il se borne à le lui dénoncer et à le faire déclarer non recevable. Voilà tout ce que sa position lui prescrit de faire. C'est ensuite au mari à appeler, s'il le juge à propos, la femme en l'instance; que s'il ne le fait pas, le jugement qui intervient est nul, puisqu'il conférerait au mari un droit qu'il n'a pas : cela est de toute évidence.

5° Les arrêts que nous discutons font pressentir que si on refusait au mari l'exercice des actions immobilières, on se mettrait en contradiction avec les dispositions de l'art. 848 du Cod. civ., dont voici

les termes : « Le mari peut, sans le concours de la
femme, provoquer le partage des objets, meubles ou
immeubles à elle échus qui tombent dans la communauté ; à l'égard des objets qui ne tombent pas
en communauté , le mari ne peut en provoquer le
partage sans le concours de la femme; il peut seulement, s'il a le droit de jouir de ses biens , demander
un partage provisoire. »

Il nous semble que , bien loin de nous mettre en
contradiction avec cet article , nous pouvons au contraire profiter pleinement de ses dispositions : ne
voit-on pas en effet que ses termes prohibent au mari
l'action en partage des biens qui ne tombent pas en
communauté , c'est-à-dire des biens personnels de
la femme? La solution de la question tout entière
est donc dans la lettre de cet article ; il refuse nettement l'action en partage au mari lorsqu'il s'agit d'objets qui ne tombent pas en communauté; pourquoi?
parce qu'à l'égard de ces biens il n'a que l'exercice
des actions *mobilières* et *possessoires* , cela est plus
clair que le jour.

Ainsi, en résultat, il faut conclure , malgré les
arrêts ci-dessus, que lorsque le mari est marié sous
le régime de la communauté, il ne peut exercer les
actions immobilières appartenant à sa femme sans
le concours de celle-ci, et que s'il s'agissait de demander la subrogation à un cessionnaire de droits successifs, ce qui est évidemment une action relative
aux droits immobiliers de la femme, le mari ne
pourrait le faire sans qu'elle fût en qualité dans la
demande.

24. Lorsque la femme est mariée sous le régime dotal, la solution de la question ne doit plus être la même parce que les principes sont différents.

Sous le régime dotal, le mari a seul le droit de poursuivre les débiteurs et détenteurs de la dot ; toutes les actions résident sur sa tête ; mais ne perdons pas de vue que, pour qu'il en soit ainsi, il faut que la femme se soit fait une constitution générale de biens présents et à venir ; car si la constitution n'était que partielle, il pourrait arriver que la succession à l'occasion de laquelle le retrait serait exercé par le mari, ne fît pas partie de la constitution dotale. Expliquons ceci par un exemple :

Marie épouse Pierre ; elle se constitue une somme de 10,000 fr. qu'elle a par-devers elle. Plus tard, elle est appelée à prendre part dans la succession de Jean son oncle, avec ses frères et sœurs ; dans ce cas, si un de ces derniers vend sa portion à un étranger, le mari Pierre ne pourra pas, sans le concours de Marie son épouse, demander le retrait successoral, parce que les droits de sa femme, dans cette succession, ne seront pas dotaux, mais bien paraphernaux.

25. Dans le cas où la femme mariée avec une constitution de biens présents et à venir se présenterait avec son mari pour exercer le retrait successoral, le cessionnaire ne pourrait-il pas leur faire l'objection que voici :

Vous êtes mariés sous le régime dotal ; votre contrat porte une constitution générale de biens présents et à venir, d'où il suit que tous les biens de la

femme sont dotaux, et par conséquent inaliénables;
dans cette position, vous ne pouvez pas acquérir ni
me forcer à vous céder les droits résultant de ma
cession ; je ne veux pas passer avec vous un acte qui,
valable dans votre intérêt , serait nul dans le mien ;
car, cet acte, vous pourriez l'attaquer plus tard
comme contenant une aliénation de biens dotaux, et
moi je ne le pourrais pas.

Cette objection ne serait pas sans gravité.

Dans notre *Traité de la Dot*, tom. 1er, pag. 273 et
suiv. , nous avons examiné la question de savoir si
la femme mariée avec une constitution générale pouvait surenchérir ; nous l'avons résolue négativement.
Nous pensons que les éléments à l'aide desquels nous
avons formé notre opinion sur ce point pourraient
servir à résoudre le doute qui s'élève ici ; nous ren-
voyons le lecteur à ces autorités, auxquelles nous
ajouterons celle de M. Tessier, *Traité de la Dot* ,
tom. 1 , pag. 447 , aux notes.

26. Une autre question , non moins intéressante,
pourrait se présenter dans l'hypothèse suivante :

Marie épouse Pierre ; elle se constitue une somme
de 10,000 fr., plus la part lui revenant dans la succession de son père décédé; les époux exercent le
retrait successoral contre Alexandre, devenu cessionnaire des droits successifs de Jacques, frère de Marie
et cohéritier avec elle ; le retrait a lieu : on demande
si, dans ce cas, les objets compris dans le retrait
seraient dotaux ou paraphernaux à la femme ?

Pour la dotalité on peut dire que la part que

Marie s'est constituée en dot doit comprendre tout
ce qu'elle prend dans les biens de la succession, n'importe à quel titre ; que cette part peut varier selon les
circonstances ; qu'elle peut être plus considérable au
moment de la constitution et moins considérable au
moment du partage, par l'apparition de créanciers
jusqu'alors inconnus ; qu'elle peut s'accroître aussi
par le décès d'un des cohéritiers dont la part est dévolue aux autres ; qu'il doit en être de même de ce
qui compose le retrait, puisque ce sont des biens
de la succession.

Pour la paraphernalité, on peut soutenir au contraire, et avec plus de raison, que les biens, objet
du retrait, n'ont jamais dû faire partie de la portion
à laquelle Marie avait droit ; que ce sont des biens à
part achetés par elle et payés par elle, et non avec
les deniers de la succession ; qu'on ne peut considérer l'exercice du retrait comme le résultat d'un
droit d'accroissement ; que l'accroissement est un
avantage purement gratuit pour celui qui en est l'objet ; une pure libéralité de la loi ; que si on déclarait
dotale à Marie la part provenant du retrait, il faudrait en dire autant de toute la succession, si elle
achetait ou devenait cessionnaire des parts de tous
ses cohéritiers ; ce qui serait une absurdité.

27. Si la femme n'a que des biens paraphernaux,
ou si ceux qui composent la succession lui sont paraphernaux, le mari ne peut, sans le concours de la
femme, exercer le retrait successoral ; la raison en
est évidente : le mari n'est pas propriétaire des biens

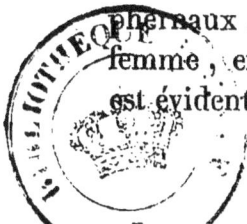

de sa femme, et la loi ne lui confère pas, comme sur les biens dotaux, le droit d'en poursuivre seul les débiteurs ou détenteurs.

L'exercice du retrait n'étant pas un acte d'administration, le mari n'aurait pas mieux le droit d'en user, alors que la femme lui aurait donné le pouvoir d'administrer ses biens paraphernaux, aux termes de l'art. 1577 du Cod. civ. La demande en subrogation est une véritable aliénation, puisque le retrayant abandonne un capital en échange de la portion cohéréditaire qu'il acquiert.

Si le mari jouissait des biens paraphernaux de sa femme sans mandat et néanmoins sans opposition de sa part, il ne serait pas mieux autorisé à exercer le retrait successoral, car dans ce cas ses droits ne sont pas plus grands que ceux que lui donne la procuration pour administrer ; il n'est pas comptable des fruits consommés et voilà tout.

28. La femme qui n'aurait que des biens paraphernaux pourrait-elle seule et sans l'autorisation de son mari, exercer le retrait successoral ? Nous ne le pensons pas. D'abord la femme ne peut ester en jugement sans l'autorisation de son mari, ou, à son refus, sans la permission de la justice, même quand il s'agit de ses biens paraphernaux (art. 215 et 1576, Cod. civ.). D'un autre côté, l'exercice du retrait successoral est, comme nous venons de le dire, une aliénation que la femme ne peut faire sans autorisation.

29. Si la femme et le mari avaient paru dans l'acte de subrogation; qu'il y fût dit que les deniers comptés au cessionnaire l'avaient été par la femme, cette dernière, si elle avait des biens paraphernaux, serait-elle soumise plus tard à répondre à la question *unde habuit ?*

On peut tirer de forts arguments en faveur de la négative, d'un arrêt rendu par la cour de Grenoble le 30 juin 1827, dans la cause du sieur Deinsa contre le sieur Briant; toutefois on peut dire que la solution de cette question dépend beaucoup des circonstances; ainsi, il pourrait arriver qu'une femme ayant des paraphernaux fût dans l'impossibilité de prouver qu'elle aurait fait les fonds de la subrogation. Supposons, par exemple, qu'une femme ayant une maison en paraphernal en eût laissé jouir son mari; qu'elle n'en eût jamais retiré les prix de location; dans ce cas, ne serait-il pas certain qu'elle n'aurait pas pu réaliser le montant de ce qui aurait été compté au cessionnaire et que le paiement allégué avoir été fait par elle serait un mensonge, imaginé pour servir à consommer un avantage indirect, une donation déguisée ? La question *unde habuerit* nous paraît devoir être subordonnée aux circonstances, et le fait de l'existence de paraphernaux entre les mains de la femme ne doit jamais être une règle absolue, comme semble le faire préjuger l'arrêt dont nous venons de parler.

Voici, au reste, un arrêt qui a jugé la question d'une manière conforme à notre opinion; les motifs nous ont paru fort remarquables et tout-à-fait décisifs.

La femme Guttin, séparée de biens, se présentait

à l'ordre ouvert pour la distribution de biens vendus sur son mari ; elle réclamait collocation , notamment pour une créance de 2,400 fr. , résultant d'une reconnaissance passée en sa faveur , depuis son mariage , par le sieur Guttin , suivant un acte notarié du 9 janvier 1818. — Les créanciers combattaient cette réclamation ; ils soutenaient que la femme Guttin ne pouvait obtenir collocation qu'autant qu'elle prouverait d'où lui était provenue la somme faisant l'objet de la reconnaissance dont il s'agissait. Du reste, le sieur Guttin avouait que la reconnaissance était simulée , et déclarait vouloir la révoquer.

3 mai 1825 , jugement du tribunal de Bourgoin qui rejette la demande en collocation.

Appel par la femme Guttin. — On soutient pour elle que l'obligation de prouver d'où provenaient les sommes que le mari a reconnues à sa femme ne peut être imposée à la femme dont tous les biens sont dotaux , et dont par suite le mari a le droit de percevoir les fruits ; qu'il en est autrement lorsque , comme dans l'espèce , la femme , quoique mariée sous le régime dotal , n'a qu'une constitution particulière de dot et a des biens paraphernaux dont elle jouit et perçoit les fruits ; qu'en ce cas la femme n'est pas soumise à la preuve *unde habuit ;* on invoque en faveur de ce système un arrêt de la cour de Grenoble , du 1er février 1812 , qui a décidé que l'acquisition faite pendant le mariage par une femme dont la constitution dotale est particulière , doit être maintenue sur la tête de la femme.

Les créanciers répondaient que, d'après la jurisprudence constante du pays de droit écrit, fondée sur les lois 51 *ff. de donat. int. vir. et ux.*, et 6, *in fin. Cod. eod.*, la femme mariée qui se prétend créancière de son mari est toujours obligée de prouver l'origine de ses créances; qu'il n'y a pas à distinguer si la femme a ou n'a pas de biens dotaux; que ces principes sont surtout applicables lorsqu'il s'agit d'une seconde femme, comme dans l'espèce, qu'en ce cas la loi présume plus facilement la fraude ; qu'au surplus, dans la cause actuelle, la simulation est reconnue par le mari lui-même.

ARRÊT. — « La cour, — attendu qu'il n'est nullement justifié que Claude Guttin ait reçu les 2,400 fr. dont il a fait reconnaissance à Catherine Barbier, le 9 janvier 1818; que ladite Barbier n'établit pas d'où lui provenait cette somme ; que quoique Catherine Barbier n'ait qu'une constitution particulière de dot, *et jouisse d'un paraphernal*, elle n'est pas moins tenue de prouver *unde habuerit*, parce que s'agissant d'actes et reconnaissance tendant à priver les enfants d'un premier lit d'une portion de leur réserve légitime, la loi les présume toujours simulés jusqu'à la preuve du contraire ; que ce point de jurisprudence est établi par tous les auteurs et les arrêts du parlement du Dauphiné, surtout lorsqu'il s'agit d'une seconde femme, toujours présumée vouloir diminuer la portion des enfants d'un premier lit pour favoriser les siens ; et cette preuve devient d'autant plus nécessaire dans l'espèce, Claude Guttin ayant révoqué cet acte et convenu de la simulation ; — confirme le

jugement dont est appel. » Voy. Sirey , tom 28 , 2°
part. , pag. 43.

30. Que faudrait-il décider dans ce cas ?

Une succession s'ouvre en faveur de quatre cohéritiers ; l'un d'eux vend ses droits à un tiers , un
second disparaît de son domicile , ses héritiers font
déclarer son absence et sont envoyés en possession
provisoire de ses biens. Le cessionnaire provoque le
partage ; les héritiers présomptifs de l'absent se
présentent , et en son nom ils offrent à ce cessionnaire de lui rembourser le prix de sa cession ; ils
délèguent à cet effet un prix de vente dû à l'absent
par un tiers qui paie. Mais l'absent reparaît ; et
après la liquidation de la succession il se trouve que
cette succession lui était plus onéreuse que profi-
table , et alors il refuse de ratifier le retrait. Vous
n'aviez pas le droit , leur dit-il , d'aliéner un capital
m'appartenant ; vous n'étiez que dépositaires, qu'administrateurs de mes biens , vous n'aviez aucun
pouvoir de me faire courir les chances de l'acquisition que vous avez faite , de la part d'un de mes
cohéritiers. Une instance se lie , on y agite la question de savoir si les envoyés en possession avaient
pu rembourser le cessionnaire et aliéner ainsi une
somme appartenant à l'absent.

Je plaidais dans cette affaire dans l'intérêt des
envoyés en possession ; j'invoquai en leur faveur une
discussion savante de M. Garnier , avocat à Paris ,
qui assura le succès de sa cause et de la mienne ; voici
l'arrêt qui contient cette discussion remarquable :

« Le 16 pluviôse an 4 , la dame Pichon décéda , laissant quatre enfants en bas âge , une fille et trois garçons : Nicolas-Joseph , Antoine-Grégoire et Jean-François. De la succession de la dame Pichon dépendait une maison sise à Paris, recueillie par la défunte dans la succession de sa mère, et sur laquelle son mari , qui survécut , n'avait aucun droit.

» Dans le courant de l'an 9, les deux fils aînés , Nicolas-Joseph et Antoine-Grégoire , alors âgés seulement de quatorze et quinze ans , disparurent subitement du domicile paternel , sans que l'on ait pu découvrir depuis ce qu'ils sont devenus. La demoiselle Pichon , après sa majorité acquise , vendit , par acte notarié du 20 novembre 1806 , le quart indivis qui lui appartenait dans la maison héréditaire.

» Un sieur Roussel ayant obtenu, en 1807, contre Pichon père et sa fille , un jugement de condamnation , prit inscription sur cette maison. En 1808 , par acte notarié , les sieur et demoiselle Pichon souscrivirent , au profit du même sieur Roussel , une nouvelle obligation d'une somme de 2,200 fr. , avec concession d'hypothèque sur tous les biens; cette hypothèque fut inscrite , le 17 octobre 1808 , sur la maison appartenant , disait l'inscrivant , au sieur Pichon père et à sa fille.

» Cependant l'acquéreur des droits indivis de la demoiselle Pichon ayant provoqué la vente par licitation de la maison dont il s'agit , elle fut adjugée, le 9 juin 1810 , à un sieur Véronique.

» 14 février 1811 , décès de Pichon père.

» Vers la même époque, Jean-François Pichon, dernier de ces enfants, obéissant aux lois de la conscription, part pour l'Espagne et meurt à Valladolid; il était âgé de 20 ans, et ne laissait ni ascendants ni descendants.

» La demoiselle Pichon poursuivit la déclaration d'absence de ses deux autres frères, Nicolas-Joseph et Antoine-Grégoire. Un jugement du tribunal civil de la Seine, sous la date du 5 février 1813, déclara l'absence des deux frères Pichon.

» 3 avril 1813, autre jugement qui envoie la demoiselle Pichon en possession provisoire des biens des absents. Le sieur Leguin, partie au procès actuel, fut accepté par le ministère public pour caution de l'administration, et fit sa soumission au greffe.

» Le 5 mai 1813, la demoiselle Leguin souscrivit au profit du même sieur Pichon, une obligation d'une somme de 1,800 fr., pour argent à elle prêté, et afin de lui en procurer le recouvrement elle lui céda et transporta, jusqu'à concurrence de sa créance, 1° la portion qui lui appartenait dans le prix de la maison dont il s'agit, comme seule héritière de son frère François, décédé; 2° la portion revenant à ses frères absents dans ledit prix; 3° et les intérêts échus et à échoir.

» Signification de ce transport à Véronique, adjudicataire, avec sommation par Leguin d'en payer le montant entre ses mains. Réponse par Véronique, qu'il paiera quand on lui aura rapporté la main-levée et le certificat de radiation des inscriptions prises par Roussel, sur la maison dont il s'agit.

» En conséquence, Leguin forme contre Roussel une demande en main-levée des dernières inscriptions. — Cette demande était fondée sur ce que, au moment où celui-ci était devenu créancier du sieur et demoiselle Pichon, ils n'étaient pas propriétaires de la maison dont il s'agit ; que la demoiselle Pichon, la seule d'entr'eux qui ait eu quelques droits sur l'immeuble, les avaient cédés bien avant la naissance des créances de Roussel.

» Cependant celui-ci a résisté à cette demande. Il a prétendu, 1° que le prix provenant de la vente d'un immeuble était aussi immeuble ; 2° qu'en supposant qu'il fût *meuble*, la loi interdisait à l'envoyé en provisoire, l'aliénation des biens meubles de l'absent ; 3° que la demoiselle Pichon n'était pas seule héritière de son frère décédé, puisqu'à l'époque de son décès, l'absence des deux autres n'était pas déclarée ; en conséquence, Roussel a demandé la nullité du transport du 5 mai 1813, et par suite à être renvoyé de la demande du sieur Leguin. — Le ministère public s'est joint au sieur Roussel pour demander la nullité du transport, dans l'intérêt des absents.

» Le 12 août 1813, jugement de la 2° chambre du tribunal civil de Paris, qui, sans s'arrêter aux moyens de nullité proposés par Roussel, contre l'acte du 5 mai 1813, dont il est débouté, fait main-levée des inscriptions de Roussel, en ordonne la radiation, ordonne en outre qu'en rapportant à l'adjudicataire ce jugement et le certificat de radiation des inscriptions, ce dernier sera tenu de vider ses mains des sommes restantes par lui dues, en principal et intérêts, sur le prix de ladite maison, jusqu'à concurrence du montant du transport, en celles du sieur Leguin, et condamne Roussel aux dépens.

» Sur l'appel, Roussel a reproduit les moyens qu'il avait fait valoir en première instance.

» Il a persisté à soutenir, 1° que le prix d'un immeuble était également immeuble, parce qu'il prenait entièrement la place de la chose qu'il représentait : *subrogatum sapit naturam subrogati*, etc. ;

» 2° Qu'en supposant que ce prix fût *meuble*, l'art. 125 du Code porte que l'envoi en possession et provisoire ne sera qu'un dépôt ; que l'envoyé en possession provisoire ne sera qu'administrateur, l'art. suivant, par une conséquence du premier, dispose que cet administrateur ne peut vendre ses meubles sans autorisation de la justice. Il est donc évident que le transport fait au sieur Leguin, d'une somme appartenant aux absents, est radicalement nul, et que le prétendu cessionnaire est sans droit comme sans qualité pour demander la main-levée des inscriptions. L'acte du 5 mai 1813 doit donc être annulé, et Leguin déclaré non recevable en sa demande.

» Et qu'on ne dise pas, continuait Roussel, que je suis sans intérêt à demander la nullité de cet acte, ne se peut-il pas que les absents ne paraissent point ? La demoiselle Pichon, ma débitrice, sera envoyée en possession définitive de leurs biens, et alors j'aurai le droit de me pourvoir sur le prix, sur la somme cédée qui sera mon gage, comme tous les autres biens de la demoiselle Pichon.

» 3° Enfin la demoiselle Pichon n'est point la seule héritière de son frère décédé, puisqu'à l'époque de son décès l'absence des deux autres n'était point déclarée, et que ce n'est cependant qu'à l'absence déclarée, et non à celle présumée, que l'art. 135 et 136, ainsi que la rubrique de la section sous laquelle ils sont placés, donnent l'effet d'exclure d'une succession.

» Chargé de la défense du sieur Leguin, M° Garnier, avocat au barreau de Paris, a répondu :

» Sur la première question........

» Sur la deuxième question : —Le premier principe qui se présente à la pensée est celui qui répute l'absent mort du jour de sa disparition, et qui oblige celui qui se prévaut de son existence à prouver le fait qu'il allègue. Au moyen de ce principe, l'envoyé en possession a le droit incontestable d'aliéner tous les biens, meubles ou immeubles sans distinction ; et cela est si vrai que le législateur a été obligé de faire une prohibition spéciale pour les immeubles. Il a ce droit, car il répond avec avantage à tous ceux qui s'opposent à l'aliénation : L'absent est réputé mort du jour de sa disparition ; ce n'est qu'autant qu'il existe que je ne puis aliéner ; prouvez qu'il jouit encore de la vie : l'art. 135 vous impose cette obligation.

» Néanmoins, le législateur, par des raisons d'un ordre supérieur que l'on conçoit facilement, a cru devoir faire exception à cette règle générale ; l'art. 128 qui la contient est ainsi conçu : «Tous ceux qui » ne jouiront qu'en vertu de l'envoi provisoire ne

» pourront *aliéner ni hypothéquer les immeubles* de
» l'absent. »

  » La prohibition ne concerne que les immeubles.
L'article emploie même le mot *hypothéquer*, qui ne
laisse à cet égard aucun doute. Or, puisque toute
exception doit être rigoureusement restreinte à ses
termes ; puisque tout ce qui n'est pas défendu est
permis; puisqu'enfin *inclusio unius est exclusio alte-
rius*, il est clair que l'envoyé en possession peut
aliéner les biens *meubles* de l'absent.

  » A des idées aussi simples et aussi décisives,
qu'oppose le sieur Roussel ? Il oppose les art. 125 et
126, dont les termes sont généraux, illimités, et
prohibent, dit-il, indistinctement toute aliénation
de meubles et d'immeubles.

  » Après la disposition de l'art. 128, il serait sans
doute bien extraordinaire que les articles cités fussent
favorables au sieur Roussel ; et soutenir que ces articles prohibent l'aliénation des meubles, c'est ac-
cuser de pléonasme et d'antinomie trois dispositions
législatives trop rapprochées pour que cela soit même
présumable : de pléonasme, car l'art. 128 répèterait
la disposition des art. 125 et 126 ; d'antinomie, car
les art. 125 et 126 diraient tout le contraire de l'article 128. On ne peut opposer contre la loi des erreurs
aussi graves, aussi manifestes. Aussi les articles invoqués par Roussel ne contiennent-ils rien moins que
ce qu'il leur fait dire.

  » L'art. 125, dit le sieur Roussel, porte que l'envoi
en possession provisoire ne sera qu'un dépôt ; or, il
est de principe incontestable, ajoute-t-il, que le

dépositaire ne peut aliéner la chose déposée. Quel sophisme! Veut-on savoir quelle est la signification de ce mot *dépôt* dans l'art. 125? Que l'on consulte le procès-verbal de la discussion au conseil d'état, et l'on verra que la loi n'a eu d'autre but, en s'exprimant ainsi, que de décider que l'envoyé en possession provisoire n'est pas *propriétaire*; ce qui avait fait question sous l'ancienne jurisprudence. Aussi, en continuant l'art. 125, on voit clairement que c'est là le sens que le législateur attache au mot *dépôt:* « La possession provisoire ne sera qu'un dépôt qui don- » nera à ceux qui l'obtiendront l'administration des » biens de l'absent, et qui les rendra *comptables*, etc. »

» Qu'est-ce en effet que le dépôt? C'est un contrat réel, qui n'est conséquemment parfait que par la tradition de la chose qui en est l'objet (art. 1917, 1918 et 1919).

» Or, une créance (et ce nom est le seul qui convienne au droit des absents contre Véronique), étant chose incorporelle, n'est pas susceptible de tradition, et conséquemment ne peut devenir la matière d'un dépôt. Le dépôt est un contrat essentiellement gratuit, et cependant la loi concède la presque totalité des revenus des absents à l'administrateur. Le dépôt ne peut comprendre que des meubles, et l'absent peut posséder des immeubles. Le dépositaire doit rendre identiquement la chose déposée, et cependant Roussel avoue que, dans certains cas, l'aliénation des meubles a lieu avec l'autorisation du tribunal. La possession provisoire n'est donc pas un dépôt proprement dit.

» Le sieur Roussel insiste et dit : « L'art. 125
» dispose que la demoiselle Pichon n'est qu'admi-
» nistratrice; donc elle ne peut aliéner, car elle n'a
» aucun droit de propriété. »

» Sans doute, l'envoyé en possession n'est qu'administrateur; mais le sieur Roussel croit-il qu'il n'y
ait que le propriétaire qui puisse aliéner? Ecoutons
là-dessus Justinien, *inst. tit.*, *Quibus alienare licet
vel non : Aliquando contingit ut aliquis sit dominus
et tamen alienare nequeat, aliquando quis dominus
non sit et habeat jus alienandi.* Ce que Justinien démontre par l'exemple du tuteur et du pupille, quoique
le tuteur ne fût, comme il le dit, que *nudus admi-
nistrator*, il pouvait cependant aliéner les meubles
sans autorisation du prêteur.

» Même disposition dans notre droit tant ancien
que nouveau. Le nouveau (art. 457 et 464) dit expressément que les seuls biens que le tuteur ne puisse
aliéner sont les immeubles, et jamais on n'a osé
révoquer en doute le droit du tuteur d'aliéner les
meubles du pupille.

» M. Locré, *Esprit du Code civil*, observe que la
possession provisoire est régie par les mêmes règles
que les tutelles, curatelles et toutes les autres admi-
nistrations quelconques.

» En effet, puisque le tuteur a la faculté d'aliéner
les meubles du pupille, elle doit appartenir *a fortiori*
à l'administrateur des biens de l'absent. Le tuteur
est souvent étranger au pupille ; et lorsqu'il est son
parent, il n'est pas toujours son héritier. L'envoyé
en possession, au contraire, est le présomptif héritier

de l'absent. Il a donc un très-grand intérêt à conserver des biens qui doivent être un jour sa propriété; il est donc à présumer qu'il ne les dilapidera pas. Les tuteurs ne sont pas soumis à l'obligation de donner caution; ils peuvent être insolvables. Les envoyés en possession, au contraire, donnent caution pour la sûreté de leur administration. La loi leur accorde beaucoup plus de confiance qu'aux tuteurs. Ils n'ont pas de contradicteurs tels que des subrogés-tuteurs. Toutes les causes où figurent les tuteurs, leur conduite entière, sont soumises à la censure et à la surveillance du ministère public. Celui-ci est partout et en tout le contradicteur du tuteur, le protecteur-né du mineur. Mais les actions des envoyés en possession ne sont pas soumises à la même censure ni à la même surveillance; ils ont toute latitude, toute liberté dans leur administration. A la vérité, l'art. 114 du Code civil parle d'une censure et d'une surveillance par le ministère public, mais relativement aux *présumés absents*. Aucun article du chapitre *de la déclaration d'absence* ne lui assigne les mêmes attributions relativement aux absents déclarés; aussi l'art. 83, § 7, du Cod. procéd. civ., titre *de la communication au ministère public*, indique-t-il que les causes susceptibles de communication sont celles qui intéressent les *présumés absents*. Et M. Pigeau, dans son *Commentaire sur la procédure*, remarque très-judicieusement que lorsque l'absence est déclarée, la communication au ministère public n'a plus lieu, parce que les absents sont défendus par des administrateurs qui méritent toute confiance.

Assujettir l'administration à des formes, à des obligations trop rigoureuses, c'eût été éloigner les administrateurs, lorsque cependant il était important que les biens des absents ne demeurassent pas à la merci du premier occupant.

» Maintenant recherchons le motif de la faculté donnée par la loi à l'administrateur d'aliéner les meubles; nous le trouvons dans sa qualité même d'administrateur. Qu'un immeuble appartenant à l'absent soit tombé en partie de vétusté, il faudra qu'il le fasse réparer. Avec quoi le fera-t-il? sera-ce avec les revenus de l'immeuble? Mais indépendamment de ce qu'un immeuble peut demeurer long-temps sans produire de revenus, ils peuvent aussi être insuffisants, parce que d'ailleurs la loi les concède en presque totalité à l'administrateur, non pas pour faire face aux déboursés de l'administration, mais pour le récompenser de ses peines et de ses soins. Puis encore les revenus des immeubles ne sont-ils pas des meubles? Il faudra donc bien aliéner les meubles de l'absent en quoi qu'ils puissent consister. Un système contraire entraînerait l'aliénation des immeubles; car les ouvriers qui auront réparé l'immeuble et qui ne seront pas payés, obtiendront des jugements contre l'administrateur, prendront inscription sur l'immeuble et le feront vendre.

» Ajoutons à cela que très-souvent l'intérêt de l'absent et une bonne administration exigent, sous un autre rapport, la vente de ses meubles; par exemple, s'ils consistent en vin, huile, blé et autres denrées , bestiaux , etc., meubles meublants ; si on les gardait , ils pourraient se détériorer , perdre de leur valeur , il pourrait arriver de la baisse dans leur prix.

» Ajoutons enfin que le législateur reconnaissant lui-même le principe que le possesseur de meubles en est réputé le propriétaire , il était impossible qu'il annulât, à l'égard des tiers, l'aliénation des meubles, et par conséquent qu'il la prohibât.

» Le sieur Roussel invoque de plus l'art. 126 , qui veut que le tribunal ordonne, s'il y a lieu, de vendre tout ou partie du mobilier , et qu'il soit fait emploi du prix , ainsi que des fruits échus.

» Il est évident que cette disposition ne reçoit aucune application à la cause. En effet , 1° la loi considère les biens de l'absent à deux époques différentes, avant l'entrée en gestion et pendant la gestion. L'article invoqué ne s'applique qu'à la première époque ; et en effet il eût été ridicule de donner à l'administrateur la faculté d'aliéner les meubles *ad libitum*, puisqu'à cette époque où il n'y avait pas eu d'administration , il ne pouvait pas encore y avoir de dépense. L'art. 128 considère les biens de l'absent pendant l'administration , car l'article qui le précède détermine la quotité des fruits qui revient à l'envoyé en possession, et qui ne lui est accordée que comme une récompense de son administration. Ainsi le législateur interdit l'aliénation des immeubles à deux époques et par deux articles différents : par l'article 126, à l'époque de l'entrée en gestion , et par l'article 128 , pendant l'administration ; mais il n'interdit l'aliénation des meubles qu'une fois par l'art. 126 , lors de l'entrée en gestion. C'est une distinction que fait Ferrière , *Traité des tutelles*.

» Il n'est pas inutile de faire remarquer ici qu'il y a identité parfaite d'économie dans les termes et les dispositions de l'absence et de la tutelle : premier article qui s'occupe du tuteur avant l'entrée en gestion, et qui à cette époque prohibe l'aliénation des meubles du mineur ; autre article qui s'en occupe pendant l'administration ; enfin , art. 457 qui, comme l'art. 128 , prohibe l'aliénation des seuls immeubles.

» 2° Cette disposition de l'art. 126 ne concerne que les meubles meublants , et non l'argent monnoyé que l'on ne *vend pas*. Voyez d'ailleurs le procès-verbal de la discussion. Le législateur a supposé qu'il s'agissait de tableaux, de collections, de bibliothèque, etc. , à la conservation desquels l'absent pouvait attacher par goût la plus haute importance.

» 3° L'emploi de deniers exigé par l'art. 126 ne comprend que ceux provenus de la vente du mobilier faite en vertu de l'autorisation du tribunal , et ce n'est point là notre espèce. D'ailleurs l'emploi est une obligation de faire qui, aux termes de l'article 1142 du Code civil, se résout en dommages-intérêts. Les dommages et intérêts , dans l'espèce, consistent dans le paiement des intérêts fixés par la loi. L'art. 455 , titre *des tutelles*, dont les règles sont applicables à l'absence, ainsi qu'on l'a vu, dispose que le tuteur qui ne fait pas emploi doit les intérêts. On suppose qu'il a employé les fonds à son usage. L'article 1996, titre *du mandat*, porte que le mandataire qui emploie les fonds à son usage en doit les intérêts. Enfin, il y a véritablement dans la cause emploi de deniers appartenant aux absents. Leguin, cessionnaire, est caution de l'administration. Si les absents reparaissent, qu'ils critiquent l'aliénation, qu'ils la fassent annuler, le sieur Leguin restituera le capital et même les intérêts, à compter du jour où l'emploi aurait dû en être légitimement fait.

» On dira peut-être que cette liberté indéfinie, pour ainsi dire, accordée à l'administrateur d'aliéner les meubles est sujette à beaucoup d'inconvénients ; que l'envoyé pourra aliéner par mauvaise foi et seulement dans son intérêt, pour acquitter ses propres dettes. Cela est vrai ; il se peut que l'administrateur, qui est le seul juge de la nécessité de l'aliénation, emploie l'argent provenu de la vente des meubles de l'absent à un tout autre objet qu'aux besoins de son administration. Il se peut que l'argent qui lui aura été prêté pour cet objet, il l'applique à son profit, et l'on conçoit bien que le prêteur qui aura accepté la cession d'une créance appartenant à l'absent, en paiement de la somme prêtée à l'administrateur ne sera pas garant et responsable de l'usage que celui-ci en aura fait. Mais indépendamment de ce qu'il est constant que la somme empruntée au sieur Leguin a été employée dans l'intérêt des absents, que l'on nous cite une institution humaine sans inconvénients ? La sage prévoyance du législateur embrasse toujours le parti qui en présente le moins. Sans doute il en résulterait bien davantage du système dont le résultat serait d'astreindre

l'administrateur à obtenir des autorisations du tribunal pour le moindre acte de son administration, pour
la plus petite réparation , et il faudrait donc alors
faire à chaque instant des frais. C'est bien alors que
dans peu l'absent se trouverait ruiné , ses meubles
et ses immeubles aliénés par des condamnations ,
des inscriptions hypothécaires , des expropriations
forcées. Ce ne serait plus l'envoyé en possession qui
administrerait , ce serait pour ainsi dire le tribunal.
Au contraire , en accordant la faculté d'aliéner les
meubles , on obvie aux inconvénients bien moindres
qu'elle peut entraîner par l'obligation imposée à
l'administrateur de donner caution. La caution ga-
rantit l'exactitude de l'administration , elle répond
de toutes les suites de l'aliénation indûment faite
des meubles ou des immeubles , car c'est l'art. 120,
placé en tête de la section , qui impose cette obligation.

» L'article du projet de loi sur l'absence , qui
répondait à l'art. 126 du Cod. civ. , disposait que
l'envoyé en possession serait tenu de donner caution
pour sûreté des *restitutions mobilières* dont il pourrait être tenu , ce qui supposait qu'il avait la faculté
de les aliéner ; mais on prévoyait le cas où il l'aurait
fait indûment , et l'on disait , dans cette hypothèse :
La vente ne peut pas être nulle à l'égard de l'acheteur;
mais la caution rendra la valeur des objets vendus.
M. Locré , *Esprit du Code* , nous apprend que ces
termes restrictifs,*restitution mobilière*, ont été retran-
chés , et que l'on a déplacé l'obligation de donner
caution pour la transporter à la tête de la section ,

afin qu'elle s'appliquât aussi au cas où, contre la prohibition de la loi, l'administrateur aurait aliéné les immeubles; en un mot, à tous les cas de mauvaise administration.

» Concluons de tout cela que l'aliénation du mobilier de l'absent est une conséquence nécessaire de l'administration, sans laquelle même celle-ci ne pourrait avoir lieu, et que dès-lors la cession faite par la demoiselle Pichon de la créance de ses frères absents au sieur Leguin est tellement valable que les absents eux-mêmes ne pourraient l'attaquer. »

Cette plaidoirie de M. Garnier entraîna la confirmation du jugement du tribunal; on peut voir l'arrêt dans Sirey, tom. 14, 2ᵉ part., pag. 355.

Si la question se représentait, l'objection la plus sérieuse que l'on pourrait faire serait celle-ci : A supposer que les envoyés en possession puissent aliéner les meubles, bien qu'ils ne soient qu'administrateurs, du moins ne le peuvent-ils que pour rendre meilleure la condition de l'absent; car si en employant des capitaux lui appartenant pour rembourser au cessionnaire le prix de sa cession, on lui en fait perdre en résultat une partie; que, partage fait, la part acquise soit inférieure en valeur à la somme payée au cessionnaire, on ne doit pas entretenir une pareille aliénation, ou tout au moins, les envoyés en possession devraient-ils indemniser l'absent de ce qu'ils lui auraient fait perdre par l'exercice du retrait.

L'objection est grave, on ne peut se le dissimuler. Que le tuteur, l'administrateur des biens de l'absent emploient les capitaux de ceux dont ils régissent les

. biens, en achat d'immeubles ou de choses certaines, cette aliénation est difficile à repousser ; car c'est là la conduite d'un bon père de famille, sauf les cas de fraude qui ne se présument pas.

Mais exposer un capital, pour acquérir une chose éventuelle, quant à sa valeur, c'est différent. L'absent peut s'en plaindre avec raison ; il peut dire : Pourquoi m'avez-vous exposé sans nécessité aux chances d'une éventualité ? Ce n'est pas ainsi que doivent agir l'administrateur, le dépositaire, etc.

Toutefois nous pensons qu'il faudrait repousser cette objection par la raison que voici :

Dès le moment qu'il est démontré que l'envoyé en possession peut aliéner les capitaux de l'absent, puisqu'ils sont meubles, il est peu de cas où l'aliénation puisse avoir lieu sans danger : en les plaçant chez un banquier, on risque de les perdre par une faillite ; en achetant une maison, la maison peut être consumée par un incendie ; etc., etc. Or, il suffit que, dans l'aliénation, on ait agi comme le ferait un bon père de famille dans la gestion de ses propres affaires, pour que l'administrateur soit à l'abri de tout reproche et de toutes recherches ultérieures.

31. L'héritier d'une ligne peut-il exercer le retrait contre le cessionnaire d'une autre ligne ?

Pour bien comprendre cette question et la solution qu'on doit lui donner, il est nécessaire de poser un exemple :

Georges marié à Elisa mariée à Adolphe marié à Victoire.

| | Clément | | | | |
| Rose. Joséphine. | de cujus. | Auguste. Victor. Adrien. Ernest. |

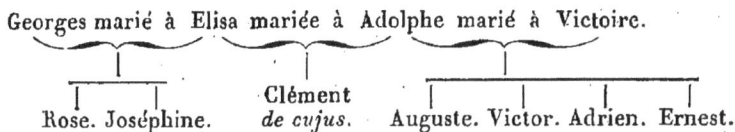

Clément est décédé ; il laisse pour ses héritiers Rose et Joséphine , ses sœurs utérines, et Auguste , Victor , Adrien et Ernest , ses frères consan-
guins.

Pour opérer le partage de la succession de Clément,
il faut, d'après l'art. 733 du Cod. civ., la diviser en deux
parts égales, l'une pour les parents de la ligne paternelle, l'autre pour les parents de la ligne maternelle.
Cette division faite, Auguste, l'un des frères consan-
guins de Clément , fait cession de tous ses droits à
un tiers. Rose et Joséphine, cohéritières dans la ligne
maternelle , se présentent et offrent à l'étranger
le remboursement du prix de sa cession afin de
l'écarter du partage ; celui-ci refuse et soutient que
Rose et Josephine , cohéritières dans leur ligne , ne
le sont pas dans celle du cédant , et que par conséquent elles sont non recevables dans leur action en
subrogation.

La question ainsi posée a été long-temps agitée et
n'est pas encore résolue.

M. Toullier , tom 4 , pag. 443 et suiv. , soutient
que les héritiers de la ligne maternelle ne peuvent
être admis au retrait contre le cédant d'un héritier
de la ligne paternelle. Il se fonde sur ce que permettre à un cohéritier d'exercer le retrait dans l'une
et l'autre ligne , « ce serait violer l'un des principes
fondamentaux de l'ordre de succéder établi par le

Code, art. 733, qui ne permet pas que les héritiers d'une ligne prennent part aux biens de l'autre ligne tandis qu'il existe des parents dans cette ligne ; que pour fixer le vrai sens d'une loi, il faut en combiner et en réunir les dispositions, il ne faut pas saisir un sens qui mettrait en contradiction un article avec un autre article, il faut prendre le sens qui les accorde et les tient en harmonie, le sens qui se trouve conforme à l'esprit de la loi et à l'équité. »

Cet auteur dit encore que « si l'on prenait dans l'acception la plus générale l'expression de cohéritier employée dans l'art. 841, en faisant, sous ce prétexte, participer ceux de la ligne maternelle au remboursement du cessionnaire de l'héritier paternel, ce serait un moyen d'introduire les héritiers d'une ligne dans le partage des biens de l'autre ligne auxquels ils sont étrangers, et l'on ne saurait dire, en admettant cette prétention, dans quelles proportions ils pourraient participer au remboursement (si tous les héritiers voulaient recourir au retrait), puisque la loi ne leur donne aucun droit à ces biens. Il faut donc restreindre l'acception du mot cohéritiers à ceux qui ont droit aux biens du partage, dont on veut exclure l'étranger cessionnaire. Il faut le prendre dans l'acception que lui a donnée le Code dans l'art. 786, qui porte que la part de l'héritier renonçant accroît à ses cohéritiers, et que s'il est seul elle est dévolue au degré subséquent. Ici le mot cohéritier ne comprend que ceux qui ont droit aux biens auxquels renonce l'habile à succéder. La renonciation ne profite point aux héritiers de l'autre ligne ni à

ceux de la même ligne qui n'auraient aucun droit à
ces biens. »

M. Chabot (de l'Allier), sur l'art. 841 , pag. 193 ,
professe la même opinion ; voici en quels termes il
pose et résout la question :

« Lorsqu'une succession est divisible entre la ligne
paternelle et la ligne maternelle du défunt, les héritiers dans l'une des deux lignes ont-ils le droit
d'exercer l'action en subrogation , à l'égard d'une
cession faite par l'un des héritiers dans l'autre ligne,
ou bien l'action n'appartient-elle qu'aux héritiers
qui sont de la même ligne que le cédant ?

» Pour résoudre cette question , il faut rappeler
les dispositions de l'art. 733 du Cod. civ. , qui porte
que toute succession échue à des ascendants ou à des
collatéraux se divise en deux parts égales , l'une
pour les parents de la ligne paternelle , l'autre pour
les parents de la ligne maternelle , et qu'il ne se fait
de dévolution d'une ligne à une autre que lorsqu'il
ne se trouve aucun ascendant ni collatéral de l'une
des deux lignes. Il faut rappeler encore que d'après
la disposition de l'art. 786 , si l'un des héritiers
renonce ou est déclaré indigne , sa part n'accroît qu'à
ses cohéritiers dans la même ligne. On voit donc que
les héritiers de l'une des deux lignes n'ont aucun
droit à réclamer , n'ont rien à prendre dans la moitié
des biens qui est déférée à l'autre ligne , et de là
résulte la conséquence nécessaire qu'ils ne peuvent
être admis à demander la subrogation à une cession
consentie par un héritier de l'autre ligne , puisque
s'ils y étaient admis ils viendraient , à la place de

cet héritier, prendre part dans la moitié des biens affectée à l'autre ligne à laquelle ils sont étrangers. Ce n'est donc, en premier ordre, qu'aux cohéritiers dans cette ligne que peut appartenir l'action en subrogation, s'ils veulent en faire usage.

» L'art. 841 n'a pas eu pour objet de déroger à la règle établie pour la division des biens entre les deux lignes, et il ne contient aucune expression dont on puisse induire cette dérogation. Son unique objet a été de faire écarter du partage les cessionnaires étrangers, et cet objet se trouve rempli sans qu'il en résulte aucune violation de la règle, par l'action en subrogation qu'ont le droit d'exercer les cohéritiers de la même ligne que le cédant. »

Un arrêt de la cour de Rouen, du 21 juillet 1807, pouvait servir d'appui à cette doctrine ; voici comment il est rapporté par Sirey, tom. 8, 2° part., pag. 49 :

« La succession de François-Alexandre Lamaury s'ouvre en l'an 7.

» Thomas Lamaury, successible et parent paternel, acquiert les droits de Sébastien Perelle, parent maternel.

» Magloire Hulot, autre successible et cohéritier maternel, refuse d'admettre Thomas Lamaury au partage de la portion échue à la ligne maternelle. Il lui offre le prix de la cession.

» Il soutient que les deux lignes sont étrangères l'une à l'autre ; que les successibles de l'une n'ont aucun droit à exercer, aucune prétention à former sur la part échue aux successibles de l'autre; et qu'il y a lieu à l'application des dispositions de l'art. 844 du Code Napoléon.

» Ces moyens, accueillis par jugement du tribunal d'Andelys, du 25 août 1806, furent repoussés par la cour, qui infirma la décision des premiers juges.

ARRÊT. — « La cour, — vu l'art. 844 du Cod. Napoléon ;

» Considérant que la cession des droits successifs est un contrat du droit commun, et que la convention qu'il renferme doit être gardée, s'il n'a été dérogé à la volonté des parties par la disposition claire et précise de la loi ;

» Considérant que le retrait successoral établi par l'art. 844 du Cod. civ., n'est admis que contre celui qui n'est point appelé à la succession, et par conséquent ne s'étend pas à celui qui, y étant appelé, appartient à une ligne différente de celle de laquelle provient la cession ;

» Considérant que cela résulte de l'article précité, lequel n'autorise le retrait qu'autant que le cessionnaire n'est pas successible du défunt, et dans la vue d'écarter quiconque voudrait, à l'aide d'une cession de droit, s'immiscer dans les affaires d'une succession à laquelle il est étranger ;

» Considérant que la qualité de successible se rapporte, dans le sens de l'article, à la succession entière et non aux subdivisions entre les diverses lignes ;

» Considérant d'ailleurs que le retrait successoral est une exception au droit commun ; que toute exception est renfermée dans ses propres termes, et qu'on ne doit pas faire prévaloir les considérations de l'homme sur la raison de la loi ;

» Dit qu'il a été mal jugé, bien appelé ; réformant, dit à tort l'action de Hulot, en décharge Lamaury ; — ordonne, etc. »

Un arrêt plus récent, rendu par la cour de Grenoble, a aussi jugé en ce sens dans l'espèce suivante (Voy. le *Journal de Jurisprudence* de cette cour, tom. 1er, pag. 388) :

« Le sieur Lambert Rolland est décédé *ab intestat*, en 1817, sans postérité, sans ascendants et sans frères ni sœurs, ni descendants d'eux.

» Il ne laissait pour héritiers que des collatéraux, savoir : les sieurs Ferrand et consorts dans la branche paternelle, et les sieurs Constant et consorts dans la ligne maternelle ; ces derniers parents au septième degré.

» Pendant les opérations du partage, les sœurs Boisrou, nées et domiciliées en Prusse, se présentèrent, se disant parentes au cinquième degré dans la ligne maternelle.

» Les sieurs Constant et consorts, qui auraient été exclus de la succession si les prétentions des sœurs Boisrou eussent été accueillies, contestèrent leur généalogie et soutinrent d'ailleurs qu'étant étrangères, elles étaient incapables de succéder à un Français, à raison du droit d'aubaine.

» Bientôt après les consorts Constant traitèrent avec elles, et, au moyen d'une somme de 8,000 fr., elles se départirent de tous leurs droits dans l'hérédité, dont elles firent une cession à périls et risques aux consorts Constant , qui se trouvèrent ainsi cessionnaires d'une portion de succession valant plus de 100,000 fr.

» Les consorts Ferrand , cohéritiers de la ligne paternelle , invoquèrent alors les dispositions de l'art. 841 du Code civil, en vertu desquelles ils demandèrent la subrogation à la cession des droits successifs faite par les sœurs Boisrou aux consorts Constant.

» Cette demande fut repoussée par jugement du tribunal de Grenoble , du 26 juin 1823 ; les motifs sur lesquels ce jugement est fondé ont été adoptés par la cour ; il suffira d'en faire connaître la substance.

» Le tribunal a considéré que les droits cédés étaient litigieux, puisque l'on contestait la qualité et la capacité des sœurs Boisrou ; qu'en conséquence le traité fait avec elles devait être moins considéré comme une cession de droits successifs que comme une transaction , vu surtout la modicité du prix ; que d'ailleurs , les consorts Constant avaient toujours été reconnus par les consorts Ferrand comme successibles dans la ligne maternelle , puisqu'un partage avait été commencé avec eux en cette qualité , et continué même après que les consorts Ferrand avaient eu connaissance du traité fait avec les sœurs Boisrou; qu'ainsi cet acte ne pouvait pas être regardé comme une vente faite au profit d'un étranger , d'un non-successible , et soumise au retrait.

» Appel de la part des consorts Ferrand.

» Outre les moyens que nous venons de faire

connaître, les consorts Constant ont proposé devant la
cour un moyen de droit fondé sur ce que les héritiers de la ligne paternelle seraient non recevables à
exercer le retrait d'une cession faite aux héritiers de
la ligne maternelle.

« Si l'art. 841 , disaient-ils, autorise les cohéri-
» tiers à écarter du partage, moyennant le rembour-
» sement du prix de la cession, toute personne,
» même parente du défunt, qui n'est pas son succes-
» sible et à laquelle un cohéritier aurait cédé son
» droit à la succession, l'art. 733 dispose , de son
» côté, que toute succession échue à des collatéraux
» se divise en deux parts égales , l'une pour les pa-
» rents de la ligne paternelle, l'autre pour les parents
» de la ligne maternelle, et qu'il ne se fait aucune dé-
» volution d'une ligne à l'autre, que lorsqu'il ne se
» trouve aucun ascendant ni collatéral de l'une des
» deux lignes.

» Il suit de ce dernier principe que du moment
qu'il y a des parents au degré successible dans une
ligne, les successibles de l'autre ligne ne peuvent
rien prétendre dans la ligne à laquelle ils sont étrangers; de là encore la conséquence que les héritiers
de la ligne paternelle, n'ayant rien à prétendre sur
la portion de la ligne maternelle, sont inadmissibles
à exercer le retrait successoral contre le cessionnaire
de l'un ou de tous les héritiers de la ligne maternelle.

» Autoriser le retrait de la part des parents d'une
ligne envers les parents de l'autre, ce serait autoriser
la dévolution prohibée par l'art. 733, ce serait trans-

porter toute la succession dans une ligne à l'exclusion des parents de l'autre, qui peuvent, à la vérité,
se trouver à un degré plus éloigné, mais auxquels la
loi réserve cependant la moitié de la succession, de
préférence aux parents même plus proches de la ligne
opposée.

» Le seul moyen de concilier ces deux articles est
donc de les interpréter en ce sens, que les héritiers
d'une ligne peuvent exercer le retrait des droits cédés
par leurs cohéritiers de la même ligne, mais que ce
retrait ne peut être exercé d'une ligne à l'autre.

» Ils invoquaient, à l'appui de ces moyens, l'opinion de MM. Toullier et Chabot de l'Allier.

» Ce système, ont répondu les appelants, ne tiendrait à rien moins qu'à faire déclarer que les héritiers de la ligne paternelle ne sont pas cohéritiers de
la ligne maternelle. Or une pareille prétention est
repoussée par la loi et par la doctrine des auteurs.

» L'art. 841 dispose que toute personne, même
parente du défunt, qui n'est pas son successible, à
laquelle un *cohéritier* aurait cédé son droit à la succession, peut être écartée du partage soit *par tous les
cohéritiers*, soit *par un seul*, etc.

» La loi ne distingue en aucune manière les deux
lignes ; deux conditions seulement sont exigées pour
l'exercice du retrait : 1° il faut que le cessionnaire
soit *non successible* ; 2° il faut que celui qui veut
exercer le retrait soit *cohéritier*.

» Ici ces deux conditions se trouvent réunies.

» Les consorts Constant sont bien parents du défunt, mais ils ne sont pas des *successibles*, puisque,

sans le traité fait avec les sœurs Boisrou, celles-ci les excluaient de la succession ; d'un autre côté, les consorts Ferrand sont bien incontestablement *héritiers*, puisqu'ils recueillent la moitié dévolue à la branche maternelle.

» Lorsque la loi se sert de ces mots : *son droit à la succession*, ne s'exprime-t-elle pas de la manière la plus générale ? Les héritiers paternels, comme les héritiers maternels, n'ont-ils pas droit à la succession ? ne sont-ils pas cohéritiers ? le premier partage à opérer ne doit-il pas avoir lieu entre les deux lignes ? Les héritiers de l'une sont donc cohéritiers des héritiers de l'autre ; ainsi la lettre de la loi autorise les parents de la ligne paternelle à exercer le retrait des droits cédés par les parents de la ligne maternelle.

» Si maintenant nous examinons les motifs sur lesquels l'art. 841 est fondé, on reconnaît qu'ils subsistent avec la même force dans ce cas ; il y a toujours même inconvénient, même danger, de laisser pénétrer les étrangers dans les secrets des familles, ce que cet article a voulu empêcher.

» Il n'y a d'ailleurs aucune contradiction entre les dispositions de cet article et celles de l'art. 733, qui se concilient parfaitement ; il ne se fait aucune dévolution d'une ligne à l'autre ; et si les parents d'une ligne recueillent la succession entière, ce n'est point par l'effet d'une dévolution, c'est parce qu'au moyen du retrait ils deviennent cessionnaires, acquéreurs de la portion de l'autre ligne ; car l'art. 733 n'entend parler que d'une dévolution de droit, tandis que l'article 841 ne défère les droits successifs qu'au moyen d'un contrat au bénéfice duquel les parents de l'autre ligne peuvent se faire subroger, non pas gratuitement, mais seulement en payant le prix de la cession. Si l'on considérait le prix de la subrogation à cette cession comme une dévolution prohibée par l'article 733 , il faudrait décider, par la même raison, que les héritiers d'une ligne ne peuvent pas acheter les droits successifs des héritiers de l'autre ligne.

» Les principes qui précèdent sont d'ailleurs conformes à l'opinion de M. Merlin, d'après laquelle l'héritier de la ligne paternelle qui n'a rien à prétendre dans les biens affectés à la ligne maternelle peut cependant, lorsque l'héritier de cette dernière ligne vend ses droits successifs, en faire le retrait sur les acquéreurs, parce que, comme dit Lebrun, si les héritiers de diverses lignes ne sont pas tous cohéritiers dans les biens , ils le sont tous dans la succession.

» Quant à l'opinion de MM. Toullier et Chabot de l'Allier, elle n'aurait pour objet que de concilier les art. 733 et 841 , en donnant la préférence pour l'exercice du retrait, d'abord aux héritiers de la ligne du cédant et ensuite aux héritiers de l'autre ligne ; mais ces héritiers de la ligne du cédant sont ceux qui se trouvent au même rang que lui dans la ligne, mais non ceux qui sont à des degrés plus éloignés.

» Les intimés soutenaient au contraire que, d'après ces auteurs, les héritiers de la ligne du cédant étaient d'abord les héritiers de la même ligne et du même degré, et ensuite ceux de la même ligne mais de degrés postérieurs, ceux qui auraient profité de la renonciation des héritiers plus proches ; que ce n'était qu'à défaut de parents au degré successible dans une ligne que le retrait pouvait être exercé par les héritiers de l'autre.

» ARRÊT. — Attendu que de la combinaison de l'art. 733 du Cod. civ., portant qu'en matière de succession il ne se fait aucune dévolution d'une ligne à l'autre que lorsqu'il ne se trouve aucun ascendant ni collatéral de l'une des deux lignes, et de l'art. 841 du même Code, il résulte que bien que, d'après ce dernier article, toute personne, même parente du défunt, qui n'est pas son successible, puisse être écartée du partage, néanmoins les parents de la ligne paternelle sont sans qualité pour quereller les actes particuliers qui interviennent entre les parents de la ligne maternelle, et sont par conséquent non recevables à demander la subrogation au bénéfice des traités ou cessions que lesdits parents maternels jugent à propos de faire en faveur de leurs parents de la même ligne au degré successible ;

» Par ces motifs et adoptant ceux des premiers juges, la cour confirme le jugement dont est appel. »

Voilà tout ce qu'on peut dire et toutes les autorités que l'on peut invoquer pour motiver l'opinion qui exclut les héritiers d'une ligne de l'exercice du retrait contre le cessionnaire de l'héritier d'une autre ligne; nous avons voulu les réunir pour les discuter en même temps, car nous ne partageons pas cette opinion. Voici sur quelles raisons repose celle que nous nous sommes formée sur cette question :

D'abord il est certain, et c'est une dérision de

supposer le contraire, que tous ceux qui sont appelés
à recueillir les biens d'une succession ab intestat sont
cohéritiers; peu importe que cette succession se divise ensuite entre les lignes paternelle et maternelle;
cette division ne dépouille aucun des appelés de leur
qualité, ils sont soumis à toutes les charges de l'hérédité, ils doivent par conséquent avoir tous les avantages attachés à cette qualité d'héritiers.

Cela posé, l'art. 841 ne distinguant point entre
les héritiers qui appartiennent à une ligne et ceux qui
appartiennent à l'autre, il faut nécessairement dire
que tous doivent jouir du bénéfice de la subrogation.

Mais on fait une première objection ; on dit : Les
héritiers d'une ligne sont étrangers aux héritiers de
l'autre ligne, du moins en ce qui concerne les biens;
ils n'ont rien à y prendre, par conséquent ils ne doivent pas être admis au retrait successoral. Il est vrai
qu'une fois la division de la succession opérée entre
les lignes paternelle et maternelle, les héritiers de
l'une de ces lignes ne peuvent plus rien demander
aux héritiers de l'autre ; cela est évident, mais cela
n'empêche pas que tous ne restent cohéritiers pour
ce qui regarde la succession. Le paiement des dettes,
les autres charges de la succession doivent être acquittés et exécutés par tous les cohéritiers ; ils sont
tenus hypothécairement pour les dettes inscrites; ils
sont tous soumis au rapport de ce qu'ils ont reçu directement ou indirectement; en un mot, ils sont toujours
cohéritiers. Or, s'ils sont toujours cohéritiers, il
faut en conclure qu'ils peuvent se faire subroger au
bénéfice de la cession, puisque c'est sur la qualité

d'héritier que repose la faculté d'écarter le cessionnaire étranger.

Une seconde objection est celle tirée de l'art. 733;
il y aurait, dit-on, dévolution des biens d'une ligne
dans l'autre, dévolution prohibée par cet article 733.
Cette seconde objection, reproduite par tous ceux
qui ont adopté l'opinion que nous combattons, nous
paraît moins fondée encore, s'il est possible, que la
première.

En effet, en donnant à l'héritier de la ligne paternelle le droit d'exercer le retrait contre le cessionnaire de l'héritier de la ligne maternelle, opère-t-on
par là une dévolution des biens d'une ligne dans
l'autre? Non, sans doute; la dévolution est le transfert *légal* et *gratuit* de ces mêmes biens, tandis que
le retrait est l'acquisition de ce qu'a déjà aliéné le
cohéritier; c'est, si l'on veut, une vente forcée pour
le cessionnaire, mais ce n'en est pas moins une vente,
un véritable contrat à titre onéreux. Ainsi qu'a de
commun cette dernière opération avec la dévolution
dont parle l'article 733? Rien, absolument rien.
Dira-t-on que le retrait fait passer les biens d'une
ligne dans l'autre? Mais est-il défendu aux héritiers
d'une ligne d'aliéner leur part? les biens de ces cohéritiers sont-ils inaliénables dans leurs mains de telle
sorte que les cohéritiers de l'autre ligne ne puissent
les acquérir? Non, sans doute. Eh bien! ces derniers
ne font pas autre chose. Or, ce que ces héritiers peuvent faire, les autres le peuvent également; si les
parents de la ligne paternelle voient avec peine une
partie de leurs biens passer entre les mains des

parents de la ligne maternelle, ils peuvent l'empêcher
en remboursant au cessionnaire le prix de sa cession.
Chaque cohéritier a le même droit quelle que soit
la ligne à laquelle il appartient.

Cependant ceux qui ne veulent pas que le retrait
puisse être exercé d'une ligne à l'autre admettent
cependant plusieurs exceptions.

D'abord ils disent que si le cédant est seul dans
la ligne, le retrait peut avoir lieu ; qu'il peut même
être exercé si les cohéritiers du cédant ne veulent pas
user de ce bénéfice. C'est là , nous ne craignons pas
de le dire, une véritable inconséquence.

En effet, si de permettre l'exercice du retrait c'est
violer la disposition de l'art. 733, cette règle doit
être absolue et s'appliquer à tous les cas autres que
celui prévu par elle. Or, dès qu'il y a des héritiers
dans une ligne, il ne peut pas y avoir dévolution ;
et dans le système des adversaires, cette dévolution
serait réelle en laissant aux cohéritiers d'une ligne
la faculté d'écarter le cessionnaire de l'autre ligne.

Il n'y a pas de milieu : ou il faut renoncer à invoquer l'art. 733 , ou bien l'appliquer dans tous les
cas, et dire : Que le cédant soit seul dans sa ligne ou
qu'il y ait d'autres cohéritiers ; que ces cohéritiers
veuillent ou ne veuillent pas exercer le retrait, il n'y
a pas lieu pour les parents successibles de l'autre
ligne de se faire subroger au bénéfice de la cession.

Mais , nous le répétons, dans le cas du retrait ,
c'est une erreur de soutenir qu'il y a dévolution d'une
ligne dans l'autre, puisque le transfert des biens n'a
pas lieu gratuitement et en vertu de la loi ; si la

totalité ou une partie des biens affectés à une ligne passent dans l'autre, c'est par l'effet d'un contrat qui n'est nullement prohibé ; car on ne saurait soutenir, avec quelque apparence de raison, qu'un cohéritier d'une ligne ne peut pas vendre sa part à son cohéritier de l'autre ligne.

Au reste, notre opinion sur ce point peut aussi s'appuyer sur plusieurs autorités. M. Duranton, tom. 7, pag. 278, s'explique d'une manière non équivoque sur la question. Il soutient d'abord que le cessionnaire, héritier d'une ligne, ne peut pas être écarté par les héritiers de l'autre ligne, ce qui prouve déjà que ces cohéritiers ne sont pas étrangers les uns aux autres ; en second lieu, il décide que le cessionnaire étranger peut être au contraire écarté par les héritiers autres que ceux de la ligne du cédant. Ecoutons-le parler lui-même :

« Comme l'art. 841 ne donne le droit d'exclure du partage que le cessionnaire qui n'est pas le successible du défunt, il suit de là que l'on ne peut prétendre forcer de renoncer à la cession faite à son profit, le cessionnaire héritier, quoiqu'il ne soit pas de la ligne du cédant. Peu importe qu'il n'y ait dévolution d'une ligne à l'autre qu'à défaut de parents au degré successible dans la première, car le motif de la loi n'est plus applicable : un étranger ne viendra pas pénétrer les secrets de la famille. Il est vrai que le cessionnaire prendra, dans une ligne à laquelle il n'appartient pas, la part du cédant ; mais les principaux inconvénients que la loi a voulu prévenir n'en auront pas moins été évités. En un mot, *il est cohéritier*, et l'art. 841 n'autorise pas à exclure celui qui vient à partage comme successible.

» On doit même encore rejeter l'opinion de M. Chabot, qui voulait que l'action pour écarter un cessionnaire étranger n'appartînt qu'aux cohéritiers de la ligne du cédant, à moins qu'il n'y eût dévolution de cette ligne à l'autre par le manque d'héritiers autres que le cédant, ou à moins que ceux qui existeraient dans cette ligne ne voulussent pas de la subrogation. Il n'y a toujours qu'une hérédité, quoiqu'elle se divise entre les deux lignes, paternelle et maternelle; cette grande division n'a pas des effets différents que ceux de la subdivision opérée entre les diverses branches d'une même ligne. Voilà pourquoi, suivant cet auteur lui-même, le rapport n'est pas dû de ligne à ligne, de branche à branche, mais par l'héritier qui en est débiteur à tous ses cohéritiers indistinctement. Donc, tout héritier a droit en sa personne pour écarter l'étranger qui veut venir pénétrer des secrets qui sont communs à cet héritier et à ceux de l'autre ligne. »

M. Delvincourt, tom. 2, pag. 138, aux notes, professe aussi l'opinion consacrée par cet arrêt :

« Mais, dit cet auteur, dans le cas où il existe des héritiers de plusieurs lignes ou de plusieurs branches, ont-ils tous le droit de concourir au retrait ? On a prétendu qu'il devait être établi en principe général, que ceux-là doivent être préférés pour le retrait, qui auraient recueilli la part du cédant, si, au lieu de vendre, il eût renoncé ; et qu'ainsi l'on devait préférer les héritiers de sa ligne, et, dans sa ligne, ceux de sa branche. L'on donne pour motif de cette décision, qu'autrement ce serait donner aux héritiers d'une ligne le moyen de venir participer aux biens de l'autre ligne ; et cela contre le vœu du Code , qui n'admet de dévolution d'une ligne à l'autre qu'à défaut de tout successible dans l'une des deux. Mais cette raison me paraît nulle , ou au moins inapplicable au cas du retrait, car l'art. 841 décide , et les partisans de l'opinion que nous venons d'énoncer en conviennent eux-mêmes , que si la part d'un héritier d'une ligne a été acquise par un héritier d'une autre ligne , il n'y a pas lieu au retrait. Or, dans ce cas, cependant, il y a dévolution ; donc, etc. »

Enfin un arrêt de la cour royale de Paris , du 14 février 1834 , rapporté par Sirey , tom. 34 , 2ᵉ part. , pag. 650 , a jugé la question d'une manière formelle en ce sens.

« La succession du sieur Massy était dévolue , dans la ligne paternelle, à la dame Carouget, et dans la ligne maternelle , aux dames Vaugondy.

» Les dames Vaugondy cédèrent leurs droits au sieur Rignon , moyennant un prix porté par le contrat, à 60,000 fr., mais qui était en réalité bien moindre , comme on le verra.

» La dame Carouget , héritière paternelle , dans le but d'écarter du partage le sieur Rignon , voulut exercer contre lui le retrait successoral , autorisé par l'art. 841 , Cod. civ. , et à cet effet elle offrit de lui rembourser 1,930 fr. , qu'elle soutint être le prix réel de la cession à lui consentie.

» Le sieur Rignon opposa d'abord à la demande

de la dame Carouget, que le retrait successoral ne pouvait être exercé par l'héritier d'une ligne contre le cessionnaire des droits successifs des héritiers de l'autre ligne. — En deuxième lieu, et dans la supposition où le retrait serait admissible, le sieur Rignon soutint que l'héritier retrayant devait, dans l'espèce, rembourser la somme portée au contrat, s'agissant d'un acte écrit contre lequel aucune preuve ne peut être reçue (Cod. civ., 1341).

» 16 juillet 1833, jugement du tribunal de la Seine, qui rejette ces moyens de défense, admet la demande en retrait, et fixe à 1,930 fr. le prix à rembourser par la dame Carouget. Voici les motifs du jugement :

» Attendu que le retrait successoral par l'héritier d'une ligne envers le cessionnaire de l'héritier ou des héritiers d'une autre ligne n'est pas interdit par la loi ; qu'en effet l'art. 841 ne distingue pas, puisqu'il s'applique au cas où un cohéritier aurait cédé son droit à la succession ; qu'il n'y a jamais qu'une succession, même alors qu'il y a lieu de la diviser en deux parties différentes à chacune des lignes ; que l'art. 733 dit en effet : « Toute succession échue à des » collatéraux se divise, etc. ; » — attendu, enfin, que les motifs de la loi, pour faciliter l'exclusion des étrangers de la succession, soit afin de mettre les secrets de famille à l'abri d'investigations fâcheuses, soit afin que la présence d'étrangers n'augmente pas les difficultés d'un partage, s'appliquent à toute espèce de succession ; — que ces principes reçoivent surtout leur application lorsque le cédant est seul héritier dans une des lignes, ou lorsque, comme dans l'espèce, tous les héritiers de cette ligne ont cédé l'universalité de leurs droits à un seul et même individu; — attendu qu'aux termes de la loi le retrait successoral a pour objet d'exclure l'étranger du partage; qu'ainsi, tant que le partage n'est pas consommé, l'exclusion peut avoir lieu; attendu que le partage de la succession de Jean-Louis Massy n'est pas commencé entre les ayant-droit;.

» Attendu, etc........;

» Par ces motifs, etc.

» Appel par le sieur Rignon. — Devant la cour royale, et tout en persistant dans les moyens présentés aux premiers juges, l'appelant soutient qu'en tout cas le prix de la cession ne pouvait être déterminé que par une expertise, et non par les juges eux-mêmes; il invoque à cet égard un passage du *Traité des retraits* de Pothier, n°ˢ 283 et 284.

» ARRÊT. — La cour, — adoptant les motifs des premiers juges; — confirme. »

32. Que faudrait-il décider dans l'hypothèse suivante?

Deux successions s'ouvrent en même temps, savoir celle de Geneviève et celle d'Elisabeth. Paul se trouve être cohéritier dans l'une et dans l'autre. Ces deux successions dont, bien entendu, le partage n'est pas fait, sont très-embrouillées; il est impossible, en l'état, de prévoir quelle en sera la consistance active et passive; il y a une liquidation longue et difficile à faire. Cependant Paul trouve à céder les parts qu'il a à prétendre à Auguste, pour un seul et unique prix de 10,000 fr. Toutefois, le cessionnaire est chargé de payer, indépendamment du prix stipulé, plusieurs dettes non liquides du cédant, lesquelles ne font pas partie des hérédités et dont on ne peut préciser le *quantum* dès à présent, attendu qu'il y a un compte à faire, des imputations et des compensations à demander.

Les choses en cet état, Xavier, cohéritier de Paul dans une des successions seulement, exerce le retrait contre Auguste et offre de lui rembourser le prix de la cession, qu'il évalue arbitrairement à 5,000 fr. Auguste résiste et dit : « Vous ne pouvez pas me demander la subrogation dans la succession de Geneviève, puisque vous n'êtes pas mon cohéritier; quant à celle d'Elisabeth, nous ne pouvons fixer le prix de la cession; une ventilation est même impossible, attendu l'extrême complication des intérêts qu'elle comporte et la difficulté de la liquidation; d'un autre côté, les obligations que je dois remplir pour le compte de mon cédant apportent un obstacle de plus à l'appréciation du prix à rembourser; dans cette position, vous êtes non recevable dans votre demande en subrogation. »

Ces faits ainsi posés, de quelle manière la question devrait-elle être résolue ?

Faudrait-il donner à Xavier le droit d'exercer le retrait successoral, ou bien faudrait-il le déclarer non recevable dans sa demande, attendu l'impossibilité de fixer le prix ?

D'un autre côté, Xavier pourrait-il demander la

subrogation pour le tout, même pour la part de Paul dans la succession à laquelle Xavier est étranger?

Sur la première question, on peut dire que Xavier ne peut être dépouillé du droit que lui confère la disposition de l'art. 841; qu'il est cohéritier, et que par conséquent il doit être admis à exercer le retrait successoral; que la manière dont la cession a été rédigée ne peut paralyser son droit; que s'il est vrai que la ventilation soit impossible, le tribunal doit, comme arbitre de droit, apprécier la valeur de la part cédée dans la succession d'Elisabeth; que le déclarer non recevable c'est détruire arbitrairement un privilége consacré par une disposition expresse et spéciale de la loi; que les tribunaux doivent appliquer la loi et non en éluder les dispositions sous le prétexte d'une prétendue impossibilité d'appréciation.

A cela on répondrait avec succès que les tribunaux ne pourraient pas asseoir la base d'une décision quelconque sur le prix à rembourser, attendu que Auguste peut soutenir que la succession d'Elisabeth lui a paru nulle dans ses résultats, et qu'il n'a acquis la part de Paul que parce qu'il espérait retrouver un dédommagement dans celle de Geneviève, et *vice versa*; que lorsqu'il y a impossibilité d'appliquer la loi, il faut, à moins de se rendre coupable d'un déni de justice, se conformer aux règles de la saine raison, lesquelles prescrivent ici de repousser la demande en subrogation formée par Xavier par une fin de non-recevoir, née du défaut de bases pour fixer le prix à rembourser.

On pourrait ajouter encore que la cour de Nîmes

a jugé en ce sens dans une hypothèse qui est rapportée par Sirey, tom. 28, 2ᵉ part., pag. 267; elle a décidé formellement que lorsqu'une cession de droits successifs comprend les biens de deux successions diverses, si elle a été faite en masse et pour un prix unique, sans ventilation, le cohéritier du cédant, qui est étranger à l'une de ces deux successions, ne peut exercer le retrait successoral quant aux biens de la succession à laquelle il est appelé.

Sur la deuxième question, il est évident que Xavier ne pourrait exercer le retrait successoral pour faire rentrer les parts de Paul dans les deux successions, car ce serait faire jouir un étranger d'une faveur qui n'est accordée qu'aux cohéritiers ou à ceux que la loi considère comme tels. Comment concevoir, en effet, qu'une personne qui n'est pas revêtue de ce titre pût être investie du droit de contraindre un cessionnaire à recevoir le prix de sa cession ? Mais, dira-t-on, si cette personne est étrangère à l'une des successions, elle ne l'est pas à l'autre, et alors si toute ventilation est impossible, il est naturel, il est juste de l'admettre au retrait des deux parts, car repousser sa demande c'est refuser d'appliquer une loi précise de laquelle dérive son droit.

Cette objection n'est que spécieuse; l'exercice d'un droit est toujours subordonné à la possibilité de l'exécution ; dès qu'il est constaté que, par des obstacles qu'on ne pourrait surmonter qu'en s'exposant à de graves injustices, on ne peut appliquer la loi et faire jouir de son bénéfice celui qui l'invoque, personne n'a le droit de se plaindre. Or, dans l'hypothèse, il est évident qu'en admettant le cohéritier à demander la subrogation pour la part de l'une des successions dans laquelle peuvent se trouver tous les avantages sans aucune des charges de l'autre, on commettrait une injustice purement gratuite ; d'un autre côté, accorder le retrait pour les deux parts serait une violation manifeste de la loi, qui ne permet qu'au cohéritier de profiter de ses dispositions.

Ainsi, en résumé, nous pensons qu'il faudrait, dans un cas semblable, suivre la doctrine consacrée par l'arrêt rappelé ci-dessus, et déclarer le cohéritier non recevable dans sa demande en subrogation.

33. Pierre, cohéritier dans la succession de Jean, vend sa part à Sixte ; dans l'acte qui règle les conventions des parties, on trouve la clause suivante : *Il sera loisible au cédant de rembourser au cessionnaire le prix de la cession et de jouir du bénéfice accordé au pacte de réméré par les art.* 1659 *et suivants du Cod. civ. Le délai pour l'exercice de la faculté de rachat est fixé à trois ans.*

Avant l'expiration de la première année, Sixte provoque le partage de la succession de Paul et demande que la part par lui acquise lui soit adjugée ; Joseph, cohéritier de Pierre, voulant écarter le cessionnaire de la succession, demande contre lui l'application de l'art. 841, en lui offrant le remboursement du prix de la cession. Pierre intervient alors et s'oppose au retrait, en disant que l'exercice de la faculté de rachat doit avoir la préférence sur le retrait ; mais qu'ayant trois ans pour demander de rentrer dans la propriété de l'objet cédé, il veut jouir de tout son délai.

De là naît la question de savoir si le cohéritier doit être déclaré non recevable dans sa demande en subrogation, ou bien si l'exercice du retrait doit ob_tenir la préférence sur le réméré.

En faveur du cohéritier qui exerce le retrait successoral, on pourrait soutenir que, en vertu de l'art. 841, tout étranger non successible du défunt pouvant être écarté du partage au moyen du remboursement du prix de la cession, ce cohéritier doit jouir pleinement de son droit, qu'il y ait eu ou non pacte de réméré stipulé dans la vente de droits successifs ; que cette stipulation, intervenue entre le cédant et le cessionnaire, est pour le cohéritier *res inter alios acta* ; qu'avant tout il faut que l'étranger soit écarté du partage, afin que les secrets de la famille soient respectés et que des discussions fâcheuses ne s'élèvent pas entre les héritiers et cet étranger ; qu'il n'est pas au pouvoir du cédant de retarder la demande en subrogation en objectant qu'il a trois ans pour exercer sa faculté de rachat, puisqu'avant l'expiration de ce temps le partage aura eu lieu, l'étranger se sera immiscé dans toutes les affaires de la famille, en un mot, tout le mal que le retrait successoral doit prévenir aura été fait.

D'un autre côté, peut-on dire encore, il n'est pas certain que le pacte de réméré puisse être stipulé dans une cession ou vente de droits successifs, car ne serait-il pas dérisoire de permettre au cédant de racheter ou de reprendre, pour 5,000 fr. par exemple,

une part cohéréditaire qui, liquidée, en vaudrait
dix ou quinze? Ne serait-ce pas un pacte tout en faveur du vendeur, puisqu'il aurait la faculté de racheter
si le réméré lui était avantageux, et de ne pas exercer
le rachat s'il lui était onéreux? n'y aurait-il pas quelque chose d'inique, d'usuraire dans une semblable
stipulation ? Enfin, si le rachat pouvait être stipulé
en pareille hypothèse, le retrait devrait toujours obtenir la préférence, puisque le cédant peut exercer le
réméré contre le cohéritier aussi bien que contre le
cessionnaire étranger.

Dans l'intérêt du cédant on répondrait : La vente ou
cession des droits cohéréditaires faite par Pierre sous
la faculté de rachat est une vente conditionnelle, qui
ne devient entière et parfaite qu'autant que le délai
stipulé pour le réméré est expiré; or, pendant tout
ce temps, le retrait successoral ne peut pas avoir lieu,
puisque si le cédant reprend ses droits aliénés, le
retrait se trouve tout exercé et l'étranger naturellement écarté du partage et des affaires de la famille;
que si le réméré n'a pas lieu avant le partage, c'est
sans doute un malheur, puisque les secrets de la
succession sont livrés au cessionnaire; mais le cédant
ayant un délai pour exécuter le rachat, personne
n'a le droit de le restreindre ou de l'anéantir; la stipulation de ce délai ne peut pas être attaquée par le
cessionnaire et à plus forte raison par des étrangers
qui n'ont pas paru au contrat. D'un autre part les
cohéritiers, autres que le cédant, ne peuvent-ils pas
dire au cessionnaire : Vous ne pouvez pas provoquer le partage de la succession, attendu que vous

n'êtes pas encore propriétaire; vous avez bien acquis les droits d'un cohéritier, mais vous pouvez être d'un jour à l'autre dépouillé de votre qualité de cessionnaire, et alors la faveur attachée à votre droit éventuel doit céder devant cette puissante considération qu'un étranger ne doit être admis au partage qu'autant que son titre d'acquéreur est irrévocablement fixé sur sa tête.

Quant à l'objection tirée du doute qui s'élève sur le droit qu'avait le cessionnaire d'acquérir, et le cédant de vendre avec faculté de rachat, elle ne saurait être accueillie, car la loi ne fait aucune distinction entre les vendeurs, entre le cohéritier qui cède sa part cohéréditaire et le vendeur d'un champ ou d'une maison ; d'ailleurs l'objection ne pourrait pas être faite par les tiers, qui n'ont rien à voir dans un contrat auquel ils sont étrangers.

Au milieu de ce conflit de raisons qui sont également puissantes, nous pensons que le retrait pourrait être exercé si le cessionnaire provoquait le partage, ou bien que l'on pourrait contraindre le cédant à demander immédiatement lui-même l'exécution de son réméré. S'il en était autrement, une vente de droits successifs avec stipulation de réméré deviendrait un contrat entièrement contraire à une disposition formelle de la loi, l'art. 841 du Cod. civ., et alors il pourrait être attaqué même par ceux qui n'y auraient pas concouru, puisqu'il serait entaché d'une nullité absolue.

34. Nous avons dit, n° 16, que le retrait succes-

soral pouvait être exercé, non-seulement par les
héritiers, mais encore par leurs représentants ; que
cette action était transmissible aux héritiers et légataires, soit universels, soit à titre universel ; ce
principe ainsi posé, que faudrait-il décider dans
l'hypothèse suivante ?

Une succession s'ouvre, à laquelle plusieurs personnes sont appelées ; l'une d'elles vend ses droits à
l'hérédité ; un des autres cohéritiers meurt, laissant
cinq enfants pour lui succéder ; un de ces enfants
offre au cessionnaire le remboursement du prix de
la cession afin de l'écarter du partage ; le cessionnaire
insiste et dit : Vous n'avez qu'un droit fort mince à
la part que j'ai acquise, puisque celle qui serait
échue à votre père doit être divisée par cinquième ;
en conséquence, vous n'avez pas le droit d'exercer le
retrait successoral, ou tout au moins vous ne l'avez
que jusques à concurrence de ce qui vous revient
dans la succession.

Cette objection est-elle fondée ou bien le cohéritier
de l'héritier décédé peut-il demander la subrogation
pour la totalité de la part vendue ?

Cette question n'est pas sans difficulté.

J'ai entendu soutenir contre le retrait de la totalité
que dans ce cas il fallait juger par analogie, puisque
la loi était muette sur la question ; or, disait-on,
lorsqu'il s'agit de l'exercice de la faculté de rachat,
il y a, pour le cas où le vendeur laisse plusieurs cohéritiers, des règles certaines : l'art. 1668 du Cod. civ.
dispose d'abord que : « Si plusieurs ont vendu conjointement, et par un seul contrat, un héritage

commun entre eux , chacun ne peut exercer l'action en réméré que pour la part qu'il y avait. » L'art. 1669 dit ensuite : « Il en est de même si celui qui a vendu seul un héritage a laissé plusieurs héritiers. Chacun de ces cohéritiers ne peut user de la faculté de rachat que pour la part qu'il prend dans la succession. »

Il faut ainsi , dit-on , appliquer ces dispositions au retrait successoral , car il y a identité ; seulement dans le cas des deux articles cités, l'acquéreur , aux termes de l'art. 1670 , pourrait exiger que tous les covendeurs ou tous les cohéritiers fussent mis en cause , afin de se concilier entre eux pour la reprise de l'héritage entier ; et, s'ils ne se conciliaient pas , cet acquéreur serait renvoyé de la demande.

Nous ne pensons pas que la question puisse être ainsi résolue.

La loi est restée muette sur ce point , il est vrai , mais la manière dont l'art. 841 a été appliqué et interprété doit nous servir de guide dans l'examen de cette question ; or, nous avons vu que la jurisprudence de toutes les cours du royaume et celle de la cour suprême ont admis à l'exercice du retrait successoral les représentants et les héritiers du cohéritier ; c'est un point désormais incontestable. Or , si l'héritier du cohéritier peut former l'action en subrogation , la jurisprudence n'ayant pas décidé que cette action serait divisible ; que l'héritier ne pourrait l'exercer que jusqu'à concurrence de ce qu'il aurait à prendre dans la succession , il doit pouvoir demander le retrait pour la totalité de la part vendue. Remarquons d'ailleurs que l'héritier du premier degré ne prend aussi qu'une part proportionnelle dans la succession , et cependant la loi lui accorde le retrait pour la totalité de la part cédée ; s'il en est ainsi , il faut en dire autant du cohéritier au second degré qui vient à la succession et au retrait , non pas de son chef , mais par représentation.

Remarquons encore que si l'héritier de l'héritier ne pouvait exercer le retrait que pour la part lui revenant dans la succession , le but de la loi serait entièrement manqué , puisque , malgré le retrait, le cessionnaire étranger pourrait toujours se présenter au partage et s'immiscer dans les affaires de la famille, ce qui ne peut pas être.

Ce dernier motif a triomphé devant la cour de cassation dans une espèce où s'agitait la question que nous discutons ; voici comment Sirey rapporte cette décision , tom. 21 , 1re part. , pag. 92 :

« Le 20 avril 1762 , traité entre les héritiers Bertrand Delaye sur la succession de leur père. Le domaine Delaye , dépendant de cette succession , est laissé au sieur Bertrand Reynaud , pour le remplir de sa part héréditaire , évaluée à 8,000 fr. ; Jean Bertrand Delaye , son frère , était alors décédé et avait été représenté par ses deux enfants , Jean et Anne Bertrand. — Anne Bertrand , qui épousa par la suite (en 1778) le sieur Larivière , ratifia à sa majorité le traité du 20 avril 1762.

» Cependant, le 17 juillet 1783, elle obtint, pour cause de lésion, des lettres de rescision contre la ratification du traité du 20 avril 1762. Bertrand Reynaud, son oncle , consent à cette rescision , mais sous la condition que le traité dont il s'agit sera annulé pour le tout , et les choses remises au même état qu'auparavant.

» La dame Larivière refuse cette condition ; elle veut que le traité du 20 avril soit annulé , mais seulement dans la disposition qui avait transmis le domaine Delaye à Bertrand Reynaud , son oncle , pour paiement de ses droits paternels ; elle veut que le règlement de ces droits soit maintenu tel qu'il existe dans le traité , et elle demande judiciairement le partage du domaine Delaye. — Un premier jugement déboute la dame Larivière de ses prétentions à cet égard. — Elle interjette appel.

» C'est dans cet état , que le 3 septembre 1787 , la dame Larivière cède à son mari son action en retrait du domaine Delaye , contre Bertrand Reynaud , son oncle.

» Le sieur Larivière , en conséquence de cette cession , se désiste de l'appel interjeté par sa femme ; il consent que le traité du 20 avril 1762 soit annulé pour le tout et les choses remises au même état qu'auparavant ; toutefois il demande le partage par moitié du domaine Delaye. Cette instance est portée devant le tribunal civil de Brion.

» Pendant ce temps , Bertrand Reynaud décède, laissant dix enfants mineurs , qui ont été représentés dans la nouvelle instance par leur mère et tutrice. — 31 août 1792 , jugement du tribunal de Brives, qui annule le traité du 20 avril 1762 , en conséquence du consentement des parties , et au principal ordonne que le domaine Delaye sera partagé par moitié entre le sieur Larivière et les enfants Bertrand Reynaud.

» Ce jugement est signifié et en partie exécuté, on procède à la liquidation des droits de chacun des héritiers ; un procès-verbal d'expertise a lieu ; il ne restait plus à faire que le tirage des lots lorsqu'une nouvelle contestation s'engage.

» Gabrielle Bertrand, l'une des dix enfants de Bertrand Reynaud, avait atteint sa puberté lors du jugement du 31 août 1792 ; elle n'avait pas été mise en cause personnellement : elle se rend en conséquence tierce-opposante au jugement dont il s'agit. Ses frères et sœurs prétendent aussi devoir profiter de cette tierce-opposition, sur le motif que la matière est indivisible. — Le sieur Larivière combat cette prétention. — 20 floréal an 10, jugement du tribunal de Riom, qui admet la tierce-opposition de Gabrielle Bertrand, et la fait profiter à tous les autres enfants. — Appel. — 7 fructidor an 11, arrêt confirmatif de la cour de Limoges. — Pourvoi en cassation. — 28 août 1811, arrêt qui casse celui de Limoges, à l'égard seulement de huit des enfants mineurs ; le pourvoi ayant été déclaré irrégulier à l'égard de Gabriel Bertrand, l'un des neuf ; — renvoi devant la cour de Poitiers.

» Le sieur Larivière poursuit devant cette cour son action en partage du domaine Delaye ; il demande la continuation des opérations commencées, et le tirage au sort des lots déjà faits.

» C'est alors que Guillaume Bertrand, devenu majeur, comme cessionnaire de plusieurs de ses

frères et sœurs , et afin d'écarter le sieur Larivière
du partage de la succession , forme contre ce dernier
une demande en subrogation à la cession du 3 décembre 1787 , qui lui avait été consentie par Anne
Bertrand , sa femme.

» Avant qu'il soit fait droit à cette demande introduite en appel , les deux enfants , Pierre Bertrand et
Gabrielle Bertrand , devenue femme Laviale , à
l'égard desquels le jugement du 31 août 1792 était
anéanti par l'effet de leur tierce-opposition , forment
par action nouvelle la même demande en subrogation
à la cession du 3 décembre 1787, devant le tribunal
civil de Brives. — C'est le sieur Guillaume Bertrand
qui , aussi comme cessionnaire de Pierre et Gabrielle
ses frères et sœurs , poursuit l'effet de cette demande
contre le sieur Larivière.

» Devant le tribunal de Brives , le sieur Larivière
oppose différents moyens à la demande formée contre
lui. Il soutient entr'autres qu'en supposant que l'action en subrogation formée contre lui dût être admise , elle ne pourrait l'être pour le tout ; qu'elle
devait être restreinte à la part héréditaire appartenant à chacun des demandeurs devant le tribunal de
Brives; qu'enfin cette demande en subrogation pouvait d'autant moins être formée pour la totalité devant le tribunal de Brives , que déjà devant la cour
royale de Poitiers la même demande était pendante
avec les autres cohéritiers Bertrand.

» 27 mai 1815 , jugement du tribunal de Brives
qui , sans s'arrêter à ces moyens , admet la demande
en subrogation à l'entier effet de la cession contestée

au sieur Larivière par sa femme. — Appel. — 3 août 1818 , arrêt confirmatif de la cour royale de Limoges par les motifs suivants :

» Considérant......

» Considérant que le retrait successoral est indivisible à l'égard du cessionnaire, parce que si un successible ne pouvait se faire subroger que dans une portion des droits du cessionnaire, l'objet et le but de la loi ne seraient pas remplis ; car l'étranger qui aurait acquis le quart des biens et droits d'une succession et qui ne serait remboursé que de la moitié du prix de sa cession , aurait pour l'autre moitié la même facilité de connaître les secrets de la famille et la même facilité d'y porter le trouble , que s'il avait conservé tous les droits qui lui auraient été cédés par un cohéritier, etc.

» Pourvoi en cassation par le sieur Larivière.

» Il soutient encore que l'action en subrogation ne pouvait être exercée pour la totalité.

» L'argument tiré de l'indivisibilité n'est que spécieux; si l'arrêt a voulu dire que nonobstant le partage consommé avec plusieurs des cohéritiers , un autre pouvait demander la subrogation, même pour les portions partagées , alors il se trouve en opposition directe avec l'art. 841 , qui n'admet la subrogation que pour écarter du partage et non pour détruire un partage consommé. Quand le partage de la succession est terminé avec un ou plusieurs héritiers , toutes les affaires de la succession sont réglées quant à ceux-ci , il n'y a même plus de succession ; dèslors, plus lieu à l'application de l'art. 841 du C. civ.

» Si l'arrêt a voulu dire autrement que le bénéfice
de la subrogation est indivisible parce que les droits
des héritiers dans le partage sont eux-mêmes indivisibles, il y a dans ce cas, de la part des juges d'appel,
contradiction formelle avec l'arrêt du 18 août 1811
de la cour de cassation elle-même, qui a jugé, au
contraire, entre les mêmes parties, que les droits
des héritiers sont parfaitement divisibles ; d'où la
conséquence que si la demande en subrogation de
quelques-uns des cohéritiers jusque là étrangers au
partage devait être admise, elle ne pouvait et ne devait l'être que pour leur part héréditaire seulement,
sans aucune influence sur les opérations déjà consom-
mées et sur le surplus des biens dont le partage était
déjà fait avec les autres héritiers.

» Arrêt. — La cour, attendu......

» Attendu, quant à la partie du moyen fondé sur
ce que Bertrand Reynaud-Delaye et l'autre cohéritier
ont été admis à recueillir l'entier effet de la cession
faite par la femme Larivière à son mari, et non les
parts seulement la concernant : que l'inconvénient que
la loi a voulu prévenir subsisterait toujours si la subrogation n'était admise que partiellement, puisque
l'étranger qu'elle a voulu donner le moyen d'écarter
du partage serait dans le cas de s'y immiscer et de
porter le trouble dans une famille avec laquelle il
n'aurait aucun rapport de parenté, et dont on ne pourrait attendre les mêmes ménagements que du cédant
lui-même ; que Larivière peut d'autant moins se
refuser à l'effet entier de la subrogation, que les
autres cohéritiers pourraient seuls se pourvoir contre

ceux qui ont exercé l'action en subrogation s'ils se croyaient fondés à prétendre qu'elle doit profiter à tous; rejette, etc. » (Sirey, tome 21, 1re partie, pag. 92.)

35. La cour de Paris eut à juger, le 21 juin 1813, la question de savoir si, lorsque tous les cohéritiers se sont rendus adjudicataires sur licitation de biens composant la succession, le retrait successoral pouvait avoir lieu à l'égard de la vente opérée ensuite par l'un ou plusieurs de ces cohéritiers adjudicataires, relative aux biens ainsi licités. Cette cour décida que non; elle se fonda sur ce que, par l'effet de l'adjudication, les biens licités avaient cessé de faire partie de la succession; qu'ils étaient la propriété personnelle des cohéritiers, et que ceux qui avaient vendu leur part n'avaient pas cédé un droit à la succession, mais une propriété à eux personnelle.

Ces motifs n'étaient pas, selon nous, ceux sur lesquels devait être basée cette décision, parfaitement juste d'ailleurs. Dans l'espèce de cet arrêt, il ne s'agissait pas de la totalité des biens immeubles de la succession, c'était seulement un hôtel en dépendant qui avait été licité. En sorte que les cohéritiers qui avaient cédé leur part ne l'avaient fait que pour un immeuble déterminé de la succession, ce qui ne permettait pas au cessionnaire de s'immiscer dans les secrets et les affaires de la famille. Il était conséquent dès-lors de repousser la demande en subrogation, non pas parce que les biens vendus avaient cessé de faire partie de la succession et qu'ils appartenaient aux cohéritiers cédants à un autre titre, mais parce que c'était une vente ou cession de corps certain et déterminé.

S'il se fût agi de tous les immeubles de la succession, l'arrêt eût été entièrement opposé aux principes sur la matière, nous allons le démontrer.

Lorsqu'une succession s'ouvre et que les immeubles qui en dépendent ne peuvent pas commodément se diviser, on en ordonne la licitation ; c'est le seul moyen d'arriver à un partage égal entre les cohéritiers. Mais quelquefois il arrive que les enchères ne s'élevant pas à une somme égale à la valeur des biens, les cohéritiers surenchérissent eux-mêmes et demeurent adjudicataires ; c'est là probablement ce qui était arrivé dans l'espèce de l'arrêt du 21 juin 1813.

Maintenant, si dans cette position un ou plusieurs de ces cohéritiers cèdent leur part dans ces immeubles, pourra-t-on dire que ce sont des biens à eux personnels qu'ils ont vendus, et non leur part dans les immeubles de la succession ? Cela nous paraîtrait bien étrange. Une foule de textes et d'autorités prouvent jusques au dernier degré d'évidence que dans ce cas ce sont toujours les immeubles de la succession qui sont cédés par les héritiers, et non des biens à eux personnels.

D'abord il est de principe, comme on le soutenait dans l'arrêt ci-dessus cité, qu'on ne peut acheter la chose dont on est déjà propriétaire : *Suæ rei emptio non valet, sive sciens, sive ignorans quis emerit; l.* 16, *ff. de contrahend. empt. rei suæ nec pignus, nec depositum , nec precarium , nec* EMPTIO *, nec locatio consistere possit ; l.* 45 *, ff , de r. jur.*

On conçoit en effet que la chose dont un titre nous assure déjà la propriété ne peut plus nous appartenir par un autre titre : *Quod meum est meum amplius fieri non potest.*

Pothier, *Traité du droit de propriété* , n° 18 , s'exprime ainsi : « Le domaine de propriété , de même que le *jus ad rem* , suppose une cause qui le produit dans la personne qui a ce droit ; mais il y a cette différence , que le domaine de propriété d'une chose que j'ai acquise à un titre ne peut m'appartenir à un autre titre , si ce n'est pour ce qui manquait à ce que j'en ai acquis d'abord , au lieu qu'une même chose peut m'être due par différents titres. La raison de différence est *qu'il est impossible que j'acquière ce qui m'appartient déjà. C'est pourquoi lorsque j'ai une fois acquis la propriété d'une chose en vertu d'un titre , ne pouvant plus l'acquérir , elle ne peut m'appartenir qu'en vertu du seul titre par lequel je l'ai acquise ;* au contraire , rien n'empêche qu'une chose qui m'est déjà due par un titre ne me soit encore due par un autre titre. »

Si donc il est démontré que je ne puis acquérir ce qui est déjà ma propriété , il faut nécessairement en conclure , dans l'espèce proposée , que l'adjudication faite en faveur du cohéritier , de tous les immeubles de la succession , n'aurait eu pour résultat que de maintenir le premier titre de propriétaire , et sans en créer un nouveau.

Il faut aussi conclure de là que dans l'arrêt du 21

juin 1813, la cour devait juger comme elle l'a fait ; elle devait repousser la demande en subrogation parce qu'il ne s'agissait pas de tous les immeubles de la succession, mais seulement d'un château qui n'en faisait pas partie ; mais aussi il faut rejeter les motifs donnés par cet arrêt, car l'adjudication n'avait changé ni la nature des biens, ni la qualité des cessionnaires. Les biens étaient restés biens de la succession, et les cessionnaires héritiers.

36. Nous avons dit, n° 5, que le légataire universel ou à titre universel était considéré comme héritier et pouvait exercer le retrait successoral ; mais que faudrait-il décider si, après avoir remboursé le cessionnaire, le légataire perdait son titre par l'annulation du testament qui l'avait institué ? Le retrait devrait-il être entretenu, ou bien le cessionnaire rentrerait-il dans les droits résultant de sa cession ?

Nous pensons que la subrogation devrait recevoir tout son effet. Lorsque les parties ont exercé et subi le retrait, le légataire jouissait de tous les droits attachés à sa qualité, à son titre d'héritier. Si plus tard il en a été dépouillé, cette circonstance ne détruit pas la bonne foi qui a existé au moment où le contrat a eu lieu. Il en serait de cet acte comme de celui qui intervient avec l'héritier apparent, lorsqu'il est exempt de dol et de fraude.

Vainement viendrait-on dire que l'exercice du retrait est entièrement subordonné à l'existence de la qualité d'héritier ou de légataire sur la tête de celui qui l'exerce ; que dès le moment que le testament qui la lui avait conférée n'existe plus aux yeux de la loi , il n'y a plus d'héritier et par conséquent plus de contrat valable.

Cette objection serait sans fondement , car au moment où le retrait aurait eu lieu , toutes choses étaient entières , et le légataire, investi de sa qualité et de tous les droits qui en dérivent , agissait de bonne foi. La loi, pour la validité de la subrogation , n'exige pas que l'héritier soit toujours héritier ; pourvu qu'il le soit au moment du retrait , que sa qualité ne soit pas attaquée, cela suffit.

Si donc le cessionnaire remboursé du prix de sa cession venait à demander l'annulation du retrait , nous pensons qu'il devrait être déclaré non recevable; remarquons toutefois que le légataire déchu de son titre pourrait , lorsqu'il se présenterait au partage , être écarté par les héritiers comme le cessionnaire aurait pu l'être , car ce légataire ne serait plus aux yeux de la loi qu'un étranger , qui , en vertu de sa subrogation , voudrait pénétrer dans les secrets de la famille.

37. La cour de cassation nous paraît s'être écartée des principes sur la matière , dans un arrêt rendu dans l'espèce que voici :

« 24 avril 1816 , testament du sieur Bidal de Fourny , par lequel le sieur Piquot-Lamarre est institué son légataire universel. — Après la mort du sieur Bidal , ce testament est argué de nullité par ses héritiers dans la ligne paternelle , et par la dame

Lepertuisier , l'une des héritières dans la ligne maternelle. — Cependant celle-ci renonce bientôt à la
contestation entamée, et consent, par transaction du
6 janvier 1817, à l'exécution du testament, moyennant une somme de 26,000 fr. que lui promet le
légataire ; mais les héritiers n'en continuent pas
moins les errements de la procédure commencée
contre le sieur Piquot-Lamarre, et, le 25 avril 1819,
intervient arrêt de la cour royale de Caen , qui prononce l'annulation du testament litigieux.

» A leur tour , d'autres successibles du chef maternel attaquent le même testament. L'annulation
en est de nouveau prononcée par arrêts des 22 août
et 27 septembre 1826 , qui passent également en
force de chose jugée. — Il est à remarquer que pendant la durée de cette seconde instance , la dame
Halley de Montchamp, l'une des successibles, avait
cédé à la dame de Govin , non successible , sa part
héréditaire dans la succession du sieur Bidal de
Fourny.

» Les parties étant revenues devant le tribunal de
première instance sur la demande en partage des
biens maternels et en reddition de compte , le sieur
Piquot-Lamarre déclare alors à la dame Govin ,
cessionnaire de la dame de Halley , qu'il est dans
l'intention d'exercer contre elle le retrait successoral,
et lui fait offre du prix et accessoire de la cession.
— La dame Govin soutient que le sieur Piquot n'est
rien moins qu'héritier testamentaire , mais seulement comme elle simple cessionnaire , et qu'en conséquence il n'est pas recevable à exercer le retrait

successoral , ce droit n'étant accordé qu'aux seuls successibles.

» 10 mai 1832, jugement du tribunal de Bayeux, et 16 novembre suivant , arrêt de la cour royale de Caen , qui rejettent ce système et accueillent la demande en retrait successoral formée par le sieur Piquot ; — considérant que par le testament du sieur Bidal de Fourny , le sieur Piquot–Lamarré a été institué légataire universel de ce dernier ; que par transaction , la dame Lepertuisier , héritière pour une partie dans la ligne maternelle , a renoncé à l'action par elle intentée en nullité de ce même testament ; qu'il s'ensuit que ce testament a été *validé* au moins dans la mesure de la quote-part pour laquelle la dame Pertuisier avait intérêt à l'attaquer, et qu'il a par conséquent investi Piquot de la qualité de légataire universel jusqu'à concurrence de cette quote-part , ce qui lui confère le droit d'user du retrait successoral , étant vrai en principe que le bénéfice en peut être revendiqué aussi bien par l'héritier testamentaire que par l'héritier du sang, etc.

» Pourvoi en cassation par la dame Govin , pour fausse application de l'art. 841 , Cod. civ. , et violation des art. 1134 et 2051 du même Code. — On a dit pour la demanderesse : Le testament du sieur Bidal de Fourny ayant été successivement annulé à l'égard des héritiers des deux lignes , le sieur Piquot-Lamarre se trouvait nécessairement dépouillé de la qualité de légataire. En vain se prévalait-il de la transaction intervenue entre lui et la dame Lepertui-sier ; cette transaction ne conférait au sieur Piquot d'autre qualité que celle de cessionnaire, surtout vis-à-vis du tiers étranger à l'acte. C'est en effet un principe que les conventions ne sont loi qu'à l'égard des parties contractantes ou de leurs héritiers et ayant cause (Cod. civ. , art. 1134), et spécialement que la transaction faite par l'un des intéressés ne lie point les autres intéressés , et de même qu'elle ne peut être opposée par eux (art. 2051), de même aussi on ne peut s'en prévaloir contre eux. Comment pourrait-on alors prétendre que la transaction passée entre le sieur Piquot et un seul des héritiers a investi le premier de la qualité de successible au préjudice des autres parties intéressées ? Déchu de ses droits et de sa qualité de légataire par suite des décisions judiciaires qui avaient prononcé l'annulation du testament qui l'instituait héritier, le sieur Piquot n'a plus réuni en lui que la qualité de cessionnaire ; il n'avait droit à la succession qu'en vertu de la transaction renfermant la cession. Or, à titre de cessionnaire, l'exercice du retrait successoral lui était interdit par la loi. L'arrêt qui l'a néanmoins admis dans sa demande a donc violé les principes de la matière.

» ARRÊT. — La cour, — attendu que le sieur Bidal de Fourny avait, par son consentement du 24 avril 1816 , institué pour son légataire universel le sieur Piquot-Lamarre ; que ce testament ayant été annulé sur la poursuite de divers héritiers dudit sieur de Fourny , la dame Lepertuisier , aussi héritière , renonça à la poursuite, en faveur du sieur Piquot-Lamarre , par une transaction qu'elle fit avec lui le

6 janvier 1817 ; —attendu que toute succession étant divisible, le sieur Piquot–Lamarre, au moyen de ladite transaction, a conservé la qualité de légataire, jusqu'à concurrence de la quote-part à laquelle la dame Lepertuisier avait droit dans la succession du sieur Bidal de Fourny ;

» Attendu que la dame Guillert de Govin, à qui la dame du Halley de Montchamp, autre héritière, avait cédé sa part dans ladite succession, n'est pas au nombre des successibles du sieur Bidal de Fourny, et que dès-lors elle a pu, aux termes de l'art. 841, Cod. civ., être écartée du partage par le sieur Piquot–Lamarre, héritier testamentaire, d'où il suit que l'arrêt attaqué, en admettant le retrait successoral exercé par le sieur Piquot–Lamarre contre la dame Guillert de Govin, loin d'avoir violé aucune loi, a fait au contraire une juste application de l'art. 841 ; — rejette, etc. » Voy. Sirey, tom. 34, 1re part., pag. 133 et suiv.

Nous avons dit que cet arrêt nous paraissait s'écarter des principes, voici sur quels motifs repose notre opinion :

Les arrêts de la cour royale de Caen qui avaient annulé le testament du sieur Bidal de Fourny avaient incontestablement aussi enlevé au sieur Piquot-Lamarre sa qualité de légataire universel ; d'un autre côté, ce légataire avait été reconnu comme tel par la dame Lepertuisier, dans la transaction du 6 janvier 1817, mais cette transaction de quelle influence pouvait-elle être dans la cause ? Elle était l'ouvrage de deux parties, dont l'une, dans la crainte de succomber dans

sa demande en nullité du testament, avait préféré,
en recevant une somme de 26,000 fr., renoncer à
cette demande ; c'était là, on peut le dire, bien
moins une reconnaissance du sieur Piquot-Lamarre,
comme légataire du sieur Bidal de Fourny, qu'une
cession de droits successifs faite par la dame Lepertuisier. Mais, dans tous les cas, il nous paraît certain
que cette transaction ne pouvait porter aucune
atteinte aux droits des tiers, et fonder une action
en retrait successoral en faveur du sieur Piquot-
Lamarre.

Comment supposer en effet que ce dernier pût,
en vertu de sa transaction, venir exercer contre un
tiers une action subordonnée à sa qualité de légataire?
Ce tiers ne pourrait-il pas dire avec raison : Quel
droit vous donne votre transaction ? Celui de venir
au partage comme légataire universel ? Non, car
cette qualité vous a été enlevée par deux arrêts. Vous
donne-t-elle de votre chef une part dans la succession? Aucune : les héritiers légitimes vous repoussent
en vous montrant les décisions qui ont annulé le
testament qui vous instituait légataire ? Si vous ne
venez pas au partage de votre chef, vous n'êtes ni
héritier ni légataire, vous ne pouvez donc pas exercer
contre moi le retrait successoral. Mais, direz-vous
peut-être, la transaction du 6 janvier 1817, contenant renonciation de la part d'un cohéritier à son
action en nullité, moyennant les 26,000 fr. que je
lui ai promis, doit bien avoir un effet ? Sans doute,
mais elle ne vous a conféré d'autres droits que ceux
de la dame Lepertuisier, qui a traité avec vous. Or,

ces droits sont bien ceux d'un cohéritier, mais avec ses droits, cette cohéritière ne vous a pas transmis la qualité qui reposait sur sa tête. Vous êtes un cessionnaire et voilà tout. Vous n'êtes pas légataire, cette qualité ne se confère que par titre; or, le vôtre a été déclaré nul.

Mais, pourrait dire encore le sieur Piquot-Lamarre, il faut bien que l'on reconnaisse en moi la qualité de légataire, puisqu'un des héritiers légitimes qui me contestait cette qualité a renoncé à son action et a exécuté le testament qui me l'avait conférée. A cela on répondrait : Vous voulez être légataire, mais à quel titre? Vous ne pouvez vous présenter comme légataire universel ou à titre universel; car il n'y a plus de testament; la succession a été dévolue tout entière aux héritiers légitimes. Si vous avez fait un traité avec l'un d'eux, ce traité n'a pu avoir pour objet que les droits qu'il avait à prétendre dans la succession; or, si ce sont ces droits que vous avez acquis, vous ne pouvez vous présenter au partage comme légataire, mais seulement comme cession- naire; et si vous n'êtes pas légataire vous ne pouvez être admis au bénéfice du retrait contre moi, ces- sionnaire comme vous.

A toutes ces raisons on pourrait encore ajouter : En se présentant au partage, le sieur Piquot-Lamarre que demanderait-il? Viendrait-il en vertu de ce testa- ment dire aux héritiers légitimes : Je suis légataire universel, il me faut la totalité de la succession? Ce serait une dérision. Mais alors s'il ne venait pas demander toute la succession, quelle part devrait-on lui attribuer, laquelle demanderait-il ? serait-ce, de son chef et en vertu du testament, une part de cohéritier ? Mais on lui dirait : Le testament vous institue légataire universel et non cohéritier, du reste cette qualité de légataire vous a été enlevée. Vous présentez-vous au partage comme venant du chef d'un héritier légitime ? mais alors vous n'êtes pas légataire, et si vous représentez l'héritier du sang ce n'est que comme cessionnaire ; or, le cessionnaire ne peut exercer le retrait contre un cessionnaire comme lui.

Voilà pour le fait. Maintenant pour le droit :

Les conventions n'ont d'effet qu'entre les parties contractantes, elles ne nuisent point aux tiers. Cod. civ., 1165 ; *Res inter alios acta cuiquam nec nocere nec prodesse potest.* — *Inter alios res gestas aliis non posse præjudicium facere sæpe constitutum est; l. 1, C., int. al. act.* D'où la conséquence que la transaction du 8 janvier 1817 ne pouvait être opposée au cessionnaire et fonder le droit au retrait successoral. Il y a donc eu dans la cause violation de l'art. 1165, Cod. civ., et fausse application de l'art. 841 du même Code.

Il nous reste à faire une dernière observation sur cet arrêt de la cour de cassation, ou du moins sur la manière dont l'arrêtiste Sirey en présente le résumé :

« Le légataire universel, dit-il, qui, sur la demande en nullité de son legs, transige avec l'un des héritiers *et se fait céder sa quote-part, pour le cas où la nullité serait prononcée*, conserve, même après que le legs a été annulé, la qualité de légataire ou successible, et par suite il peut exercer le retrait successoral contre les tiers cessionnaires des droits successifs des autres héritiers. »

En lisant cette notice, après avoir pris connaissance de l'arrêt en son entier, on s'aperçoit qu'elle contient plusieurs erreurs manifestes. La première c'est qu'il n'est pas dit dans le fait, tel qu'il est rapporté, que le légataire *se soit fait céder par l'héritier sa quote-part dans la succession ;* la deuxième, qu'il n'y est pas dit non plus que la transaction fût faite *pour le cas où la nullité du testament serait prononcée.* Si ces deux circonstances étaient telles qu'elles sont indiquées dans la notice, l'arrêt serait, selon nous, encore plus en opposition avec les principes que tel qu'il est rédigé dans ce volume de Sirey.

On conçoit en effet que si réellement le sieur Piquot-Lamarre s'était fait céder la part du cohéritier pour le cas où la nullité du testament serait prononcée, la question serait jugée : l'acquéreur de cette portion aurait perdu sa qualité de légataire, et l'acte du 6 janvier 1817 n'aurait plus été qu'une cession.

Il est possible en effet, que celui qui a extrait le fait des qualités de l'arrêt y ait trouvé énoncé le contenu de l'acte du 6 janvier 1817, et que les 26,000 f. promis ne l'eussent été que pour la cession des droits successifs du cohéritier, et non pour prix de la renonciation à l'action en nullité ; quoi qu'il en soit, nous persistons dans l'opinion que nous venons d'émettre, alors même qu'il n'y aurait pas eu cession expresse de l'héritier au sieur Piquot-Lamarre.

38. L'art. 841 s'applique-t-il au partage de la communauté comme il s'applique au partage d'une succession. En d'autres termes, les héritiers de l'époux décédé et l'époux survivant copartageants de la communauté sont-ils cohéritiers dans le sens de l'art. 841 ?

Nous ne le pensons pas.

On peut dire à la vérité que les copartageants de la communauté ont un aussi grand intérêt que les cohéritiers d'une succession à mettre les secrets de la famille à l'abri des recherches et des discussions d'un cessionnaire étranger ; que la jurisprudence a donné à l'art. 841 une grande extension ; qu'elle a admis au bénéfice du retrait successoral des personnes qui n'étaient pas héritières, dans la rigoureuse acception de ce mot; ainsi qu'elle avait appelé les légataires, les donataires et les représentants de l'héritier à l'exercice de ce droit exceptionnel et exorbitant; que ce qui avait déterminé les tribunaux à étendre ainsi une exception au droit commun, qui devait être restreinte dans les limites étroites de ses termes, c'était le motif même qui l'avait fait introduire ; que dès-lors une disposition de ce genre, dont la moralité était si avantageuse et si favorable à l'ordre public et à la paix des familles, devait être appliquée largement et dans un cercle presque illimité, puisqu'en résultat elle ne pouvait produire que de bons effets et fort peu d'inconvénients, si toutefois on pouvait en signaler.

Ces raisons ne sont pas sans puissance pour celui qui n'envisage que la disposition elle-même, sans s'occuper de son application ; mais lorsqu'on passe de la théorie à la pratique, on s'aperçoit bientôt que si on admettait les copartageants de la communauté à l'exercice du retrait successoral, il n'y aurait pas de raison pour ne pas l'appliquer à la division des biens d'une société, et à celle de tout ce qui serait possédé en commun ou par indivis, puisqu'il y aurait toujours lieu à appliquer le même motif.

Du reste, en laissant de côté ces généralités, on peut encore répondre d'une manière spéciale :

1° Que la loi a proscrit elle-même d'une manière implicite l'application de l'art. 841 au partage de la communauté. On voit en effet dans l'art. 1476, Cod. civ., que le partage de la communauté, pour tout ce qui concerne ses formes, la licitation des immeubles quand il y a lieu, les effets du partage, la garantie qui en résulte, et la soulte, est soumis à toutes les règles qui sont établies au titre des successions pour les partages entre cohéritiers. Mais il n'est nullement parlé dans cet article, comme on le voit, de la disposition relative au retrait successoral, et il ne paraît pas douteux que si le législateur eût eu l'intention de l'appliquer au partage de la communauté, il en eût été fait mention dans ce même art. 1476;

2° Que le retrait successoral ne peut être exercé que par le cohéritier envers le cessionnaire de son cohéritier;

3° Enfin qu'il ne peut avoir lieu que lorsqu'il s'agit de droits successifs.

C'est d'ailleurs ainsi que l'ont constamment jugé les cours du royaume devant lesquelles la question s'est présentée; on peut voir en effet dans Sirey les arrêts cités, tom. 22, 2° part., pag. 29; tom. 27,

2ᵉ part., pag. 12, et enfin tom. 32, 2ᵉ part., pag. 50.

Les motifs de l'un de ces arrêts nous ont paru devoir être rapportés ; en voici le texte :

« Attendu que la cession faite à Lajarrege et à Paquié comprenait aussi les droits de propriété d'Anne Laforière, dans le moulin de Cauterets, acquis pendant la société d'acquêts formée entre elle et Pierre Lacaze, son mari, et encore ses créances tant contre la succession de ce dernier que contre ladite société ; que ces droits appartenaient à la cédante de son propre chef ; que l'art. 841 du Cod. civ., dont la disposition est limitée aux cohéritiers et aux cessions de droits successifs, ne peut pas être appliquée à d'autres personnes et à d'autres droits ; et que l'art. 1476, qui détermine les points ou les partages de communauté sont soumis aux règles établies par le titre des successions, ne leur a pas rendu commune la disposition de l'art. 841 ;

» Attendu que ce serait forcer le sens et la lettre de la loi que de chercher dans ses motifs, et dans l'effet nécessaire de la cession des droits particuliers dont il s'agit, un prétexte pour étendre la volonté du législateur et l'exception qu'il a faite au droit commun par l'art. 841 du Code ; que s'il eût voulu admettre la subrogation toutes les fois que les droits cédés, sans être successifs, donneraient au cessionnaire étranger les moyens d'avoir connaissance des affaires de la famille, et d'intervenir aux opérations de la liquidation de l'hérédité, où ses droits se trouveraient mêlés et confondus, il en aurait fait une règle générale, et n'aurait pas borné aux cohéritiers et aux cessions de droits successifs l'exécution qu'il a établie ; — sans s'arrêter à la fin de non-recevoir, émendant dans le chef seulement qui a subrogé Catherine Ladie à la cession des droits d'Anne Laforière dans les acquêts de la société conjugale et de ses créances , etc. »

39. La question présenterait peut-être plus de difficulté dans le cas où les deux époux étant décédés, leurs héritiers respectifs se présenteraient au partage de la communauté et voudraient en exclure le cessionnaire de l'un d'eux ; surtout si les biens à diviser formaient à eux seuls la succession du mari et de la femme.

On voit en effet que dans ce cas il ne s'agirait pas seulement du partage des biens de la communauté , mais aussi de ceux d'une succession ; que l'étranger en devenant cessionnaire des droits d'un des copartageants pénètrerait dans les secrets de cette hérédité et en même temps dans ceux de la communauté.

Posons un exemple pour mieux faire apprécier la difficulté :

Pierre et Marie , époux , mariés sous le régime de la communauté sont décédés. Ils ne laissent d'autres biens à leurs héritiers que ceux qui font partie de la société conjugale ; avant le partage de la communauté, Auguste , l'un des cohéritiers de Pierre , cède sa part dans les biens qui la composent à Joseph , étranger. Celui-ci se présente et demande l'exécution de sa cession , il veut prendre part à la division ; mais Jean , cohéritier du cédant , lui offre le rembour-

sement du prix de sa cession ; Joseph résiste et dit :
L'art. 841 ne s'applique pas au partage de la communauté, mais seulement au partage de la succession.

Cette réponse ne serait-elle pas une dérision ? ne
pourrait-on pas répondre au cessionnaire : Pour vous
faire la part qui vous a été cédée, il faut d'abord
diviser les biens de la communauté, puis ensuite, ce
premier partage opéré, ne faudra-t-il pas diviser
les biens de la succession à laquelle votre cédant
avait des droits ? En vous cédant sa part à prendre
dans la communauté il vous a forcément cédé ses
droits successifs, car pour déterminer quels sont ses
droits, il faut opérer nécessairement le partage de la
succession. Sa part dans la communauté n'est autre
que sa part dans la succession. Ce n'est ici qu'une
véritable querelle de mots.

Ce raisonnement nous paraît sans réplique, il faudrait bien dans ce cas admettre la subrogation, puisqu'elle serait demandée par le *cohéritier* contre le
cessionnaire d'un *cohéritier* et réclamée pour obtenir
le retrait de droits dans une succession et pour empêcher un étranger de pénétrer dans les secrets de la
famille.

40. Remarquons toutefois que la solution de la
question ne serait plus la même si la cession avait
été faite par tous les héritiers de la femme, et si
l'un des héritiers du mari venait exercer le retrait ;
car dans ce cas il n'y aurait réellement qu'un partage
à faire, celui des biens de la communauté et non un
partage de succession. D'un autre côté, ce ne serait pas

un cohéritier du cédant qui demanderait la subrogation, mais un véritable étranger, qui ne mériterait aucune faveur.

C'est en ce sens que la cour de Metz a jugé la question par un arrêt dont voici l'espèce :

« Décès du sieur Georges Kieffer et de la dame Catherine Colbus, son épouse, sans enfants issus de leur mariage. Ils laissaient pour héritiers, savoir, le sieur Georges Kieffer, des enfants issus d'un premier mariage, et la dame Catherine Colbus, des parents collatéraux. Chacune des deux successions se composait des biens propres à chacun des époux et de sa part dans la communauté qui avait existé entre eux. On procède au partage. — 14 fructidor an 11, jugement du tribunal de Metz, qui ordonne que les biens compris dans le chapitre premier de l'acte de liquidation appartiendront exclusivement aux héritiers Kieffer ; que ceux compris dans le chapitre deuxième seront partagés entre les héritiers Kieffer et les héritiers Colbus, d'après les dispositions de l'acte de liquidation ; que les héritiers Kieffer rendront compte de quelques portions de terres qu'ils avaient reçues du vivant de leur père, et de la jouissance des biens de la communauté qu'ils avaient eus en leur possession pendant l'instance en partage. Conformément à ce jugement, les 3 pluviôse et 22 ventôse an 12, les lots des biens compris dans le deuxième chapitre sont formés et tirés au sort entre les héritiers Kieffer et les héritiers Colbus. — En cet état de choses, et toutefois antérieurement au règlement de compte ordonné entre les deux lignes d'héritiers, une partie des héritiers Colbus cède ses droits au sieur Schoucmaker. Schoucmaker exerce ses droits sans éprouver de difficulté de la part des autres cohéritiers Colbus.

» Ultérieurement , et agissant toujours en vertu de la même cession, il demande aux héritiers Kieffer le compte prescrit par le jugement du 14 fructidor an 11. — Ceux-ci offrent au sieur Schoucmaker le remboursement de la somme par lui payée , pour prix de la cession , et, moyennant cette offre , ils demandent à être subrogés à son lieu et place , par application de l'art. 841 , Cod. civ., qui donne droit à tout cohéritier d'écarter du partage le cessionnaire d'un autre cohéritier , en lui remboursant le prix de la cession. Le sieur Schoucmaker répond que l'art. 841 n'est pas applicable à l'espèce , attendu 1° qu'il ne donne droit d'exercer le retrait successoral qu'aux cohéritiers de celui qui a cédé ses droits, et que dans le cas particulier , les héritiers Kieffer ne sont point les cohéritiers des héritiers Colbus, car ils n'ont point partagé la succession d'une même personne ; mais ils ont recueilli, les uns la succession du sieur Kieffer et les autres la succession de la dame Colbus ; 2°, etc.

» Les héritiers Kieffer répondent qu'à la vérité ils n'ont pas été appelés avec les héritiers Colbus à la succession d'une seule et même personne , mais qu'obligés de partager la masse de la communauté , ils sont réellement copartageants , que dès-lors il y a lieu d'appliquer l'art. 841.

» Jugement du tribunal civil de Metz , qui accueille la demande des héritiers Kieffer, tendante à être subrogés aux droits du sieur Schoucmaker, en lui remboursant le prix de la cession. — Appel du sieur Schoucmaker.

» Pour que le retrait successoral soit admis, a-t-on dit, dans son intérêt, il faut que celui qui l'exerce soit le cohéritier de celui qui a cédé son droit ; or, dans l'espèce, les héritiers Kieffer et les héritiers Colbus ne venaient point à la même succession, ils sont héritiers de deux personnes différentes. A la vérité les héritiers Colbus et les héritiers Kieffer ont eu à partager la masse de la communauté ; mais on ne peut en conclure qu'ils fussent héritiers de la même succession, ils n'en sont pas moins étrangers les uns aux autres, comme le seraient les héritiers de deux associés qui viendraient réclamer la part de leur auteur dans le fonds social ; dès-lors le retrait successoral établi pour écarter les étrangers de la succession ne saurait atteindre son but ; Schoucmaker n'est pas plus étranger aux héritiers Kieffer que ne le sont les héritiers Colbus.

» ARRÊT. — La cour, — considérant que les héritiers Kieffer ne contestent point le fond de la demande principale, formée par les époux Schoucmaker, mais qu'ils demandent à être subrogés au lieu et place de ceux-ci, dans les cessions qui leur ont été faites par plusieurs des héritiers de Catherine Colbus, et qu'ils se fondent pour obtenir cette subrogation sur la disposition de l'art. 841 du Cod. civ. ;

» Considérant que l'art. 841 est inapplicable à l'espèce, puisque les héritiers de Georges Kieffer n'ont jamais été les héritiers du cédant dans la succession

de Catherine Colbus ; met l'appellation au néant. »
Sirey, tom. 21, 2ᵉ part., pag. 305.

Cet arrêt, comme on le voit, a parfaitement jugé
la question, puisque c'était un des héritiers de l'autre
époux qui venait demander le retrait successoral,
mais cette décision eût été tout autre si les héritiers
Colbus qui n'étaient pas cédants, eussent eux-mêmes
demandé la subrogation ; malgré qu'ils n'eussent
d'abord été que copartageants des biens de la communauté, comme il fallait ensuite partager entr'eux la
succession de Catherine Colbus dont ils étaient tous
héritiers, bien certainement la cour les eût admis à
l'exercice du retrait successoral.

44. Que faudrait-il décider dans l'hypothèse suivante ?

Une succession s'ouvre entre quatre cohéritiers
qui se disposent à en faire le partage, mais bientôt
ces cohéritiers s'aperçoivent qu'il sera bien difficile
d'en opérer la liquidation à cause des nombreux
embarras qu'elle présente : dans cette position, ils
vendent tous leurs droits à deux étrangers qui prennent possession des biens vendus. Plus tard, un de
ces acquéreurs cède sa part dans la succession acquise, à un tiers, qui en provoque le partage. Sur
cette demande, le premier acquéreur restant offre au
dernier de lui rembourser le prix de sa cession ; il
invoque la disposition de l'art. 841 ; de là la question de savoir si cet acquéreur peut exercer le retrait
successoral.

Nous ne le pensons pas. Cet acquéreur représente

bien, il est vrai, les cohéritiers qui lui ont cédé leurs droits, mais seulement quant aux biens cédés et non point en ce qui touche la qualité d'héritier, qui est demeurée sur la tête des cédants. Les acquéreurs ou cessionnaires ne sont point cohéritiers, ils sont étrangers l'un à l'autre, et peu importe que l'un d'eux veuille s'immiscer dans les secrets de la famille, l'autre n'a aucun intérêt à l'en empêcher; les cohéritiers seuls pouvaient invoquer ce motif de la loi avant d'avoir cédé leurs droits.

Cette opinion est au reste celle du savant Merlin; voici en quels termes il s'explique sur la question, dans son *Répertoire de Jurisprudence*, mot *Droits successifs*, n° 11 :

« Remarquez que ce que nous venons de dire des droits entre cohéritiers ne reçoit pas toujours d'extension à des droits entre copropriétaires seulement. On peut être copropriétaire sans être cohéritier, quoiqu'on ne puisse pas être cohéritier sans être copropriétaire. Supposons, par exemple, que vous et moi soyons devenus acquéreurs d'une succession vacante vendue sur un curateur; s'il me plait de céder ma portion à un tiers, vous serez obligé de partager avec lui tout comme vous l'auriez fait avec moi; ce n'est point alors le cas d'exciper de la subrogation introduite en faveur des cohéritiers par les lois dont nous avons parlé, parce que, dans l'espèce dont il s'agit, nous sommes simplement copropriétaires sans être cohéritiers. »

42. Mais qu'arriverait-il si un des quatre cédants

se faisait rétrocéder la part qu'il avait d'abord aliénée conjointement avec les trois cohéritiers, et demandait ensuite à être subrogé aux droits des cessionnaires ; le retrait, dans ce cas, devrait-il être
admis ?

Nous avons dit, au n° 15, que le cohéritier qui
avait cédé ses droits à un tiers ne pouvait pas demander le retrait de sa part aliénée ; mais qu'il pouvait demander la subrogation aux droits cédés par
ses cohéritiers : nous pensons qu'il en devrait être
de même dans cette hypothèse ; qu'ainsi non-seulement le cohéritier cédant, sans même qu'il fût besoin
de rétrocession, pourrait exercer le retrait après les
cessions faites.

Toutefois nous ferons remarquer ici que le cohéritier ne pourrait pas revenir contre sa propre cession, mais seulement contre celles de ses cohéritiers;
ainsi, si la cession avait été faite solidairement
et par un même acte, le cohéritier ne pourrait pas
attaquer son propre contrat, lequel serait indivisible;
mais s'il n'y avait pas de solidarité ou que la cession
fût distincte et séparée, le cohéritier pourrait se faire
subroger aux cessions de ses cohéritiers.

43. Le retrait successoral peut être exercé ou par
tous les cohéritiers à la fois, ou par plusieurs d'entre
eux, ou enfin par un seul.

S'il est exercé par tous les cohéritiers à la fois,
chacun d'eux en profite en raison de la part qu'il
prend dans la succession. Ainsi supposons que celui
de la succession duquel il s'agit ait laissé trois

enfants légitimes et un enfant naturel reconnu. Dans
ce cas l'enfant naturel prendra dans la portion retrayée
le tiers de la part qu'il aurait eue s'il eût été légitime, et les autres enfants se partageront par tiers ce
qui restera, la part de l'enfant naturel prélevée ;
chacun d'eux sera tenu aussi du remboursement
du prix de la cession, eu égard à la quotité de ses
droits dans la succession.

Si parmi les héritiers il y avait un préciputaire,
que faudrait-il décider? Si, par exemple, un père
avait laissé quatre enfants pour ses héritiers et que
par testament il eût donné par préciput et hors part
le quart de ses biens à l'un d'eux ; ce préciputaire
prendrait-il aussi dans la portion subrogée un quart
en sus de sa part cohéréditaire ?

Cela ne nous paraît pas douteux; mais aussi il
devrait, dans le remboursement à faire au cessionnaire, qu'il payât dans la même proportion ; cela se
conçoit sans peine : dès que tous les héritiers se réu-
nissent pour exercer le retrait, chacun doit y concourir à proportion de ce qu'il prend dans la succession ; ainsi le préciputaire du quart paierait pour
son quart, puis pour sa portion.

44. Si l'action en subrogation est formée par plusieurs des cohéritiers, ceux-là seuls qui l'exercent en
profitent : la part de ceux qui ont gardé le silence
leur accroît ; de telle sorte que s'il y a quatre cohéritiers et que deux seulement aient demandé la subrogation, ces deux cohéritiers seulement se partageront la part retrayée.

45. Lorsqu'il n'y a qu'un seul héritier qui exerce le retrait, il en profite seul ; il n'est pas tenu de communiquer le bénéfice de la cession à ses cohéritiers. La cour de Grenoble a jugé, il est vrai, le contraire par un arrêt du 21 août 1812, mais cet arrêt nous paraît entièrement opposé aux principes sur la matière, et ne sera suivi, nous le pensons, d'aucun autre ; M. Villars, qui le cite dans sa *Jurisprudence de la cour de Grenoble*, n'en rapporte ni l'espèce ni les motifs ; il faut donc le regarder comme insignifiant. La raison qui nous fait penser ainsi c'est que s'il fallait obliger le cohéritier à communiquer aux autres cohéritiers le bénéfice de la subrogation, il faudrait aussi que ceux-ci en supportassent les pertes dans le cas auquel la part acquise serait d'une valeur inférieure au prix de la cession, ce qui est inadmissible.

46. De ce que nous venons de dire il ne faudrait cependant pas conclure que les cohéritiers qui ont gardé le silence dans le principe ne puissent plus tard demander que la subrogation leur soit commune, tant que le remboursement du prix de la cession n'est pas opéré ; ce serait là une erreur manifeste. Le cohéritier qui a exercé le retrait avant que les autres aient pris une détermination à ce sujet n'acquiert aucune préférence et n'a pas le droit d'exclure de l'exercice de cette action les autres cohéritiers ; ils peuvent, soit séparément, soit en se réunissant, intervenir dans l'instance s'il y en a une, ou, s'il n'y en a pas et si le remboursement n'a pas été

fait au cessionnaire, demander à leur cohéritier la participation au retrait ; dès que la loi accorde le droit de demander la subrogation à *tous* les cohéritiers, chacun d'eux peut l'exercer, et ce n'est pas le plus ou moins de diligence de l'un des héritiers qui peut exclure les autres de la faculté que la loi leur accorde. Voy., au reste, Chabot de l'Allier, sur l'article 841, et Toullier, tom. 4, pag. 435.

M. Duranton, il est vrai, paraît opposé à cette opinion ; mais les raisons qu'il donne nous paraissent peu concluantes.

« M. Chabot, dit-il, était bien de cet avis pour le cas où le retrait a été consommé par le remboursement de la cession ; mais tant qu'il n'y a eu que sommation faite au cessionnaire de subroger celui qui a fait cette sommation, les autres héritiers, selon cet auteur, peuvent, en notifiant au subrogé leur intention de participer à la subrogation, obtenir en effet qu'elle leur soit commune. Cette opinion nous paraît douteuse en ce que le but de la loi n'est pas, en accordant même à un *seul* des copartageants la faculté d'exclure l'étranger, de procurer un bénéfice à celui ou à ceux qui exercent cette faculté, mais bien d'ôter à l'étranger le moyen de venir jeter des difficultés dans le partage et pénétrer les secrets de la famille : or, ce but est parfaitement atteint, quoique la subrogation n'ait lieu qu'au profit d'un seul, qu'au profit de celui qui le premier a témoigné la vouloir. Que si l'on disait que cette subrogation ne doit pas être le prix de la diligence, on répondrait que, pour être conséquent, il faudrait donner aussi aux autres héritiers le droit d'y participer, quoique le remboursement du prix de la cession eût été effectué, tant qu'il n'aurait pas renoncé à ce droit en faisant le partage ou autrement. Mais ce qu'il y a de vrai c'est que ce n'est point un prix ni un bénéfice quelconque aux yeux de la loi; raison qui répond suffisamment à l'objection que, de cette manière, le bénéfice de l'art. 841 appartiendrait au plus diligent à sommer le tiers cessionnaire de renoncer en sa faveur à la cession qui lui a été faite, et serait, pour ainsi dire, le prix de la course; car la loi n'a pas eu d'autre objet que d'écarter l'étranger et non celui de faciliter à l'un des héritiers, ni à tous collectivement, le moyen de faire un bénéfice. »

Nous sommes d'accord sur ce point avec M. Duranton, que la loi, en accordant le droit de demander la subrogation, n'a pas voulu procurer un bénéfice aux cohéritiers; il est certain qu'elle n'a voulu que faciliter l'exclusion de l'étranger des secrets de la famille et l'empêcher d'y porter le trouble et la désunion. Mais en donnant ce droit aux cohéritiers, elle n'a pas entendu prononcer une exclusion pour ceux qui se seraient déterminés un peu tard à en user; elle a au contraire décidé par ses termes mêmes que *tous* pourraient l'exercer. Or, si *tous* peuvent l'exercer, ce serait violer ouvertement la loi que de ne l'accorder qu'à un seul, à celui qui aurait été le plus diligent.

« Mais, dit M. Duranton, alors il n'y a pas de raison pour refuser l'exercice du retrait, même après le remboursement opéré. » C'est une erreur, il y en a une, et une fort importante ; c'est que lorsque le remboursement est opéré, le contrat est parfait entre le retrayant et le cessionnaire, et personne ne peut plus y intervenir. Dès qu'il est reconnu que le cohéritier ne doit pas communiquer à ses cohéritiers les avantages de la subrogation, du moment qu'elle est opérée, l'action de ces cohéritiers cesse d'être recevable. A qui d'ailleurs s'adresserait le cohéritier ? au cessionnaire ? mais sa réponse serait toute prête ; il dirait : J'ai cédé la part que j'avais acquise, je n'ai plus rien dans les mains qui puisse être l'objet de votre demande en retrait. Serait-ce contre le retrayant que le cohéritier formerait sa réclamation ? Il ne serait pas plus recevable à le faire: La subrogation est consommée, répondrait-il, et je ne puis être contraint à vous en faire partager le bénéfice ; vous êtes venu trop tard. Avant que le remboursement soit fait, au contraire, l'action du cohéritier existe en son entier parce que la loi la lui assure, parce qu'elle appartient à tous les cohéritiers comme à un seul.

Enfin, n'y aurait-il pas quelque chose qui répugnerait à la saine raison de laisser au plus alerte des cohéritiers le droit exclusif de demander la subrogation? L'exercice du retrait deviendrait donc le prix de la course, la récompense de celui qui aurait le premier trouvé un huissier pour faire faire la sommation au cessionnaire de se démettre de son droit de propriété sur la part cédée? La loi n'a pu vouloir une pareille extravagance, car à coup sûr cea y ressemblerait fort. Nous pensons donc que l'opnion de

M. Duranton ne doit pas être admise ni en théorie ni dans la pratique.

47. Lorsque le cohéritier a formé sa demande en retrait contre le cessionnaire , la résolution de la cession peut-elle avoir lieu par le consentement des parties , de telle sorte que le cohéritier puisse rentrer dans la propriété de la part cédée au détriment de la demande en subrogation?

Cette question s'est présentée devant la cour de Paris, qui a jugé pour la négative. Nous ne partageons pas la doctrine de cet arrêt ; nous ferons connaître nos motifs après avoir donné connaissance de cette décision ; en voici le texte :

« 23 janvier 1822, décès du sieur Huet, laissant un testament, par lequel il institue le sieur Quenedey , son ancien ami , pour son légataire universel , à la condition de payer à la dame Huet, sa mère et sa seule héritière légitime , une pension de 6,000 fr., qui tiendrait lieu à cette dernière de sa réserve légale , qui était du quart des biens ; si elle consentait à y renoncer. — Il léguait d'ailleurs à sa mère la plus grande partie de son mobilier. 30 janvier 1822, acte par lequel la dame Huet transporte au sieur Levacher de la Feuterie tous les droits mobiliers et immobiliers à elle afférents dans la succession de son fils , moyennant 6,000 fr. de rente viagère , avec accroissement calculé sur le pied du dix pour cent, pour toutes les sommes recouvrées qui excèderaient 60,000 fr. — Quelques jours après, ce transport est signifié au sieur Quenedey, à la requête du sieur Levacher.

» Ultérieurement le sieur Quenedey notifie au sieur Levacher l'intention où il est d'exercer le retrait successoral autorisé par l'art. 841 du Cod. civ. — 12 mars, citation au sieur Levacher et à la dame Huet devant le tribunal civil, pour voir dire qu'en vertu de l'art. 841 le demandeur sera mis au lieu et place du sieur Levacher.

» 3 mai, la dame Huet cite le sieur Levacher devant le juge de paix, pour se concilier sur la demande qu'elle se propose de former contre lui à fin de résolution de l'acte de cession de ses droits héréditaires, pour défaut de paiement d'un terme échu. — 10 du même mois, les parties comparaissent en personne, ou par un fondé de pouvoir. — Ils conviennent d'autoriser le juge de paix à prononcer comme arbitre souverain. — Jugement du juge de paix, qui prononce la résolution de l'acte de cession. — Opposition à ce jugement de la part du sieur Quenedey. Il a cité de nouveau la dame Huet et le sieur Levacher devant le tribunal civil de la Seine pour voir déclarer que la cession faite par la dame Huet au profit du sieur Levacher sortira effet, et voir admettre sa demande à fin de retrait successoral, conformément à l'art. 841, Cod. civ. — La dame Huet a répondu que la résolution de la cession de ses droits héréditaires étant prononcée, il ne pouvait plus y avoir lieu au retrait successoral demandé par le sieur Quenedey.

» 10 janvier 1823, jugement du tribunal civil de la Seine ainsi conçu :

» Le tribunal, — attendu que la faculté accordée

par l'art. 844 du Cod. civ. au cohéritier contre le
cessionnaire étranger à la succession, doit être entendu dans un sens restrictif en ce qu'il déroge au
droit commun ; — attendu que nonobstant qu'il soit
qualifié de retrait successoral, son principe néanmoins diffère trop de celui de l'ancien retrait pour
comporter les mêmes règles d'application ; — attendu que l'ancien retrait, fondé sur une fiction de
droit de retour au domaine du fief ou de la famille,
était un moyen privilégié d'acquérir, ou plutôt de
rentrer dans son bien, de manière que le retrayant
se trouvait saisi au moment de la vente, et en quelque
sorte subrogé à l'acquéreur étranger, par le contrat
même d'aliénation ;

» Attendu que ce retrait étant aboli comme privilége exorbitant en son principe, les conséquences
ne peuvent convenir aux dispositions de l'art. 844
du Cod. civ. ;

» Attendu que le motif du législateur dans cet article est que, prévoyant l'inconvénient, souvent
bien grave pour un cohéritier, de recevoir malgré
lui un étranger en état d'indivision, il a trouvé juste
de lui donner un moyen de s'y soustraire et de l'écarter en le remboursant ; d'où il suit que ce n'est pas
la cession par elle-même qui donne ouverture à
l'exercice de cette faculté, puisqu'elle ne cause encore aucun préjudice ; mais que c'est seulement son
exécution forcée ; qu'ainsi, et jusqu'à ce moment,
le sieur Levacher de la Feuterie a pu se désister et
résoudre le contrat qu'il avait fait avec la veuve Huet;

» Attendu en fait, que le sieur Levacher n'a pas

pu diriger de poursuites judiciaires pour l'exécution
de son transport, et que même il eût pu s'en désister
avant son jugement, ainsi que les sieur et dame Quenedey l'auraient pu pour les offres qu'ils ont faites ;

» Déboute les sieur et dame Quenedey de la demande à fin de retrait successoral.

» Appel de la part du sieur Quenedey.

» Dans son intérêt on a dit :

» Si la doctrine consacrée par le jugement de
première instance était maintenue, il faudrait rayer
l'art. 841 du Cod. civ. A peine le retrait serait-il notifié, que le cessionnaire s'éclipserait ; le cédant re-
paraîtrait, lui prêterait son nom, lui pourrait même
donner une procuration générale; mais les idées les
plus simples attestent que la loi n'est pas à ce point
impuissante. Tout acte légitime donne un droit à
celui qui l'a fait. Par suite, tout héritier qui a déclaré son intention d'exercer le retrait et qui a fait
sommation au cessionnaire de faire connaître le prix
et d'en recevoir le remboursement, a par cela même,
le droit de faire statuer sur son action. Le cédant n'a
pas à se plaindre ; moyennant le prix de la cession,
il a consenti à n'être plus héritier; pourquoi ressai-
sirait-il des droits qu'il a voulu abandonner ? Le cessionnaire n'a pas à se plaindre non plus, on le rend
indemne et on le dégage de toutes ses obligations.

» Les choses ne sont plus entières; la notification
du transport confère un droit qu'un jugement seul
peut effacer. Tels étaient les principes en matière de
retrait lignager; et pourquoi ne les consulterait-on
pas pour le retrait successoral ? Dans cette matière,

aussitôt que le retrayant lignager avait manifesté l'intention de profiter du bénéfice de la loi munici- pale, l'état des choses était fixé, aucune transaction ne pouvait plus intervenir entre le vendeur et l'acqué- reur; rien ne pouvait atteindre, compromettre ou blesser le droit du retrayant. Or, dans le retrait suc- cessoral, les parties ne sont-elles pas identiquement dans la même situation? Pourquoi la loi qui proté- geait le retrait lignager serait-elle impuissante pour protéger le retrait successoral? Le législateur aurait- il donc voulu accorder, par l'art. 841, une faculté qu'il eût été si facile de rendre illusoire? Aussi le savant et judicieux Pothier nous enseigne, dans son *Traité des retraits*, n° 475, que l'action en retrait s'éteint lorsque, avant toute demande en retrait, l'héritage est rentré dans la famille; mais aussitôt que les parties ont été prévenues par un acte, toute rétrocession devient impossible. On peut consulter encore sur ce point l'ancien Denizart, v° *retrait*, n° 66.

» Au surplus, cette assimilation même n'est pas nécessaire. De l'action légalement intentée est résulté un droit, et l'art. 841, en accordant le privilége du retrait, a, par cela même, voulu tout ce qui peut rendre ce privilége utile : qui veut la fin, veut les moyens. Or, en fait, le retrait a été notifié le 25 fé- vrier, et la résolution prétendue n'est que du 10 mai suivant, etc.

» En vain les premiers juges ont dit que ce n'était pas la cession elle-même qui donnait ouverture à l'exercice du droit, puisqu'elle ne cause aux cohéritiers aucun préjudice , que c'est seulement *son exécution forcée*..... Mais ce qu'a fait le sieur Levacher , n'est-ce pas diriger des poursuites judiciaires ? Qu'importe d'ailleurs ? Est-ce que par le fait seul de la cession , le sieur Levacher n'a pas été mis au lieu et place de la dame Huet ? Est-ce qu'en notifiant son transport aux légataires universels , il ne leur a pas fait connaître qu'il était propriétaire par indivis avec eux de tous les objets de la succession ? Dès-lors s'est ouvert pour le sieur Quenedey le droit d'invoquer l'article 841 ; et dans la vérité., il n'existait pas d'autre moyen de faire cesser l'indivision. L'action en retrait que le cohéritier dirige contre l'étranger n'est que l'équivalent de l'action en partage qu'il pourrait diriger contre le cédant. C'est le seul moyen d'éloigner le spéculateur et de l'écarter du partage.

» Arrêt.

» La cour, — faisant droit sur l'appel interjeté par Quenedey de la sentence rendue par le tribunal de première instance de Paris , le 10 janvier dernier;

» Considérant que l'héritier qui fait cession de ses droits successifs sous l'empire de l'art. 841 du Cod. civ. , doit connaître que le copartageant est appelé par la loi à se substituer aux droits et obligations du cessionnaire ; que cette cession étant opérée et notifiée au copartageant , et celui-ci ayant déclaré vouloir exercer le droit établi par l'art. 841 , il a , dès-lors , un droit acquis que ne peut lui enlever une résolution de la cession qui paraîtrait le résultat d'un concert;

» A mis et met l'appellation et ce dont est appel

au néant ; émendant, décharge les appelants des condamnations contre eux prononcées ; au principal ordonne que la cession faite par la dame Huet au profit de Levacher de la Feuterie, par acte notarié du 31 janvier 1822, enregistré le 1ᵉʳ février suivant, sortira effet au profit de Quenedey, conformément à l'art. 841 du Code civil, à la charge par celui-ci de remplir les conditions de ladite cession et de rembourser les loyaux coûts, etc. » V. Sirey, tom. 23, 2ᵉ part., pag. 244.

La doctrine consacrée par cet arrêt, avons-nous dit, ne saurait être admise. En effet, dans quelle disposition législative la cour de Paris a-t-elle puisé le principe qui, selon elle, assure le droit au copartageant, lorsqu'il déclare vouloir exercer le retrait successoral, d'empêcher le cédant et le cessionnaire de révoquer leur contrat et de l'anéantir par le même consentement qui l'avait formé ? Les conventions prennent leur existence par l'assentiment des parties; elles peuvent être révoquées par leur consentement mutuel : c'est la disposition de l'art. 1134 du Code civil ; pour anéantir cette dernière partie de la loi, il faut nécessairement une volonté du législateur formellement exprimée, et il n'en existe pas. L'article 841, qui renferme tout le droit sur le retrait successoral, non-seulement ne dit rien de pareil, mais il ne fait pas même pressentir une pareille volonté de la part des auteurs de la loi. Dès-lors, les contractants restent sous l'empire du droit commun, qui autorise la révocation des conventions par le consentement de ceux qui les avaient stipulées.

Dirait-on avec le sieur Quenedey que par un concert frauduleux le cédant et le cessionnaire pourraient priver le cohéritier du bénéfice qu'il trouverait dans le retrait ? Mais ce serait là une objection tout-à-fait en-dehors de l'esprit de l'art. 841 : nous répétons ici ce que nous avons dit dans un des numéros précédents. Le législateur, en donnant au cohéritier le droit d'écarter le cessionnaire étranger qui voudrait s'immiscer dans les secrets de la famille, n'a pas entendu lui conférer un bénéfice ; il n'a pas voulu favoriser une spéculation en sa faveur, il n'a voulu que prévenir les discussions fâcheuses, les prétentions indiscrètes et souvent hostiles du cessionnaire qui n'aurait aucun droit à la succession et qui lui serait étranger ; il n'a pas voulu autre chose, il ne pouvait pas même vouloir autre chose. Or, que le but du législateur soit rempli par la rétrocession du cessionnaire au cohéritier cédant, ou par le résultat du retrait successoral, peu importe ; l'essentiel est que l'étranger ne pénètre pas dans les secrets de la famille en assistant à l'inventaire et au partage des biens et titres de la succession : d'ailleurs, le cohéritier qui a cédé sa part héréditaire et le cessionnaire restent toujours dans le droit de révoquer leur convention, puisqu'aucune disposition ne la leur a enlevée ; c'est là un point incontestable. Cette révocation, au reste, ne nuit à personne ; par la rétrocession, le cohéritier rentre dans tous ses droits, et voilà tout.

Ce qui vient encore corroborer notre opinion c'est le principe qui porte que la fraude et le dol ne se

présument pas et qu'ils doivent être prouvés; et alors
même que le concert serait prouvé, dès qu'il est
constant en principe que le législateur n'a voulu
concéder aucun bénéfice par le retrait successoral,
mais seulement empêcher un abus, il ne serait pas
même permis de prouver le dol et la fraude s'ils
étaient allégués.

Mais on dira peut-être encore, non pas avec les motifs de l'arrêt, mais toujours avec le sieur Quenedey,
que *tout acte légitime donne un droit à celui qui l'a
fait; que par suite, tout héritier qui a déclaré son intention d'exercer le retrait et qui a fait sommation au
cessionnaire de faire connaître le prix et d'en recevoir
le remboursement, a, par cela même, le droit de faire
statuer sur son action.*

Sans doute, toute demande formée doit être jugée,
à moins qu'il n'y ait désistement ou péremption ;
mais cela ne démontre pas que la décision à rendre
doive déclarer le droit acquis au cohéritier d'exercer
le retrait successoral ; dès qu'il n'y a plus de cession, plus d'étranger qui veuille s'ingérer dans les
affaires de la succession, l'action est sans but, sans
intérêt : elle doit être écartée par fin de non-recevoir.

Admettre l'opinion contraire ce serait dire que le
demandeur a encore le droit de faire statuer sur son
action alors que le défendeur a satisfait à la demande.
Il peut, sans contredit, poursuivre son action, la faire
juger ; mais obtenir une décision qui lui soit favorable, personne n'oserait le penser ni le soutenir.

Nous ne sommes cependant pas plus disposés à
admettre le motif des premiers juges tiré de ce qu'il

n'y avait pas encore eu *exécution forcée* de la part du cessionnaire; il y aurait eu exécution de la cession que cela n'aurait pas empêché le cédant de renoncer à cette exécution et de révoquer la cession, car, nous le répétons, aucune disposition ne s'y opposait.

Il faut donc, en résumé, tenir pour certain que la demande en retrait n'empêche point le cohéritier et celui auquel il a cédé ses droits de se replacer au même état où ils étaient avant la cession; que dans tous les cas et dans tous les temps la révocation du contrat peut avoir lieu, à moins que le remboursement n'ait été opéré.

48. La question s'est reproduite sous une autre forme devant la cour de cassation, et peut-être nous opposera-t-on de l'arrêt qui l'a jugée, parce qu'il a décidé, en thèse générale, qu'il y avait droit acquis au cohéritier dès qu'il avait formé sa demande, et que ce droit ne pouvait être compromis par les actes que le cédant et le cessionnaire pouvaient avoir faits par la suite.

Mais nous ne croyons pas que cette nouvelle décision puisse, par la manière dont elle est motivée, rien changer à la solution que nous venons de donner à ce point de droit; on va voir, par le résumé de l'espèce de cet arrêt et par ses motifs, que les mêmes raisons de décider existent toujours en faveur du système que nous avons embrassé.

La demoiselle Lafond avait institué pour ses héritiers les demoiselles Montagnier et Sagnol. Sa suc-

cession devait se diviser entre elles par égales parts ;
mais, le 6 novembre 1823, une cession fut faite aux
époux Brunon et Champavère par la demoiselle
Sagnol. Le 26 de ce même mois, la cohéritière de
cette dernière déclara, par acte extrajudiciaire, aux
cessionnaires, qu'elle entendait profiter du privilége
de la subrogation porté par l'art. 841 du Cod. civ. ;
en conséquence elle déclara qu'elle était prête à faire
le remboursement exigé par la loi. Les époux Brunon
et Champavère résistèrent, et bientôt une instance se
lia devant le tribunal civil de Saint-Etienne.

Le 8 juillet 1824, il fut rendu jugement, qui admit la demoiselle Montagnier à l'exercice du retrait
par elle demandé.

Appel de la part du cessionnaire.

Devant la cour, ils produisent une donation faite
en leur faveur par la demoiselle Sagnol d'un dixième
de la succession qu'elle s'était réservé dans l'acte
de cession. Armés de cette pièce, ils soutiennent que
ce n'est plus le cas du retrait successoral ; que ce
retrait n'a été autorisé qu'afin d'empêcher les étrangers de s'immiscer dans les secrets de successions
auxquelles ils n'étaient pas appelés ; que ce motif
n'existe plus dans l'espèce, puisque, comme *donataires*, les appelants seront nécessairement admis au
partage de la succession dont une portion leur avait
d'abord été cédée.

La cour de Lyon, par arrêt du 17 juin 1824, accueille cette exception et rejette la demande en retrait :

« Attendu que l'action en retrait successoral

admise par l'art. 841 , Cod. civ. , l'a été seulement contre les cessionnaires non successibles, auxquels un cohéritier aurait cédé ses droits à la succession, mais que cet article ne l'admet nullement contre les donataires ou successeurs à titre gratuit ; d'où il suit que les appelants, en leur qualité de *donataires* du dixième de la portion cohéréditaire échue à la demoiselle Sagnol dans la succession de la demoiselle Lafond, ont, sans difficulté, droit de se le faire relâcher et ne peuvent être écartés du partage qu'il suffit d'effectuer ; attendu que les appelants étant ainsi devenus, comme *donataires*, parties nécessaires dans icelui , il n'y aurait plus de raison pour qu'ils dussent en être écartés comme cessionnaires des neuf autres dixièmes de ladite portion cohéréditaire ; qu'en effet, et dès-lors qu'il y a aujourd'hui nécessité absolue de les admettre, quant au dixième dont ils sont donataires, à s'immiscer dans toutes les opérations auxquelles le partage de la succession dont il s'agit peut donner lieu, et à prendre connaissance de tous les secrets qui la concernent, l'exercice du retrait , quant aux neuf dixièmes dont ils furent d'abord cessionnaires, serait à présent sans but et sans objet : qu'ainsi la donation du 24 décembre 1824 leur fournit réellement une exception contre l'action en retrait qui leur a été intentée à l'égard des neuf dixièmes qu'avait compris l'acte de cession antécédent.

Pourvoi en cassation de la part de la demoiselle Montaignier pour violation de l'article 841 , Code civil.

ARRÊT. — « La cour... Vu l'art. 841, Cod. civ. ;

attendu que lorsqu'un cohéritier a usé de la faculté que lui donne cet article d'écarter du partage le cession- naire des droits de son cohéritier, en remboursant à ce cessionnaire le prix de la cession, il a, quoique son offre n'ait pas été acceptée, un droit acquis à la sub- rogation, si cette offre est jugée régulière et valable; que pour juger du mérite de l'offre, il faut se repor- ter au moment où elle a été faite, et que le droit qui en résulte pour le demandeur en subrogation ne peut pas être compromis par les actes que le cédant et le cessionnaire ont fait dans l'intervalle de l'offre au jugement déclaratif de l'effet de cette offre; attendu qu'après avoir reconnu, en fait, que la donation consentie aux défendeurs avait eu lieu non-seule- ment après l'acte d'offre, mais encore après le juge- ment qui déclarait l'offre valable, la cour de Lyon a néanmoins jugé, en droit, que cette donation fai- sait obstacle à la subrogation, et qu'en jugeant ainsi elle a violé l'art. 841; — casse, etc. » V. Sirey, tom. 29, 1re part., pag. 177.

On voit que dans l'espèce de cet arrêt il ne s'agis- sait pas de rétrocession, mais d'une donation faite au cessionnaire pour le rendre successible et lui don- ner le droit d'intervenir dans le partage, ce qui est bien différent, puisque l'acte qui intervient entre le cédant et le cessionnaire au lieu d'avoir pour résultat d'écarter l'étranger, en a un tout contraire. Toute- fois nous pensons que rien ne s'opposait à ce que la donation pût être faite, puisque la loi l'autorise et lui sert d'appui : il ne faut pas ajouter aux prohibitions, il faut les restreindre dans les termes mêmes qui les prononcent ; voilà le droit strict. L'art. 841 ne porte pas en effet que le cessionnaire qui plus tard devient donataire ou légataire à titre universel doive être écarté du partage. Mettrait-on encore en avant la raison tirée de ce que le cohéritier qui a formé sa demande en subrogation éprouve un préjudice par le rejet qui en est prononcé? mais nous répondons encore ici qu'il ne s'agit pas dans la concession du retrait au cohéritier de tort ou de bénéfice, mais seulement de prévenir un abus : un étranger veut s'immiscer dans les affaires et les secrets d'une famille, y porter le désordre par ses prétentions, il faut l'en empêcher, voilà quel a été le but du législateur : or, si cet étranger cesse de l'être en devenant héritier, donataire ou légataire, il n'y a plus de raison pour l'écarter du partage ; et à quelque époque que la donation ou le legs lui soit fait, il est toujours capable de recevoir, puisque la loi n'a prononcé aucune déchéance contre lui.

Mais, dit l'arrêt de la cour de cassation, il y a droit acquis au cohéritier qui a formé sa demande en retrait, et ce droit ne peut être compromis par des actes intervenus postérieurement entre le cédant et le cessionnaire : mais, nous le demandons encore une fois, où est la raison de ce droit acquis ? d'où procède-t-il? quelle est la disposition législative qui l'a créé? Ce droit acquis serait un droit exorbitant, puisqu'il sort de la loi commune, et alors il faut qu'il tire son existence d'une disposition formelle; eh bien! il n'y en a pas. S'il n'y en a pas, le cédant et le cessionnaire restent toujours dans la libre faculté de faire tous les actes qui ne leur sont pas interdits ; le cessionnaire peut donc devenir donataire, et l'héritier qui a cédé ses droits, les reprendre.

Pour ne laisser aucune objection sans réponse, dans cette discussion, nous allons rapporter un argument que la demoiselle Montagnier faisait devant la cour suprême, et qui pourrait peut-être toucher quelques personnes. « A l'instant, disait-on, où l'héritier manifeste l'intention d'user de son droit et remplit la condition à laquelle l'exercice de ce droit est subordonné, à l'instant où il déclare se subroger au lieu et place du cessionnaire et lui offre le remboursement du prix de la cession, il se forme entre l'héritier et ce cessionnaire un véritable contrat, par lequel les droits successifs qui avaient été achetés par le cessionnaire sont transportés à l'héritier. Celui-ci consent au transport par sa déclaration et par son offre ; la volonté de la loi tient lieu du consentement du cessionnaire. »

La cour de cassation n'a point rappelé cet argument dans ses motifs, parce que sans doute elle en a senti le peu de fondement.

En effet, dire qu'il se forme un contrat entre le cessionnaire et l'héritier dès que celui-ci manifeste l'intention de demander la subrogation, c'est tomber dans une erreur pour en justifier une autre. Le contrat n'est formé, il ne reçoit son complément que lorsque le remboursement est effectué ; jusqu'alors il n'y a que projet de subrogation ; l'héritier peut retirer sa demande et révoquer ses offres ; le cessionnaire peut résister, ce qui est bien loin de consentir ;

il peut trouver les offres insuffisantes, il peut
contester au cohéritier sa qualité et son droit au
retrait.

Il y a plus, il est si vrai qu'il n'y a point encore
de contrat entre le cohéritier et le cessionnaire, que
les autres cohéritiers peuvent aussi former ensemble
ou séparément une demande en subrogation contre
le cessionnaire; si tout était consommé, qu'il y
eût véritablement *droit acquis*, comme on le prétend, les autres cohéritiers ne pourraient pas, de
leur côté, exercer le retrait ; on leur dirait : Vous
êtes non recevables dans votre action en subrogation.

Au reste, comme nous l'avons déjà dit, il y a
une grande différence entre l'espèce de cet arrêt et
la précédente. Dans la première, l'acte qui intervient entre le cédant et le cessionnaire a pour objet
de faire rentrer le cohéritier dans ses droits et d'éloigner l'étranger du partage; tandis que, dans celle-ci,
l'acte a pour résultat de faire entrer l'étranger dans
les affaires et les secrets de la famille, ce qui pourrait peut-être faire adopter plus facilement l'opinion
contraire à la nôtre.

Quoi qu'il en soit, nous n'en persistons pas moins
à penser qu'il n'y a droit acquis ni dans l'un ni
dans l'autre de ces cas.

49. Le cohéritier qui n'exerce le retrait successoral que pour revendre à d'autres étrangers les droits
cédés, peut-il être déclaré non recevable dans sa demande en subrogation ?

Cette question n'est pas sans difficulté. Supposons, par exemple , que sur une demande en subrogation formée par un cohéritier insolvable , on oppose que ce cohéritier sera dans l'impossibilité de réaliser le remboursement à faire au cessionnaire , et qu'en effet le cohéritier déclare qu'il n'exerce le retrait que pour revendre les droits retrayés et en retirer un bénéfice quelconque.

Faudra-t-il, dans ce cas, autoriser le cessionnaire à repousser la demande en retrait ?

On peut dire en faveur du cohéritier que l'on ne doit pas scruter par quels moyens il réalisera le remboursement ; que rien ne s'oppose à ce qu'il contracte un emprunt pour l'opérer ; que d'ailleurs le cessionnaire ne devant être dessaisi que lorsqu'il est remboursé, il doit être sans aucune espèce d'appréhension à cet égard ; que , d'un autre côté , aucune loi ne s'oppose à ce que le cohéritier revende les droits revendiqués ou qu'il en fasse tel usage que bon lui semble ; que la loi lui accorde l'exercice du retrait sans aucune restriction, qu'elle ne dit point que l'héritier qui voudra revendre à un étranger ne pourra pas demander la subrogation ; qu'en conséquence rien ne s'oppose à ce qu'il soit déclaré recevable dans son action.

On peut ajouter à ces raisons , qui ne sont pas sans force , un arrêt de la cour de Bastia , rapporté par Sirey , tom. 35, pag. 349, qui décide la question en faveur du cohéritier.

« Attendu , porte cet arrêt, qu'à supposer, ce qui n'est nullement prouvé, surtout par rapport au sieur

Limazola, l'un des propriétaires aisés de sa commune, payant une contribution de 53 fr. 72 cent., que les retrayants ne fussent pas en état de rembourscr avec leur propre argent le prix de la cession, et qu'ils n'exerceraient le retrait que dans l'intention de revendre à d'autres le bien *fondamento*, la loi ne leur défend pas d'emprunter de l'argent à cet effet, et ne leur impose point la condition de conserver les biens revendiqués, ce qui serait contraire à la liberté de la vente et à la circulation des biens qu'elle protége, et que, d'un autre côté, le motif de l'art. 841, celui d'écarter du partage les étrangers n'en existe pas moins, alors même que l'héritier qui exerce le retrait serait décidé à aliéner plus tard les biens devenus sa propriété exclusive. »

A tout cela on peut répondre qu'il ne faut pas perdre de vue le motif unique qui a fait porter l'article 841 : que ce n'est que dans l'objet d'éloigner l'étranger cessionnaire des secrets de la famille et nullement pour autre chose; que dès-lors qu'il est constant, et que le cohéritier avoue lui-même que, manquant de fonds pour payer, il n'exerce le retrait que pour faire passer immédiatement les objets retrayés dans les mains d'un autre étranger, le but de la loi ne pouvant être rempli par la subrogation demandée, ce cohéritier doit être déclaré non-recevable dans sa demande. Qu'on se figure, en effet, le retrayant se présentant avec un tiers, prêt à se mettre à son lieu et place dès que le retrait sera opéré, et rendre par cette revente le but de la loi impossible; dans une pareille hypothèse, pense-t-on qu'on pût admettre

le retrait ? Ce serait par trop méconnaître le but de
la loi.

Qu'importe que le cohéritier soit soutenu dans sa
demande par l'article 841, qui ne fait aucune distinction entre le retrayant solvable et celui qui ne
l'est pas? Dès qu'il devient certain, par l'aveu même
de l'héritier, qu'un étranger va immédiatement être
mis à sa place; qu'une cession nouvelle va être faite à
un nouvel étranger, il ne peut plus y avoir à balan-
cer dans le rejet de la demande en subrogation.

Ne perdons pas de vue cependant l'espèce où nous
plaçons la discussion ; c'est en présence de l'aveu
d'un cohéritier ou d'une preuve aussi convaincante ,
établissant l'intention formelle du cohéritier de n'exercer le retrait que pour revendre ; car si cette revente
n'était pas certaine , que ce ne fût qu'une conjecture
ou une allégation du cessionnaire, il faudrait rentrer
dans le droit commun , qui permet à tout étranger ,
quel qu'il soit, capable de rembourser le cessionnaire ou non, de demander le retrait.

50. Le cohéritier qui demande la subrogation doit
faire offre du prix de la cession et des accessoires
déboursés par le cessionnaire ; si celui-ci reconnaît
au cohéritier le droit et la qualité pour l'exercice du
retrait et qu'il n'y ait aucune contestation entr'eux ,
les offres faites doivent être réalisées immédiatement ;
s'il y a contestation , elles doivent l'être lors de la
signification du jugement ou de l'arrêt à intervenir.
Il suit de là qu'il n'est pas exigé que des offres réelles
précèdent ou accompagnent la sommation faite au

cessionnaire, de se désister des drois cédés. La raison
en est que le cohéritier qui exerce le retrait peut
ignorer en quoi consiste ce prix, et les accessoires
qu'il est tenu de rembourser ; telle est l'opinion de
M. Duranton, tom. 7, pag. 288. Cet auteur dit que
la cour de cassation a jugé en ce sens par un arrêt
du 8 frimaire an 12 ; nous n'avons pas trouvé cet
arrêt dans les divers recueils de jurisprudence, mais
il en existe un du 11 mars 1807, rendu par la cour
de Colmar, qui a positivement décidé qu'il suffisait
que les offres fussent réalisées lors de la signification
de l'arrêt :

« Attendu qu'en cause d'appel l'objet de la contestation a changé de face, en ce que les appelants
invoquent le bénéfice de la disposition de l'art. 841
du Code Napoléon ;

» Attendu qu'ils ont offert, en conséquence, par
leur acte d'appel du 27 frimaire an 13, de contri-
buer, chacun pour sa part, à la délivrance du quart,
autant que cette part n'excèderait pas le prix de la
cession montant à 400 fr. déboursés par Parfait
Maire, cédant de l'intimé ;

» Attendu que ces offres paraissent suffisantes et
conformes au vœu de la loi ; qu'il y a lieu de les
déclarer telles, à la charge, vu qu'elles n'ont été
jusqu'à présent que labiales, de *les réaliser lors de la
signification de cet arrêt*, etc... »

C'est aussi de cette manière que la cour de Bourges
a jugé, dans la cause du sieur Remou contre Berat.
Voy. pour ces deux arrêts, Sirey, tom. 7, deuxième
part., pag. 284 ; et tom. 34, deuxième part., pag. 652.

51. L'héritier qui exerce le retrait successoral profite de tous les avantages éventuels qui se sont réalisés dans le temps qui a couru depuis la cession jusqu'à la subrogation. Ainsi supposons que des immeubles de la succession situés au bord d'une rivière aient eu des accroissements par alluvions, ou bien que ces immeubles aient, par un évènement quelconque augmenté de valeur; comme si un sol nu, autrefois enclavé, était devenu, par l'ouverture d'une rue, propre à recevoir des constructions; dans ces divers cas, ce n'est pas le cessionnaire qui profite de ces accroissements de valeur, mais bien le cohéritier retrayant. Ce cohéritier est censé, par l'effet du retrait, prendre la place de l'acquéreur et avoir traité avec le cédant. Toullier, Duranton, Chabot de l'Allier, professent tous cette doctrine.

52. Que faudrait-il décider si le prix de la cession avait d'abord été stipulé en une somme fixe et déterminée, qui, par le même acte, aurait été convertie en une rente viagère; dans ce cas le retrayant serait-il obligé de rembourser au cessionnaire le capital de la rente, ou bien ne serait-il tenu que de payer les annuités échues et de servir la rente à l'avenir?

Cette question s'est présentée dans la cause des cohéritiers Wargemont contre le sieur Roussel, dont nous avons déjà cité une partie de l'arrêt au n° 10. Dans l'espèce de cet arrêt, la dame Savourey, veuve Lefournier-Wargemont, instituée donataire universelle par son mari, avait vendu les droits de ce dernier dans la succession de François-Louis-Gabriel

Lefournier-Wargemont , son père , moyennant la somme de 71,506 fr. , pour lesquels et en leur place l'acquéreur s'était soumis de payer à ladite dame 7,901 francs de rente viagère ; plus 197,580 francs en capital, qui devaient être payés par le cession-naire aux créanciers ou ayant-droit de la succession. Deux mois après cette vente la dame Savourey , veuve de Wargemont, décéda. Bientôt les cohéritiers de Wargemont demandèrent contre le cessionnaire la subrogation aux droits du cédant ; cette demande donna lieu à une foule de questions graves et entr'au-tres à celle de savoir si les retrayants devaient rem-bourser le capital de 71,506 fr. , ou bien seulement les arrérages dus par le cessionnaire et profiter ainsi de tous les avantages résultant de l'extinction de la rente viagère.

La cour d'Amiens , devant laquelle cette question fut agitée , se prononça en faveur des cohéritiers Wargemont.

« Attendu , porte l'arrêt , que l'effet de l'action en subrogation est de mettre le subrogé dans tous les droits de l'acquéreur qu'il remplace, de lui faire supporter les pertes , de le faire jouir des profits dont cet acquéreur aurait profité ou dont il aurait été tenu ; que le temps où l'action a été intentée est indifférent pour déterminer les droits du subrogé ; qu'il a droit, à compter du contrat auquel il est sub-rogé , à tous les évènements auxquels ce contrat a pu ou pourrait donner lieu ; qu'il résulte de là que le sieur Roussel ne peut exciper de ce que le décès de la veuve Wargemont a précédé de deux mois l'action

en subrogation , pour appliquer à son profit le capital
de la rente viagère éteinte par le décès de cette veuve ;
—la cour , etc. »

Il y eut recours en cassation par Roussel ; M. Merlin
porta la parole dans la cause , il discuta les nombreuses questions que présentait cette affaire importante avec une profondeur de logique et une richesse
d'autorités peu communes. Nous ne saurions mieux
faire, en adoptant son opinion, que de rapporter ici les
conclusions de ce savant jurisconsulte, du moins quant
à la partie qui a trait à cette question importante :

« Reste la septième question , qui décide que la
dame de Perrau doit rembourser au sieur Roussel ,
non le capital de la rente viagère que celui-ci avait
constituée par son contrat à la dame Savourey, mais
seulement les arrérages qu'il a réellement payés de
cette rente , avant que la mort de la dame Savourey
l'eût éteinte.

» Le sieur Roussel prétend que par cette manière
de juger , la cour d'appel d'Amiens a violé les dispositions de l'art. 844 du Cod. civ. , qui n'admet le
cohéritier à retraire sur l'acquéreur étranger , qu'à
la charge de lui rembourser le prix de la cession.
Quel est en effet, dit-il , dans mon contrat , le prix
de la cession que m'a faite la dame Savourey ? Ce
prix se compose de deux sommes distinctes : de
200,000 fr. que je m'oblige de payer aux créanciers
de la succession du sieur Wargemont , fils aîné , et
de 72,400 fr. pour lesquels je constitue à la dame
Savourey une rente viagère de 8,000 livres tournois.
De ces deux sommes la première ne m'est pas due ,

parce que je ne l'ai pas encore payée. Mais le remboursement de la seconde ne peut pas m'être contesté, car je suis censé l'avoir payée moi-même à la dame Savourey, et la dame Savourey est censée me l'avoir rendue pour prix de la rente viagère que je lui ai constituée.

» Mais d'abord observons bien qu'il y a, quant au remboursement du *prix de la cession*, une parfaite analogie entre l'action que l'art. 841 du Cod. civ. accorde aux cohéritiers contre l'étranger acquéreur d'une quotité de droits successifs, et l'action en retrait que nos coutumes accordaient ci-devant, soit aux parents de la ligne du propre, soit aux seigneurs immédiats des fiefs et des censives vendus. Nos coutumes imposaient, tant au retrayant par droit de ligne, qu'au retrayant par droit féodal, l'obligation de rembourser à l'acquéreur le prix de son acquisition ; et s'il existe à cet égard quelque différence entre l'art. 841 du Cod. civ. et les coutumes, c'est que celles-ci entouraient cette obligation de formalités extrêmement minutieuses, et dont la moindre emportait déchéance en cas d'omission, au lieu que l'art. 841 du Cod. civ. ne prescrit rien de semblable. Or, cette obligation, comment, dans l'ancienne jurisprudence, le retrayant devait-il la remplir lorsque le prix de la vente consistait dans une rente viagère ? Était-il tenu de rendre à l'acquéreur le capital de cette rente ? Non, et nous en trouverons la preuve dans deux arrêts du parlement de Paris. Le premier, du 5 mars 1657, est rapporté par Soeffe, tom. 2, cent. 1, chap. 69. Le sieur Lemaitre avait vendu aux religieux de Ste-Geneviève, moyennant une somme de 1,000 livres payée comptant et une rente viagère de 450 livres, deux moitiés de maisons qui lui tenaient nature de propre. Quelques jours après la passation du contrat, un parent du vendeur fit assigner les religieux en retrait lignager, avec offre de leur rembourser la somme de 1,000 livres et de se charger de la rente viagère. Les religieux soutinrent que l'acte n'était point une vente, quoiqu'il en portât le nom, mais une donation entre-vifs, et qu'en conséquence il n'y avait pas lieu au retrait. Le Châtelet le jugea effectivement ainsi. Mais sur l'appel, conformément aux conclusions de M. l'avocat-général Talon, la sentence fut infirmée, et le retrait adjugé à l'appelant en satisfaisant par lui aux clauses et conditions du contrat.

» Le second arrêt nous est retracé en ces termes par Rousseaud de la Combe, aux mots *Retrait-vente à la charge de pension viagère :* « Par arrêt du 27 » mars 1727, au rapport de M. l'abbé Pucelles, » jugé que le retrayant ne doit rembourser à l'acqué- » reur que les arrérages de la pension viagère qu'il » a payés jusqu'au décès du vendeur. Les sieur et » dame de Poutrincourt (demandeurs au retrait) » offraient au chevalier Lardais (défendeur) les » arrérages de la pension viagère; mais par cet arrêt » les offres furent déclarées valables. »

» Le journal des audiences du parlement de Bretagne, tom. 1er, chap. 1er, nous offre un arrêt de cette cour, du 29 mai 1732, qui juge pareillement : « Qu'en vente faite à la charge d'une rente viagère,

» le retrait a lieu , quoique le vendeur refuse d'ac-
» cepter l'obligation du retrayant dans la place de
» l'acquéreur ; que sur ce refus du vendeur , le
» retrayant est obligé de donner caution pour sûreté
» de la rente viagère , et que ce cautionnement suffit
» pour décharger l'acquéreur de l'obligation portée
» par le contrat de vente. » M. l'avocat-général de la
Chalotais , qui portait la parole dans cette affaire ,
observa même que la question avait déjà été ainsi
jugée par un arrêt du parlement , entre le sénéchal
de Saint-Brieux et le sieur Bonecuelle.

» Inutile d'objecter que , dans ces différentes
espèces , la vente était faite à la charge d'une rente
viagère sans capital déterminé ; au lieu qu'ici , la
vente a eu lieu moyennant un capital de 72,000 fr. ;
qu'à la vérité , par une novation écrite dans ce
contrat même , l'obligation d'acquitter ce capital a
été remplacée par celle de payer une rente viagère à
la venderesse , mais que cette novation n'a été stipulée qu'au profit du sieur Roussel , et que le retrayant
n'en peut tirer aucun avantage.

Quel a été le motif des quatre arrêts cités ? C'est ,
comme le dit Rousseaud de la Combe (art. *Retrait-
retrayant*, n° 3), d'après Tiraqueau et Dumoulin ,
que « le retrayant entre *in omne jus et incommodum*
» *emptoris , vice fungitur emptoris , in eum transfun-*
» *ditur et transfertur contractus ;* la personne de
» l'acquéreur n'est plus considérée. » Le retrayant ,
suivant un arrêt du 29 novembre 1605 , rapporté par
Leprêtre, *post retractum, quoad modos, conditiones et
onera contenta in contractu , et ipsum concernentia ,*

censetur emptor et subrogatur in locum emptoris ; et in omnibus et per omnia idem habetur ac si emisset a venditore. Or, ce motif s'applique tout aussi bien au cas où la rente viagère a un capital fixé par le contrat, qu'à celui où elle n'en a point : dans l'un comme dans l'autre, le retrayant prend la place de l'acquéreur, *in omnibus et per omnia*; dans l'un comme dans l'autre, le retrayant est censé avoir traité directement avec le vendeur; dans l'un comme dans l'autre, par conséquent, son sort doit être le même que s'il eût personnellement contracté envers le vendeur l'engagement de lui payer une rente viagère. Et que s'ensuivrait-il de la prétendue novation dont excipe le sieur Roussel ? Que s'ensuivrait-il de l'assertion consignée dans son mémoire, que cette novation n'a été stipulée qu'à son profit, et que lui seul doit en recueillir l'avantage ? Il faudrait en conclure que si la venderesse vivait encore, le sieur Roussel pourrait exiger de la dame de Persau le remboursement du capital de la rente viagère, en se chargeant d'en acquitter lui-même les arrérages au fur et à mesure qu'ils écherraient. Mais un pareil système serait-il soutenable ? La venderesse conserverait nécessairement sur les biens vendus le privilége que la loi attache à sa rente viagère, et qui garantirait la dame de Persau des poursuites de la venderesse, en cas que le sieur Roussel manquât à ses obligations envers celle-ci ?

» Après tout, s'il était vrai qu'une novation eût été stipulée dans le contrat, par rapport à la partie du prix qui se trouve constituée en rente viagère, il le serait aussi et il le serait nécessairement, que par l'effet du retrait successoral, cette novation, qui aurait été une condition de la vente, devrait être censée stipulée par la dame de Persau elle-même; et par conséquent que le profit en appartiendrait à la dame de Persau, puisque c'est elle-même qui, aux yeux de la loi, est réputée avoir acquis de la dame Savourey : *in omnibus et per omnia idem habetur ac si emisset a venditore.*

» Il est au surplus très-indifférent que la dame de Persau n'ait intenté son action en retrait successoral qu'après la mort de la venderesse, et par suite qu'après l'extinction de la rente viagère. D'une part, il est certain que cette circonstance n'a pu former obstacle au retrait successoral; aussi n'est-ce pas sous ce rapport que le sieur Roussel critique l'arrêt de la cour d'appel d'Amiens. D'un autre côté, il faut toujours revenir à ce principe régulateur de toute la matière du retrait, que l'acquéreur évincé par un retrayant n'a droit qu'à une juste et parfaite indemnité de tout ce que lui a réellement coûté son acquisition. Ainsi, que l'éviction ait eu lieu avant, ou qu'elle n'ait eu lieu qu'après la mort du créancier de la rente viagère qui forme le prix de la vente, la condition de l'acquéreur doit toujours être la même; dans un cas comme dans l'autre, il lui est dû une juste et parfaite indemnité; mais aussi, dans un cas comme dans l'autre, il ne lui est rien dû au-delà. Et c'est ce qu'établit nettement Rousseaud de la Combe à l'endroit cité. Après avoir rappelé la maxime que, par l'effet du retrait, le retrayant est

censé avoir lui-même traité directement avec le vendeur, il ajoute, et ce qu'il y a de remarquable, il
ajoute comme chose jugée par l'arrêt du 27 mars 1727
auquel il renvoie : « Ainsi, si le vendeur qui a vendu à
» pension viagère meurt *avant ou après le retrait inten-*
» *té*, le retrayant n'est obligé de rembourser à l'ac-
» quéreur que les quartiers ou arrérages de la rente
» ou pension viagère échus au décès du vendeur. »

» Mais indépendamment de cette doctrine, et
outre que si on peut la combattre par des autorités
contraires, on ne peut du moins lui opposer aucune
disposition législative, il y a dans notre espèce une
circonstance particulière, qui seule suffirait pour
appeler la plus grande faveur sur la détermination
qu'a prise la cour d'Amiens : c'est que la dame de
Persau et son frère n'avaient pas attendu la mort de
la venderesse pour manifester leur intention d'exercer
le retrait successoral ; c'est qu'ils avaient, dès le 23
vendémiaire an 13, fait signifier au sieur Roussel un
acte par lequel, en le sommant de leur délivrer une
copie entière de son contrat, ils se plaignaient de ce
qu'il ne leur en avait donné qu'un extrait absolument
incomplet, et de ce que par là, il les *laissait dans*
l'impossibilité de prendre un parti sur la faculté que
leur donne l'art. 841 du Code civil, d'écarter ledit
Roussel du partage, en lui remboursant sa mise, s'il
était vrai que ledit contrat fût sérieux et susceptible
d'exécution, ce que les requérants sont bien éloignés
de reconnaître. »

La cour de cassation admit complètement le système développé par M. Merlin.

« Considérant, dit l'arrêt, que le cohéritier qui exerce l'espèce de retrait autorisé par l'art. 841 du Cod. civ. est censé avoir traité directement avec le vendeur, et doit être par conséquent mis à son égard dans l'état où avait été mis l'acquéreur au moment de son acquisition..........; — la cour rejette. »

CHAPITRE III·

53. L'intérêt des familles, le besoin d'y maintenir
l'ordre et la bonne harmonie, la nécessité enfin de
ne point laisser divulguer au-dehors les secrets qui
peuvent exister dans leur sein, ont fait décider que
toute personne, *même parente du défunt*, qui ne serait point son successible, pourrait être écartée du
partage. Cette disposition, en même temps qu'elle
peut paraître rigoureuse, offre une grande sécurité
aux cohéritiers appelés à une succession.

Par ces mots, *toute personne qui ne serait pas successible du défunt*, de l'art. 841, il faut entendre
toutes celles qui ne sont pas appelées à la succession,
ou par la volonté de l'homme, ou par celle de la loi;
parentes ou non parentes du défunt, l'article les
classe toutes dans l'exclusion ; voilà la règle, il ne
faut pas s'en écarter.

Toutefois il peut se présenter quelque difficulté
dans son application : supposons, par exemple, que
le défunt laisse tout à la fois des héritiers légitimes

et des légataires à titre universel; supposons encore que les héritiers légitimes soient exclus de la succession parce que le défunt aura donné tous ses biens par testament; dans ce cas, si un des légataires vend sa part à un des héritiers légitimes, cet héritier pourra-t-il être contraint de subir le retrait exercé par les autres légataires?

Remarquons que l'héritier désigné par la loi, faisant partie de la famille, a nécessairement intérêt à en dissimuler les choses secrètes; le motif de la disposition de l'art. 841 lui semble donc tout-à-fait inapplicable, puisque, appelé à succéder, s'il n'y eût pas eu de testament, il ne saurait être considéré comme un étranger. Toutefois ce n'est pas ainsi qu'il faut entendre ce mot *successible*. Le *successible* est celui qui non-seulement est appelé à la succession par une disposition législative ou par la volonté de l'homme, mais encore celui qui y prend *une quote-part*. Or, l'héritier légitime n'est *successible* qu'autant que le défunt n'a pas disposé de la totalité de ses biens, car, s'il a tout donné, l'héritier ne prenant rien dans la succession, est comme s'il y était étranger, quoiqu'il fasse partie de la famille.

Si donc un héritier légitime devient cessionnaire d'un légataire, il sera ou ne sera pas écarté du partage selon que de son chef il sera appelé, ou non, à recueillir une partie de la succession du défunt.

M. Toullier est d'une opinion contraire; il pense que le légataire ne peut pas écarter du partage l'héritier légitime, bien qu'il ne soit pas appelé à recueillir une quote-part de la succession.

« Mais, dit-il, si la vente était faite par un légataire à un parent *qui eût succédé ab intestat au défunt,*
s'il n'y avait pas eu de légataires universels, et non
pas un étranger, ce parent ne pourrait être écarté
par l'autre légataire universel, parce que l'art. 841
ne s'applique point au successible qui s'est rendu
cessionnaire des droit d'un autre. »

Cette opinion est évidemment une erreur. Le successible n'est autre que celui qui succède, qui est
appelé à prendre part à la succession; le successible
est toujours héritier, mais l'héritier peut n'être pas
successible. Lorsqu'il y a des légataires à titre universel qui absorbent toute la succession, l'héritier
ab intestat perd sa qualité de successible, il reste
parent du défunt, et voilà tout; ou bien, si l'on
veut, il est héritier et parent, mais il ne succède
pas, il n'est pas successible.

On voit combien il est essentiel de bien comprendre cette qualification pour distinguer les cas
où, l'héritier ab intestat, devenant cessionnaire d'un
légataire ou d'un donataire, pourrait être écarté du
partage.

54. Il suit de ce que nous venons de dire que le cessionnaire, cohéritier, donataire ou légataire à titre
universel, ne peut être écarté du partage. Le
retrait successoral ne peut être exercé contre lui,
puisqu'il a, indépendamment de la qualité de cessionnaire, le droit de se présenter au partage de son
chef pour y prendre une part de la succession. Mais
ne perdons pas de vue que le légataire ou le dona-

taire d'une quote-part de la succession jouit seul de
ce privilége. Le légataire ou donataire à titre particulier ne pourrait l'invoquer.

Posons un exemple pour bien faire comprendre
cette décision :

Une succession s'ouvre par le décès d'un individu;
ses biens se divisent entre un légataire de tout le
mobilier et trois héritiers légitimes qui prennent
chacun une part dans les immeubles. Par son testament, le défunt a légué à un étranger une pièce de
terre désignée dans l'acte par sa contenance, ses confins et sa situation. Les choses en cet état, le légataire de la pièce de terre acquiert les droits d'un des
héritiers légitimes; il se présente au partage et demande que son legs et la part de son cédant lui soient
expédiés. Le légataire de tout le mobilier, ou, si
l'on veut, l'un des héritiers quant aux immeubles,
demande contre le légataire de la terre la subrogation en vertu de l'art. 841 ; celui-ci résiste et répond :
« Vous êtes non recevable à exercer le retrait successoral contre moi, attendu que, appelé par mon
legs à la succession, j'ai le droit de prendre part au
partage. » Mais on lui répond : « Vous n'êtes que
légataire à titre particulier, vous ne prenez pas une
quote-part des biens du défunt, vous n'êtes pas son
successible. »

On peut dire, à la vérité, que la loi ne distingue
point entre la personne qui succède au défunt à titre
universel ou à titre particulier ; que dès le moment
que le testateur a appelé une personne à sa succession par un legs quelconque, on ne voit pas pourquoi

il en serait exclus par la demande en subrogation.
« Je suis successible, peut dire le cessionnaire,
quant à l'objet que m'a légué le défunt, je lui succède quant à ce. » Mais ce serait là évidemment
une erreur. Succéder, être successible, c'est être appelé à la succession de quelqu'un; c'est représenter
le défunt dans la proportion de ce qu'on prend dans
son hérédité, et surtout être tenu d'une partie de ses
dettes; on ne succède, on n'est successible qu'à cette
condition. Or, peut-on considérer comme soumis à
cette charge le légataire à titre particulier, qui en est
expressément dispensé? «Le légataire à titre universel,
dit l'art. 871, Cod. civ., contribue avec les héritiers
au prorata de son émolument; *mais le légataire particulier n'est pas tenu des dettes et charges.*

Ainsi retenons que pour jouir du bénéfice de la
cession faite par un cohéritier, il faut être successible,
c'est-à-dire prendre part à l'universalité des droits du
défunt, soit à titre d'héritier légitime, soit à titre de
légataire universel ou à titre universel. Le légataire
à titre particulier est considéré comme étranger à la
succession.

55. Toutefois il est des cas où il n'est pas facile
de décider si le legs est à titre universel ou à titre
particulier. Supposons par exemple que le cessionnaire soit légataire *de tout le mobilier qui se trouvera
dans la maison du défunt au jour de son décès;* y
aurait-il dans cette disposition, legs à titre universel
ou legs à titre particulier?

La cour de Turin a eu à juger ce point de droit

dans la cause des frères Belli; elle a décidé qu'il y avait legs à titre particulier :

« Considérant, porte cet arrêt, que la loi a clairement expliqué à l'art. 1010 quel est le legs à titre universel, savoir celui par lequel le testateur lègue une quote-part de ses biens disponibles, telle qu'une moitié, un tiers ou tous ses immeubles, ou tout son mobilier, ou une quotité fixe de tous ses immeubles, ou de tout son mobilier ;

» Que dans l'espèce , les termes dans lesquels est conçu le legs en question ne permettent point de le rattacher à aucun des legs mentionnés dans ledit article; mais ils portent uniquement un legs d'une quantité isolée de meubles existant dans la maison, ce qui n'est ni un legs d'une quote-part des biens du défunt, ni d'une quotité fixe du mobilier, puisqu'une grande partie du mobilier du défunt, et particulièrement les créances et actions n'y sont point comprises, et la désignation en est faite par l'indication du lieu où les meubles légués se trouvaient, et non par une indication en masse et par quotité , relative à leur totalité; qu'en conséquence la disposition des articles du Code, en la partie qui regarde les legs à titre universel, n'est point applicable à l'espèce , et les Mocaffi ne sont point tenus au paiement des dettes au prorata du legs en question ; — la cour , etc. »

Ainsi, d'après ces motifs, il faudrait décider que le cessionnaire qui ne serait légataire que dans les termes rappelés par cet arrêt ne pourrait pas se prévaloir du bénéfice de la cession , qu'il ne serait

pas successible et qu'il pourrait être écarté du partage par la demande en subrogation.

Nous pensons cependant que l'on pourrait faire
contre cette décision quelques objections qui ne
seraient pas sans force.

Ne pourrait-on pas dire, par exemple, que le legs
de tout le mobilier qui existe dans la maison du
défunt est un legs *de quotité fixe de tout son mobilier?*
qu'il ne s'agit point d'examiner si dans le fait il y a
ou s'il n'y a pas de créance, ou de toute autre espèce
de meubles ; que c'est la disposition seule qu'il faut
consulter, abstraction faite des résultats qu'elle peut
avoir, car s'il en était autrement il faudrait dire que
si dans la maison du défunt on avait trouvé des
effets mobiliers de toute nature, le legs devait être
considéré comme fait à titre universel ? Or, en ne
considérant que la clause elle-même, il est bien
difficile de n'y pas voir un legs de quotité fixe, car
tout le mobilier qui se trouve dans une maison est
évidemment ou la moitié, ou un quart, ou un hui-
tième, ou toute autre quotité de ce mobilier.

Ne pourrait-on pas dire d'ailleurs, dans le cas où
la question se présenterait en matière de retrait successoral, que le cessionnaire, légataire en vertu d'une
pareille stipulation, aurait le droit de s'immiscer
dans les secrets et les papiers de la famille et qu'alors
ce serait une raison décisive pour les faire écarter du
partage ?

Quoi qu'il en soit, si la question se présentait de
nouveau, elle donnerait lieu, nous le pensons du
moins, à des doutes sérieux.

56. La loi permet d'écarter du partage le cessionnaire qui n'y est pas appelé de son chef ou qui n'y
est appelé qu'à titre particulier; voilà qui est incontestable : mais il est nécessaire de bien expliquer
maintenant ce qu'on entend par cessionnaire.

Le cessionnaire est celui qui acquiert la propriété
d'une créance, d'un droit ou d'une action, moyennant un certain prix, ainsi, en matière de retrait
successoral, le cessionnaire est celui qui achète les
droits successifs d'un cohéritier. Nous disons qui
achète ou qui acquiert moyennant un certain prix,
car celui auquel ces droits successifs auraient été
donnés ou cédés à titre gratuit ne serait point considéré comme cessionnaire et ne pourrait être écarté
du partage.

Il est facile de concevoir, en effet, que celui qui
a reçu par donation ou par testament la part d'un
cohéritier dans une succession ne puisse pas être soumis à la subrogation et écarté du partage, car il faut
que le cohéritier rembourse le prix de la cession au
cessionnaire et dans une libéralité, il n'y a pas de
prix. Il serait injuste d'ailleurs que le cohéritier, sous
le prétexte d'écarter un étranger du partage, pût
s'emparer des droits qui auraient été l'objet d'une
faveur personnelle au donataire, et rompre ainsi un
contrat auquel il serait entièrement étranger, sans
indemniser la partie lésée.

C'est, au reste, de cette manière que plusieurs
auteurs ont interprété l'art. 841. Voici comment s'en
explique M. Duranton, tom. 7, pag. 282 :

« Quand la cession a été faite à titre gratuit, de

bonne foi, sans simulation, comme il n'y a pas de prix à restituer, et que c'est cependant la condition exigée par la loi pour que le retrait puisse être exercé, le cessionnaire ne peut être écarté du partage ; sauf à tout héritier le droit de prouver la simulation, s'il prétend qu'en réalité la cession a été faite à titre onéreux. Les lois *per diversas* et *ab Anastasio* elles-mêmes faisaient exception pour les cessions à titre gratuit ; sans cela, la libéralité aurait profité à ceux que le cédant ne voulait point gratifier, ce qui eût été injuste. »

57. Que faudrait-il décider dans le cas suivant : un particulier fait une cession pure et simple des droits qu'il a à prétendre dans une succession ; moyennant un prix déterminé ; mais quelques jours après il fait un second acte par lequel, reconnaissant que le prix n'est pas en rapport avec les droits vendus, il déclare faire donation de la plus-value à son cessionnaire ?

M. Duport-Lavillette, l'un des plus habiles juris-consultes de son époque, nous apprend, dans ses *Questions de droit*, publiées par son fils (1), que cette question lui avait été soumise et qu'il s'était décidé contre le retrait.

Nous ne partageons pas cette opinion ; nous la réfuterons après avoir rapporté ce que dit M. Duport-Lavillette pour la motiver :

_____

(1) Grenoble, chez Prudhomme, libraire.

« Or , dans le cas présent , quoique le sieur Couston d'Argennes ait commencé par vendre , moyennant un prix déterminé, les droits successifs qui lui
étaient échus, cependant, comme cette vente a été
faite en faveur d'un parent qu'il affectionnait , et
comme le prix stipulé n'est point en proportion de
la valeur des droits cédés, il est évident qu'il entendait donner à titre gratuit, au consultant, toute la
plus-value de ses droits, et que c'était plutôt une libéralité gratuite , en majeure partie , qu'une cession
à titre onéreux qu'il avait voulu faire.

» Si son intention n'a pas d'abord clairement été
manifestée dans l'acte du 9 mai , elle l'a été bientôt
après dans l'acte du 23 du même mois , où l'on voit
qu'après avoir reconnu que les droits cédés valaient
beaucoup plus que le prix stipulé, M. Couston d'Argennes a positivement déclaré donner au consultant
tout ce qui excédait la valeur de ce prix à titre de
pure libéralité.

» Comme cette donation a eu lieu avant que les
héritiers maternels eussent songé à exercer l'action
en subrogation, et qu'ils eussent aucun droit acquis
sur la portion d'hérédité vendue , ils ne pourraient
pas être admis aujourd'hui à se faire subroger à une
libéralité gratuite, dont le donateur n'a entendu
gratifier que le consultant.

» Ils objecteront sans doute que, puisque l'action
en subrogation au profit des cohéritiers a été introduite, par suite de l'extension qu'on a donnée pour
ce cas aux lois *per diversas* et *ab Anastasio*, c'est
d'après la disposition de ces lois que la question doit

être jugée ; qu'il résulte bien de la loi *per diversas* que les cessions faites par donation ne pouvaient pas donner lieu au droit de subrogation accordé au débiteur contre un cessionnaire étranger, mais que la loi *ab Anastasio* a expliqué ensuite que cette exception ne devait être admise qu'autant que les droits cédés l'avaient été par une donation pure et simple qui portait sur la totalité des mêmes droits ; mais que si la cession était faite d'abord à prix d'argent , et qu'elle renfermât en même temps une donation de la plus-value de l'objet cédé , une pareille donation devait être réputée simulée et n'avoir eu pour objet que d'empêcher l'exercice de la subrogation que le débiteur avait droit de demander. Qu'ainsi , dans le cas présent, M. Couston d'Orgennes n'ayant d'abord vendu qu'à titre onéreux ses droits indivis dans la succession de son cousin, la donation qu'il a faite postérieurement de la plus-value des mêmes droits en faveur de son acquéreur ne peut être considérée que comme une donation simulée , faite dans l'objet d'éviter l'action en subrogation dont le droit était déjà ouvert en faveur des héritiers maternels, et que , par conséquent, d'après la loi *ab Anastasio* , cette donation partielle ne pouvait pas empêcher les autres cohéritiers de demander la subrogation.

» Pour repousser cette objection, on peut répondre avec succès que les lois *per diversas* et *ab Anastasio* dérogeant au droit commun , ne peuvent pas être étendues d'un cas à un autre , et que , dès qu'il n'y est nullement question de ventes de droits successifs , mais seulement de cessions d'actions litigieuses

faites contre un débiteur, la disposition de ces lois
ne pouvait pas être appliquée aussi rigoureusement
que s'il eût été question d'un simple transport de
droits litigieux, qui ne mérite point la même faveur,
et qui, dans tous les temps, a été regardé comme
un contrat déshonorant pour le cessionnaire dans
l'opinion publique; que d'ailleurs le droit romain
est entièrement abrogé par le Code civil pour toutes
les matières qui sont traitées dans ce Code; qu'on a
eu soin de distinguer dans le même Code et de soumettre à des règles différentes la cession de droits successifs, dont parle uniquement l'art. 841, d'avec la
cession de droits litigieux, dont il n'est question que
dans les art. 1699, 1700, 1701, et que, puisqu'il
est reconnu que la cession de droits successifs faite
à un étranger, avant partage, ne peut être transmise
aux autres cohéritiers qu'autant qu'elle a été faite à
titre onéreux, et non pas à titre gratuit, il doit suf-
fire qu'il résulte clairement des actes intervenus entre
le cédant et le cessionnaire que le cédant a réellement voulu donner à titre gratuit toute la partie des
droits cédés qui surpassait en valeur le prix de la
cession, pour que le donataire ne puisse plus être
privé de la propriété, qui ne lui a été transmise qu'en
considération des liens de parenté ou d'amitié qui
existaient entre le donateur et la personne du donataire, ou des services qu'il avait reçus de celui-ci;
qu'au reste, dans l'espèce consultée, les droits cédés
valant infiniment plus que le prix de la cession, l'acte
qui a transmis la plus-value au consultant, à titre
de donation, doit être envisagé comme contenant

une véritable donation de tous les droits cédés , sous des conditions telles qu'on est en usage de les stipuler dans les donations ordinaires , et comme laissant au donataire en pur bénéfice , à titre purement gratuit , la majeure partie de l'objet cédé. »

Nous ne partageons pas cette opinion , avons-nous dit ci-dessus , en voici les raisons :

1° M. Duport-Lavillette n'a pas , selon nous , détruit l'objection tirée de la loi *ab Anastasio* elle-même, qui porte que s'il y a donation de la plus value après une vente , cette donation est réputée simulée et faite uniquement dans l'objet de se soustraire à l'exercice du retrait successoral.

Vainement ce jurisconsulte dit-il que les lois *per diversas* et *ab Anastasio* n'ont été faites que pour les droits litigieux , et non pour le retrait successoral , et qu'elles ne peuvent pas être étendues d'un cas à un autre ; sans doute ces lois ne sont pas créatrices du droit de subrogation , mais c'est à l'instar du retrait des droits litigieux, c'est par analogie, que la jurisprudence , ayant sous les yeux le but moral de cette disposition législative, a créé le droit de retrait en faveur du cohéritier ; or , s'il en est ainsi , c'est dans ces lois qu'il faut chercher l'esprit des anciennes décisions sur cette matière et les motifs de la disposition de l'art. 841 du Cod. civ.

C'est aussi une erreur de dire que le droit romain ait été aboli par le Cod. civ. Cela n'est vrai que pour les lois qui lui sont contraires , mais non point pour celles qui n'ont fait que confirmer les décisions de

cette raison écrite, qui, depuis deux mille ans, règle
les intérêts de tous les peuples qui lui ont succédé.

2° Mais en laissant même de côté le point de vue
sous lequel M. Duport-Lavillette a examiné la question, qui ne nous paraît pas être celui sous lequel
elle doit être envisagée, nous croyons qu'il suffit
de dire que dès qu'il y a vente, vente certaine, quel
qu'en soit le prix, le retrait doit être exercé et le
cessionnaire obligé de consentir à la subrogation.

En effet, quel est le but que s'est proposé le législateur dans le retrait successoral ? D'éloigner le *cessionnaire* étranger des secrets de la famille; or, toutes
les fois qu'il y a *cession*, quelle qu'en soit la cause,
quel qu'en soit le prix, le cohéritier peut se présenter
et demander à jouir du bénéfice de la subrogation.
Peu importe qu'avec cette cession on lui montre une
donation de la plus-value; il n'a pas à s'en inquiéter,
cela ne le regarde pas, ou s'il est appelé à en discuter
le mérite ce ne peut être que pour en démontrer le
but, celui de se soustraire à la faculté qu'il a d'écarter le cessionnaire du partage ; cette donation est de
droit considérée comme simulée, c'est la loi elle-
même qui le prononce.

Mais, dira-t-on peut-être, s'il y a une grande
différence, une différence énorme entre le prix et la
valeur des droits cédés, il faudra bien croire la donation réelle, et si la donation est réelle, le donataire
ne devra-t-il pas être admis à résister au retrait puisqu'alors il serait plutôt donataire que cessionnaire ?

A cette objection on répondrait : Tant qu'une succession n'est pas liquide, que l'inventaire n'est pas

fait , que le partage n'est pas intervenu , qui peut dire que le prix de la cession soit moindre que les droits cédés ? Lorsqu'on achète des droits successifs c'est toujours avec l'espoir de faire des bénéfices , mais que de fois les cessionnaires ont été déçus , trompés dans leurs espérances ! Le cohéritier qui cède ne sait jamais d'une manière certaine ce qu'il vend , aussi la loi dit-elle que celui qui vend une hérédité sans en spécifier en détail les objets , n'est tenu de garantir que sa qualité d'héritier (Cod. civ. , art. 1696). L'incertitude d'une cession de droits successifs est ainsi en quelque sorte consacrée par la loi ; et alors le cessionnaire peut-il venir se présenter comme donataire plutôt que comme cessionnaire? et dire : Je suis à l'abri de toute action en subrogation.

Qu'est-ce d'ailleurs que cette distinction entre le cessionnaire donataire et le cessionnaire pur et simple ? Le cohéritier qui cède ses droits n'est-il pas toujours censé faire donation de la plus-value? N'est-ce pas une question tout-à-fait subordonnée aux chances de l'éventualité , que celle de la plus-value dont la donation est faite ? Or, qu'il y ait deux actes ou qu'il n'y en ait qu'un , n'est-ce pas la même chose ? N'est-ce pas toujours la cession et son prix qui doivent faire décider si le retrait doit ou ne doit pas être exercé ?

Le cohéritier cédant et le cessionnaire ne doivent-ils pas s'imputer la faute de n'avoir pas mis plus de régularité dans leur transfert ? Le cessionnaire , dans la prévoyance du retrait , ne devait-il pas se faire

faire une donation pure et simple ou faire stipuler un prix plus considérable dans la cession ?

Ainsi le point de départ, pour celui qui veut résoudre cette question dans l'esprit même de l'art. 841 et des anciens principes , c'est la cession , c'est le prix qui y est stipulé : il y a un prix, il doit y avoir lieu à écarter le cessionnaire par l'exercice du retrait successoral. Le cessionnaire ne pourrait pas même dire que le prix stipulé n'est pas le prix réel de la cession, qu'il y a lieu à l'augmenter ; que si lui, cessionnaire, avait stipulé un prix considérable, mais qu'il n'en eût réellement payé qu'une partie, le cohéritier serait admis à en offrir la preuve ; que dès-lors les chances doivent être les mêmes ; qu'il y a parité de raisons pour les deux hypothèses.

On répondrait avec succès à ce cessionnaire : C'est le prix payé qui doit être remboursé et rien au-delà.

Le législateur, en ordonnant le remboursement du prix de la cession, n'a voulu que désintéresser complètement le cessionnaire , quant aux sommes remboursées ; il n'a pas voulu que le cessionnaire pût trouver un bénéfice dans le paiement du prix : il a voulu le renvoyer indemne et voilà tout.

Ainsi , en résumé, qu'il y ait ou qu'il n'y ait pas donation de la plus-value , c'est la cession et le prix qui y a été stipulé qu'il faut considérer ; pour que la donation puisse être opposée , il faut qu'elle soit seule et faite sans cession préalable , car alors c'est la cession qui détermine le droit du retrait.

58. Que faudrait-il décider si le donataire était soumis par la donation à des charges considérables ? A payer des dettes autres que celles affectées aux droits donnés, à faire une pension au donateur, etc., etc? Ne faudrait-il pas alors considérer cette donation comme une cession déguisée, et contraindre le donataire à subir le retrait ?

Cette question n'est pas sans difficulté : d'une part, on peut dire que, dès que la donation n'est pas pure et simple, emportant avec elle un caractère de libéralité entièrement gratuit, il faut la considérer comme une cession, car les charges imposées au donataire forment le prix ; que la donation, dans ce cas, n'est qu'un contrat onéreux, un contrat synallagmatique auquel le donataire ne peut plus renoncer après qu'il l'a accepté ; que, d'ailleurs, s'il en était autrement rien ne serait plus facile que d'éluder la disposition de l'art. 841, et d'introduire dans la succession des étrangers, qui viendraient en pénétrer les secrets et apporter le trouble et le désordre dans les familles ; que ces raisons prendraient un caractère de gravité, de force et de puissance plus grand encore, si les charges imposées au donataire étaient exorbitantes ; il y aurait alors évidemment simulation ou tout au moins de grands indices de simulation, lesquels devraient faire décider la question en faveur du retrait successoral.

D'autre part, on peut répondre qu'il faut sans doute éviter la fraude et les détours de l'héritier et du cessionnaire qui, pour éviter le retrait, prendraient des voies détournées ; mais aussi, hors ces

cas, qu'il faudrait prouver, attendu que la fraude
ne se présume pas, il ne conviendrait pas de permettre le retrait sous le prétexte que la donation,
par ses charges, semblerait constituer une cession
véritable. Du reste, la plupart du temps il ne serait
pas possible au retrayant de remplir lui-même les
charges et les conditions onéreuses de la donation.
Ainsi, supposons, par exemple, qu'il fût stipulé dans
la donation que le donataire et le donateur vivraient
en commun ménage, et qu'ils travailleraient de
concert pour les besoins de tous, stipulation qui a
souvent lieu dans les contrats de mariage; supposons
encore que le donateur eût imposé au donataire la
charge d'aller en une contrée éloignée s'occuper de la
liquidation d'une succession qui lui serait échue, ou
bien encore que le donataire se fût engagé de faire
un tableau pour le donateur; certes, dans ces divers
cas, il ne serait guère possible à l'héritier retrayant
de désintéresser le donataire ou cessionnaire. Enfin,
dès que l'art. 841 n'a parlé que du remboursement
du prix *de la cession*, il faut dire que le donataire,
même à titre onéreux, ne peut être soumis à la
subrogation des droits donnés.

Nous ne nous dissimulons pas cependant qu'il
pourrait se présenter quelques cas, où le genre des
stipulations et des charges imposées au donataire
pourrait laisser de graves incertitudes dans l'esprit
des magistrats, mais néanmoins nous pensons que
ce ne serait qu'avec beaucoup de réserve qu'il faudrait
user de la transformation de la donation en cession,
par le motif de fraude et de simulation; il faudrait

qu'il y eût preuve, et preuve certaine, de l'intention
de se soustraire au retrait successoral.

59. Le cessionnaire à titre gratuit ne peut être
écarté du partage, nous l'avons démontré; mais qu'arriverait-il si le donataire ou le légataire des droits
d'un cohéritier, aliénait, avant le partage, ces mêmes
droits en faveur d'un étranger ?

Il faut distinguer si l'aliénation était à titre onéreux
ou à titre gratuit. Si c'était par donation ou par testament, nous pensons que le légataire ou le donataire
ne pourrait pas être contraint de subir le retrait,
quoique ce ne serait pas le cohéritier qui aurait
appelé ce second donataire à la succession; il faudrait
néanmoins décider qu'il aurait le droit d'opposer de
sa qualité et du privilége qui y est attaché: la raison
en est que, n'y ayant pas de prix, puisqu'il s'agirait
d'un legs ou d'une donation, il ne pourrait pas y
avoir de remboursement.

Mais si le donataire, au lieu de faire des droits du
cohéritier l'objet d'une libéralité, les cédait à titre
onéreux, en faisait en un mot une cession réelle,
moyennant un prix certain et déterminé, alors nous
pensons que le retrait pourrait être exercé contre
l'acquéreur, bien qu'il ne fût pas détenteur immédiat
des droits cédés. La raison est facile à donner. Ici il
y a une cession, un prix : peu importe que le cessionnaire fût acquéreur au premier ou au deuxième
degré ; dès qu'il est constaté que les droits ont passé
et sont dans ses mains à titre onéreux, rien ne s'oppose à ce qu'on lui applique la lettre et l'esprit de la

loi, qui ne veut pas que le cessionnaire étranger, qui n'est pas d'ailleurs appelé à la succession, puisse, contre le gré des cohéritiers, s'immiscer dans les secrets de la famille et de la succession.

Telle est, au reste, l'opinion de Merlin dans son *Répertoire de jurisprudence*. Voici en quels termes il s'explique sur ce point :

« Mais si le légataire cédait son droit à un étranger, celui-ci pourrait-il résister à une demande en subrogation ? Nous pensons qu'il ne le pourrait point, par la raison que les héritiers, qui sont obligés de tolérer celui que le testateur leur a associé, ne sont pas obligés de même de se mettre à découvert envers un autre étranger que le testateur n'a point eu en vue. Il en serait autrement si ce second étranger était devenu purement donataire du legs fait au premier : comme la valeur de cette donation ne pourrait se reconnaître que par l'examen des forces de la succession, on serait obligé de l'admettre à y participer pour la connaître dans toute son étendue. »

60. Doit-on considérer comme cessionnaire celui qui remet en échange un immeuble, ou tout autre objet, au lieu de payer en argent les droits du cohéritier ? Si le retrait est autorisé, comment doit s'opérer le remboursement ?

Ces deux questions doivent recevoir une solution entièrement favorable au retrait. Voici comment nous croyons pouvoir le démontrer : celui qui, au moyen d'un échange, acquiert les droits d'un cohéritier, ne peut pas soutenir qu'il n'est pas cessionnaire parce qu'il n'a pas payé son prix en argent ; il est évident que le prix c'est l'immeuble, ou la chose remise en échange ; s'il en était autrement, rien ne serait plus facile que d'éluder la disposition de l'art. 841.

Le cessionnaire peut opposer à la vérité de l'impossibilité de lui rembourser le prix de la cession , puisque le cohéritier retrayant ne l'a pas à sa disposition ; il peut conclure ensuite, de cette impossibilité, que le retrait ne peut pas être admis, puisqu'il ne peut pas être désintéressé. Mais on peut lui répondre que dans ce cas le cohéritier n'est tenu que de lui rembourser la valeur de l'immeuble, ou de la chose donnée en échange ; que c'est là remplir l'extrême de son obligation ; qu'il doit (le cessionnaire) s'imputer la faute d'avoir ainsi entravé l'exercice du retrait auquel il ne pouvait pas se soustraire, puisque la loi l'autorise ; que s'il avait voulu éviter le désagrément de ne pouvoir rentrer dans la propriété de son immeuble, ou de sa chose donnée en paiement, il pouvait le faire en payant en numéraire le prix de sa cession ; que le cohéritier investi du droit de demander la subrogation ne peut pas le voir s'anéantir par la volonté d'un tiers , qui a pu acheter de cette manière les droits de son cohéritier pour se créer un moyen de résister à l'exercice du retrait successoral ; qu'enfin il ne peut pas y avoir d'incertitude entre la nécessité d'exécuter la disposition de l'art. 844 du Cod. civ., et l'objection présentée par le cessionnaire résultant de la difficulté de remettre les choses en l'état ou elles étaient avant la cession. Il est évident que l'admission du retrait, dans ce cas, ne saurait souffrir de difficulté.

On peut au reste appuyer cette opinion, qui est aussi celle de M. Duranton, sur un arrêt rendu par la cour de cassation, le 19 octobre 1814, dont voici l'espèce:

« Les sieur et dame Georgou décèdent, laissant six enfants pour leurs héritiers. — Le 4 germinal an 9, alors que la succession était encore indivise, cinq d'entr'eux vendent leurs droits successifs à plusieurs parents de leur père, qui ne se trouvaient pas héritiers. — L'un des cinq reçoit, pour prix de sa cession, un immeuble à titre d'échange. — Quand il fut question d'exécuter le partage, celui des six enfants qui n'avait point aliéné ses droits, voulant conserver entre ses mains l'héritage entier de ses auteurs, demanda, selon que la loi le lui permettait alors, à être subrogé aux acquéreurs des droits successifs de ses cohéritiers.

» On lui opposa que l'immeuble qui avait été donné en échange à l'un de ses frères ne pouvant plus être restitué, puisque la propriété pouvait en être acquise irrévocablement à celui qui l'avait reçu, les choses ne pouvaient plus être rétablies dans leur premier état; qu'en conséquence il n'y avait pas lieu pour lui, dans ce cas, d'exercer le retrait successoral que la loi lui accordait.

» Subsidiairement, et dans le cas où le tribunal jugerait convenable d'accueillir la demande de l'héritier Georgou, on concluait à ce qu'il eût à ordonner en même temps, au profit du cessionaire, la restitution de l'immeuble échangé.

» Jugement qui rejette la fin de non-recevoir et
admet la subrogation demandée, à la charge par le
demandeur de rembourser aux acquéreurs le prix de
leur cession et celui de l'immeuble qu'ils avaient
donné en échange.

» Appel.—15 décembre 1812, arrêt confirmatif
de la cour de Limoges.—Attendu que la circonstance de ce que, par le contrat du 4 germinal an 9,
il a été donné des biens-fonds en échange des droits
successifs dont il contient la cession, ne peut être
d'aucune considération dans la cause, cette circonstance ne portant aucune atteinte aux principes de
la matière, dont l'application doit nécessairement
s'étendre à tous les cas dans lesquels un étranger
se trouve substitué, à titre universel, au cohéritier
d'une succession indivise, quels que soient les moyens
qu'il ait pu prendre pour obtenir cette substitution ;
que les lois *per diversas* et *ab Anastasio*, et la jurisprudence qui en a fait l'application, n'ayant admis
aucune exception en faveur de l'étranger acquéreur,
à titre d'échange, de pareils droits, et qui, par ce
moyen, ne s'est pas implanté dans une famille dont
il peut troubler l'harmonie, il ne doit s'imputer
qu'à lui-même de s'être exposé volontairement à
l'éviction qu'il pouvait et devait prévoir, et dont le
résultat ne pouvait jamais obliger le cohéritier subrogé à ses droits qu'à lui rembourser le prix des
objets donnés en échange...... etc.

» Pourvoi en cassation pour contravention à l'art.
1705 du Cod. civ.

» Cet article est ainsi conçu : « Le copermutant

» qui est évincé de la chose qu'il a reçue en échange
» a le choix de conclure à des dommages intérêts,
» ou de répéter sa chose. »

» Puisque d'après cette disposition, disait-on pour
le demandeur, le copermutant évincé a seul le droit
de choisir entre des dommages-intérêts et la restitution de sa chose, il s'ensuit qu'on ne peut le forcer
à prendre l'un plutôt que l'autre, sans le priver du
bénéfice d'option que lui accorde la loi, et sans contrevenir par là au vœu qu'elle a manifesté. — La
cour de Limoges, en obligeant le demandeur à se
contenter du prix de la chose, lorsqu'il redemande
la chose elle-même, a donc ouvertement violé cet
art. 1705 du Cod. civ.

» ARRÊT. — Attendu que cette faculté (de se faire
subroger aux droits des acquéreurs étrangers à la
succession) avait pour motif d'empêcher des étrangers de troubler la paix des familles et d'en pénétrer
les secrets, et que l'art. 841 du Cod. civ., postérieur
aux contrats dont il s'agissait au procès, n'a point
introduit un droit nouveau, mais consacré les anciens principes ; que rien ne s'opposait à l'application de ces principes ; que la circonstance qu'un
de ces contrats est un échange, n'écarte point
cette application, puisque l'effet de l'échange est,
comme celui de la vente à prix d'argent, de
substituer un étranger au successible ; ce que cette
législation a eu pour but d'empêcher ; et qu'en
l'appliquant aux contrats qui lui étaient soumis,
l'arrêt attaqué s'y est exactement conformé, et
n'a violé aucune loi, les articles invoqués étant

étrangers à la matière ; rejette, etc. (Sirey, tom.
15, pag. 112.)

61. Il y aurait cependant différents cas où il serait
plus difficile de donner à la question une solution
conforme à la loi et à l'équité. Supposons, par exemple, que les droits successifs eussent été cédés sous
la condition que le cessionnaire se serait obligé à
faire certains actes ou à certaines prestations tout-
à-fait personnelles. Ainsi, une cession intervient
entre un cohéritier et un tiers étranger, à la charge
par ce dernier de lui fournir un objet d'art exécuté
par lui-même; dans ce cas, comment faudrait-il apprécier cette prestation, cette composition ou ce
produit de l'art ou de l'industrie du cessionnaire ?
Ou bien encore, si le cessionnaire s'était engagé pour
lui et les personnes de sa maison à ne pas exercer
une servitude de passage que le cohéritier était obligé
de subir ; dans ce cas encore d'après quelle base se
fixerait la somme à payer ? Il est de ces choses qui
sont d'une valeur relative et quelquefois purement
imaginaire : que faire, que décider dans de pareilles
occurrences ? Le cessionnaire pourrait à juste titre
demander, dans certaines circonstances, une valeur
considérable et le retrayant offrir un prix infiniment
au-dessous des appréciations du cessionnaire, et tous
les deux être fondés dans leur prétention. Les hypothèses pourraient offrir de graves difficultés quant à
la fixation du prix, et alors le cessionnaire ne serait-il
pas fondé à résister à la demande en subrogation ?

Sans doute cela pourrait donner lieu à de sérieuses

méditations, mais nous pensons qu'il serait toujours possible de mettre un prix, sinon parfaitement juste, tout au moins raisonnable et capable de concilier tous les intérêts. Une pareille solution devrait être entièrement abandonnée à l'arbitrage du magistrat ; mais nous ne croyons pas que, dans aucun de ces cas, on pût soustraire le cessionnaire à la demande en subrogation.

62. La seule qualité de cessionnaire n'autorise pas le cohéritier à exercer le retrait successoral ; il faut encore qu'il s'agisse d'une cession des droits du cohéritier dans la succession ; car si un cohéritier avait cédé à un tiers tout autre chose que son droit à la succession, comme s'il avait vendu ses biens personnels en tout ou en partie, l'acquéreur de ces biens ne pourrait être contraint au retrait ; peu importerait que la subrogation fût demandée par un des cohéritiers du vendeur, si les biens vendus ne faisaient pas partie de l'hérédité où seraient appelés conjointement le cédant et le cessionnaire.

63. Toutefois, il n'est pas toujours bien facile d'expliquer ce que le législateur a voulu dire par ces mots : *son droit à la succession*. Il semblerait, au premier aspect, que la cession devrait être de la généralité des droits du cohéritier, pour que le cessionnaire pût être écarté du partage ; car le droit d'un cohéritier dans la succession ne saurait être que sa part et toute sa part dans les biens du défunt. Cependant nous ne pensons pas qu'il faille ainsi s'attacher

à la lettre de la loi; il faut, avant tout, en rechercher l'esprit ; or , la pensée du législateur a évidemment été que toutes les fois que la cession mettrait le cessionnaire dans le droit de s'immiscer dans la connaissance des titres, des documents, des secrets enfin de la famille, le retrait devrait avoir lieu, n'importe la qualité et la nature des droits cédés par le cohéritier, pourvu qu'ils fissent partie de la succession. C'est de là qu'il faut partir pour arriver à la solution des questions qui peuvent se présenter sur ce point, si l'on ne veut pas s'égarer.

M. Duport-Lavillette, dans le cinquième volume de ses *Questions*, semble cependant poser une règle plus absolue. Ecoutons-le émettre son opinion ; nous examinerons ensuite sa justesse :

« Pour que l'action en subrogation pût être exercée, il fallait que la vente passée à un étranger portât *sur le droit entier de l'hérédité*, et non pas seulement sur une portion indivise qu'avait le cohéritier vendeur sur un immeuble de l'hérédité ; car dans ce dernier cas , la vente ne pouvait plus être considérée comme portant sur un objet litigieux , et l'on n'avait plus à craindre qu'un acquéreur étranger pénétrât dans les secrets de la famille , parce qu'il ne pouvait intervenir au partage qu'à raison de l'immeuble dont une portion lui était vendue , et qu'il ne lui restait rien à démêler avec les autres cohéritiers relativement aux titres de la famille et aux actions actives et passives.

» Aussi les lois 1 et 3 , C. , *comm. divid.* , et les lois 3 et 4 , C., *de rer. comm. alienat.*, disposent-elles

très-formellement que quand un cohéritier a vendu
à un tiers sa portion indivise d'un immeuble de
l'hoirie, la vente est inattaquable ; les autres cohéritiers ne peuvent refuser de venir à partage avec
l'acquéreur, et ne peuvent demander sous aucun
prétexte d'être subrogés à son acquisition.

» L'art 841 du Cod. civ. autorise aussi l'action en
subrogation, mais dans le cas seulement où un cohéritier a cédé à un tiers son droit à la succession, *ce
qui ne peut s'entendre que de la portion de l'hérédité
entière*, parce que c'est l'hérédité seule qui est considérée comme un droit, et cette disposition n'est point
applicable à la vente d'une portion d'un immeuble
particulier de l'hoirie, parce qu'une vente ne comprend jamais le droit du vendeur à la succession. »

Nous pensons avec M. Duport-Lavillette qu'il ne
faut pas appliquer la disposition de l'art. 841 à la
vente d'une partie indivise d'un immeuble de la succession ; mais c'est, selon nous aussi, une grande
erreur que d'exiger qu'il y ait cession de la totalité
de la part de l'hérédité entière, pour que le retrait
successoral puisse être exercé contre le cessionnaire.
Le jurisconsulte que nous réfutons fonde son opinion
sur ce que *c'est l'hérédité seule qui est considérée
comme un droit ;* nous ne voyons pas trop ce qu'il a
voulu dire par là : le *droit*, ici, c'est la part cédée à
l'étranger ; que cette part soit divisée par moitié,
par tiers ou par quart entre plusieurs cessionnaires,
chacun d'eux aura acquis un *droit* à la succession.
Ce *droit* pourra être exercé de la même manière que
si toute la portion était cédée par le cohéritier à une

seule personne, et dès-lors il faudra dire, pour être
conséquent, que pour faire fixer cette partie des
droits du cohéritier, le cessionnaire devra nécessairement prendre connaissance de toute la succession
active et passive, consulter tous les titres, s'immiscer
en un mot dans tous les secrets de la famille ; or, cela
étant ainsi, ce sera évidemment le cas d'appliquer
la disposition de l'art. 841 et de contraindre le cessionnaire à subir le retrait successoral.

M. Duport-Lavillette n'a été frappé que par les
termes de la loi au moment où il donnait son avis ;
cela est évident. *Son droit à la succession*, a-t-il dit,
mais c'est toute la portion revenant au cohéritier,
sans quoi ce ne serait plus *son droit*, ce ne serait plus
qu'*une partie* de son droit. C'est en effet le premier
argument qui saisit le lecteur en lisant l'art. 841 ;
on n'arrive à le repousser que lorsqu'on pense au
résultat ; que lorsqu'on fait mentalement l'application de la loi et que l'on se dit : Mais si le cohéritier
ne cède que la moitié, le quart ou toute autre quotité de sa part cohéréditaire, le cessionnaire aura
néanmoins le droit de se présenter au partage, d'en
suivre toutes les opérations et d'en pénétrer tous les
secrets, puisque la part cédée portera sur la totalité
des biens du défunt.

Notre opinion sur ce point est au reste celle de
plusieurs auteurs, notamment celle de M. Chabot de
l'Allier, sur l'art. 841, n° 8. Cet auteur en développe
avec beaucoup de sagacité tous les motifs.

« La principale difficulté, dit-il, qui s'élève sur
l'art. 841, consiste à savoir si l'action en subrogation

ne doit être admise que dans le cas seulement où l'un des héritiers a vendu *la totalité* de ses droits successifs, ou si elle doit être également admise lorsque l'héritier n'a vendu, ou qu'une *quote* de sa part dans toute la succession ; comme la moitié, le tiers ou le quart de ses droits successifs, ou qu'une quote dans une espèce de biens, comme la moitié, le tiers, ou le quart de sa portion dans le mobilier seulement, ou de sa portion dans les immeubles. On a dit sur cette question que l'art. 841 ne parle que du cas où un cohéritier a cédé son droit à la succession ; que ces expressions générales, *son droit à la succession* ne peuvent s'appliquer qu'à la totalité des droits successifs ; qu'on ne vend pas son droit à la succession, lorsqu'on n'en cède qu'une partie, et qu'en conséquence l'action en subrogation ne doit être admise que lorsqu'il y a cession de la totalité des droits successifs.

» Mais de cette manière d'interpréter les termes de l'article, ne résulterait-il pas une contradiction manifeste entre le texte et l'esprit de la loi ? Si en effet l'on considère les motifs sur lesquels est fondée la disposition de l'art. 841, on ne peut s'empêcher de convenir qu'elle doit s'appliquer à toutes les cessions qui peuvent autoriser l'acquéreur étranger à s'immiscer dans les affaires de la succession, à prendre communication des papiers domestiques et à pénétrer dans les secrets de la famille.

» Or, si le cessionnaire de la moitié ou du quart de la portion d'un héritier ne pouvait être écarté du partage, il aurait droit, de même que s'il était acqué-

reur de la portion entière, de scruter toutes les affaires
de l'hérédité, d'examiner tous les papiers, d'assister
à toutes les opérations pour faire déterminer sur la
masse de la succession la quotité des biens dont doit
se composer la part qui lui a été cédée. Peu importe que
cette part soit fixée à un quart ou à la moitié de toute
la succession, ou de la portion seulement de l'héritier;
comme elle doit être plus ou moins considérable en
biens, suivant que la masse de l'hérédité sera plus ou
moins forte, le cessionnaire aurait incontestablement le droit d'examiner et de vérifier tout ce qui
serait relatif à la succession. Comment donc peut-on
supposer que si le cessionnaire était acquéreur de la
portion entière d'un héritier, il pourrait être écarté
du partage, par le motif qu'il ne devrait pas être
admis à s'immiscer dans les affaires de la succession,
dans les secrets de la famille; et que cependant il ne
puisse pas être écarté *par le même motif*, lorsqu'il
n'est acquéreur que d'une quote-part d'une portion
d'héritier? Dans l'un et l'autre cas, l'abus que la loi
a voulu prévenir ne serait-il pas le même? ses motifs
ne s'appliquent-ils pas également à l'un ou à l'autre
cas, et ne serait-il pas, en conséquence, contradic-
toire que sa disposition n'y fût point également
applicable?

» S'il y avait cinq ou six étrangers, à chacun
desquels un héritier aurait cédé séparément une
quote-part de ses droits successifs, ne serait-il pas
vraiment absurde qu'il fallût les admettre tous à
scruter les affaires de la succession, qu'il fallût leur
dévoiler à tous les secrets de la famille, lorsqu'on

pourrait se dispenser de les communiquer à une seule personne qui aurait acquis la totalité des droits de ce même héritier ? Il me paraît donc certain que l'art. 841 s'étant borné à parler du droit à la succession, sans désigner expressément le droit *entier*, sa disposition, très-clairement expliquée par les motifs et l'intention qui lui servent de base, s'applique à la cession d'une quote-part du droit comme à la cession du droit entier, dans tous les cas où l'abus qu'elle a voulu prévenir pourrait avoir lieu.

» Telle est l'opinion de M. Merlin dans un plaidoyer sur lequel est intervenu un arrêt de la cour de cassation du 9 novembre 1806 , et qui est inséré dans le quatrième volume du *Répertoire*, pag. 446. On y voit que M. Merlin s'expliquait en ces termes :

« Le demandeur en cassation critiquait avec avan-
» tage le motif du jugement du tribunal de Louviers
» adopté par la cour d'appel, duquel il résulterait
» que l'art. 841 du Code civil ne serait applicable
» qu'à l'étranger cessionnaire de *l'universalité* des
» droits d'un cohéritier dans une succession. Il est
» certain, en effet, que, sous les mots *son droit à*
» *la succession*, l'art. 841 comprend aussi bien une
» *quotité* que l'intégrité de ce droit : *ubi eadem ratio,*
» *ibi idem*. Mais ce n'était pas une quotité des droits
» des cédants à la succession des sieurs Paysan-la-
» Fosse, qu'avait acquis le sieur Glaisot ; il n'avait
» acquis qu'une quotité des droits de ses cédants
» dans des objets, qui, bien qu'encore indivis,
» étaient déterminés. »

» Et c'est aussi, pour ce dernier motif, que la

cour de cassation a rejeté le pourvoi contre l'arrêt qui lui avait été dénoncé. »

64. Tout en adoptant l'opinion de M. Chabot de l'Allier, telle qu'il vient de la développer, nous ne saurions admettre cependant comme principe certain que le retrait pût être exercé lorsque le cessionnaire n'aurait acquis que la moitié, le tiers ou le quart de la portion du cohéritier dans le *mobilier* seulement ou dans les immeubles.

Il nous semble que, dans ces deux cas, la quotité cédée ne portant pas sur l'universalité du droit, n'en embrassant qu'une portion, on doit considérer le cessionnaire comme n'ayant acquis qu'une part dans des objets déterminés. Le cohéritier ayant le droit de demander que sa portion porte sur tous les biens de l'hérédité, de quelque nature qu'ils soient, celui qui devient cessionnaire d'une partie de cette portion doit avoir le même privilége, puisqu'il représente, quant à ce, le cohéritier ; il doit pouvoir demander que la quote-part cédée soit composée de toutes les espèces de biens de la succession ; cela se conçoit : et alors il doit intervenir dans tous les détails du partage, et peut se faire représenter tous les titres de la famille. Mais celui qui n'est cessionnaire que d'une quote-part dans des objets de la succession, tels que les meubles ou les immeubles, n'ayant rien à voir sur le reste des biens, ne pouvant pas demander que les droits cédés s'étendent sur la masse générale de l'hérédité, ne peut évidemment être écarté du partage, car il n'a pas à s'immiscer dans les titres et pénétrer les secrets de la famille qui sont entièrement étrangers à la part acquise. C'est donc une erreur de M. Chabot de l'Allier, que de confondre ainsi, quant au droit d'exercer le retrait, le cessionnaire d'une quote-part du cohéritier avec celui qui n'achète qu'une partie de la part dans des objets déterminés.

Un arrêt rendu par la cour de Lyon, le 17 mai 1831, vient, au reste, confirmer notre opinion sur ce point.

« La succession des époux Parat d'Andert était restée indivise entre les sieurs Nestor et Antoine-Marie Parat d'Andert, leurs deux enfants. — Par acte du 29 février 1829, le sieur Nestor d'Andert vendit au sieur Richerand la moitié de tous les biens immeubles qu'il possédait par indivis avec son frère en qualité d'héritier de ses père et mère, *dans l'arrondissement de Belley* ; lesdits biens consistant, est-il dit, notamment dans la terre d'Andert, composée d'un château, de quatre métairies, d'un moulin, de bois, prairies, vignes, etc. — En vertu de cet acte, le sieur Richerand forma une action en partage. Le sieur Antoine-Marie d'Andert, pour écarter cette action, prétendit pouvoir exercer contre le demandeur le retrait successoral autorisé par l'art. 841 du Code civil.

» 15 décembre 1829, jugement du tribunal de Belley, qui rejette cette prétention par les motifs suivants : — Attendu que la vente passée à M. Richeraud ne contient pas vente de droits successifs, mais une vente de quote-part d'immeubles détermi-

nés, sinon par des confins, du moins par des généralités spéciales ; qu'elle ne contient vente d'aucun
droit éventuel, ni d'aucun droit actif et passif dans
la succession dont il s'agit ;

» Attendu , en droit, que la loi n'admet le retrait
que pour la vente de droits successifs universels, ou
à titre universel, ou d'une quote-part de l'hérédité,
mais à titre universel , de manière que l'acquéreur
soit aux droits de l'héritier et le représente ; qu'aucune de ces conditions ne se rencontre dans la vente
dont il s'agit ; — attendu que la loi a admis le retrait
sur le motif essentiel que l'étranger ne s'immisce pas
dans les affaires et les secrets des familles; que ce
motif n'existe pas dans l'espèce ; qu'ainsi il n'y a pas
lieu de faire à la cause l'application de l'art. 841 ,
Cod. civ.

» Appel par le sieur d'Andert.

» Après avoir établi que la vente d'une *quote-part*
de la succession est soumise au retrait successoral ,
l'appelant soutient que, dans l'espèce, il y a réellement vente d'une quote-part de l'hérédité, puisque
la vente porte sur la *moitié* de tous les biens immeubles situés dans un arrondissement. Le retrait successoral, dit l'appelant, était donc admissible, et
cela avec d'autant plus de raison , que le motif qui
a fait établir le retrait successoral existe ici dans
toute sa force , puisque la surveillance que l'acquéreur aura à exercer pour empêcher qu'aucun immeuble ne soit soustrait à l'exercice de ses droits,
lui donnera celui de s'immiscer dans les affaires et
les papiers de la famille. — En terminant, l'appelant

fait observer, sans insister cependant sur ce point, que c'est d'ailleurs encore un point controversé que celui de savoir si le retrait successoral ne peut pas s'exercer même au cas de vente de corps certains et déterminés.

» Arrêt. — La cour ; considérant que d'Andert aîné n'a vendu et cédé à Richerand que des immeubles déterminés, et non son droit à la succession indivise avec son frère ; qu'un semblable contrat ne se trouve pas régi par l'art. 841, Cod. civ. ; — adoptant au surplus les motifs des premiers juges ; — confirme, etc. » (Sirey, tom. 33, 2ᵉ part., p. 156.)

Un autre arrêt, rendu par la cour de cassation, le 27 juin 1832, n'est pas moins conforme à notre opinion ; le voici :

« Sylvain et Paire Jaudier jouissaient par indivis de différents immeubles provenant de la succession de leur père. — Par acte du 25 octobre 1789, le sieur Tardy acquit les droits de Pierre Jaudier, dans les immeubles dont il s'agit. — Pierre Jaudier mourut en 1791, laissant pour héritiers six enfants de son frère Sylvain, déjà décédé à cette époque. Par actes du 21 décembre 1817 et 5 février 1818, cinq des enfants Sylvain Jaudier cédèrent leurs droits au sieur Tardy ; mais une différence remarquable existe entre ces deux derniers contrats : le premier, consenti par quatre enfants, ne contient qu'une cession de droits sur des immeubles déterminés de la succession ; l'autre, consenti par un seul enfant, renferme au contraire une cession de ses droits successifs et actions héréditaires.

» Plus tard, le sixième enfant de Sylvain Jaudier, qui n'avait fait aucune cession, a formé contre
le sieur Tardy une demande en subrogation aux trois
cessions de 1789, 1817 et 1818, et ce, en confor-
mité des anciens principes et des dispositions nouvelles de l'art. 841, Cod. civ., sur le retrait successoral.

» 28 juillet 1825, jugement du tribunal de Guéret, qui déclare n'y avoir lieu à l'action en subrogation, quant aux cessions de 1789 et de 1817,
comme portant sur des objets nommément désignés,
mais admet cette action quant à la cession de 1818,
attendu qu'elle contient vente des *droits successifs*
du cédant.

» Sur l'appel respectivement interjeté par les
parties, s'élèvent plusieurs questions, pour l'in-
telligence desquelles il suffit de rapporter l'arrêt qui
les a décidées.

» 24 décembre 1828, arrêt de la cour de Limoges
ainsi conçu :

» Attendu que la cession du 25 octobre 1789,
consentie par Pierre Jaudier au sieur Tardy, étant
devenue inattaquable, ledit sieur Tardy, intéressé
pour une moitié dans le partage des biens dont il
s'agit, n'a pu dès-lors être considéré comme étranger aux biens et aux droits de la famille Jaudier,
ni, par conséquent, être exclu du partage ; et
qu'ainsi le retrait successoral ou de subrogation ne
peut pas non plus lui être opposé en ce qui concerne
les cessions subséquentes des 21 décembre 1817 et
5 février 1818 ; par ces motifs, statuant sur l'appel

interjeté par les héritiers Jaudier du jugement du tribunal de Guéret, met ledit appel au néant; et faisant droit sur l'appel incident, interjeté sur la barre par le sieur Tardy et la dame Lignat, sa sœur, en ce qui concerne la subrogation admise par les premiers juges pour la cession des droits de Louise Jaudier du 5 février 1818, dit qu'il a été mal jugé.

» Pourvoi en cassation par les héritiers Jaudier, pour violation 1° des lois *per diversas* et *ab Anastasio*, en ce que, contrairement à ces lois et à l'ancienne jurisprudence, qui en avait fait constamment l'application, la cour royale a déclaré non admissible la demande en retrait ou subrogation à l'égard de la cession de 1789, bien qu'il s'agît d'une succession de droits successifs consentie au profit d'une personne étrangère à la succession ; 2° pour violation de l'art. 841, Cod. civ., résultant du même refus de subrogation à l'égard des cessions de 1817 et 1818.

» ARRÊT. — La cour ; — vu l'art. 841, Cod. civ. ; attendu que la cession faite le 5 février 1818 par Louise Jaudier au sieur Tardy comprend expressément tous les droits successifs et actions généralement quelconques de la cédante sur la succession de Sylvain Jaudier, son père ; — attendu que la cession faite le 25 octobre 1789 par Pierre Jaudier au sieur Tardy ne comprenait, au contraire, que les droits certains et déterminés de Pierre Jaudier sur les immeubles dont il avait joui en commun et par indivis avec Sylvain Jaudier, son frère ; — attendu que la cession du 21 décembre 1817 n'a pas non plus compris des droits successifs, mais seulement les droits de Sylvain Jaudier sur les immeubles possédés par indivis par les deux frères ; que par conséquent, sous le rapport des cessions du 25 octobre 1789 et du 21 décembre 1817, le sieur Tardy avait évidemment le droit d'intervenir au partage des immeubles dont il était devenu copropriétaire ; que, néanmoins, ces deux cessions ne lui donnaient pas le droit de s'immiscer dans le partage de la succession de Sylvain Jaudier ; qu'il n'aurait pu y intervenir qu'en vertu de la cession du 5 février 1818 ; mais que, sur ce point, les héritiers de Sylvain Jaudier étaient fondés à se prévaloir des dispositions de l'art. 841, Cod. civ., en exerçant le retrait successoral ; — qu'en jugeant le contraire, la cour de Limoges est expressément contrevenue, en ce chef, à la loi précitée ; casse, en ce chef seulement, etc. » (Sirey, tom. 32, 1ᵣₒ part., pag. 852.)

65. M. Delvincourt, tom. 2, pag. 136, aux notes, professe une opinion plus avantageuse aux cohéritiers : il soutient que le retrait peut avoir lieu alors même que le cessionnaire n'a acquis que la part du cohéritier dans un objet particulier de la succession. Il prétend qu'à raison de cet objet particulier, le cessionnaire a le droit d'intervenir au partage pour tâcher de faire tomber dans le lot de son cédant l'objet dont il a acquis sa part. « Il pourrait même arriver, dit-il, qu'une vente pareille causât plus de préjudice, apportât plus d'entraves au partage que

la vente des droits successifs en général. Car, dans ce dernier cas, l'acquéreur n'a pas le même intérêt qu'aurait eu le cohéritier vendeur, celui d'avoir une part égale à celle des autres, de quelque manière qu'elle soit composée. Mais, lorsque la vente est d'un objet singulier, l'acquéreur a un intérêt qui lui est personnel, celui de faire tomber tel objet dans tel lot, et par conséquent d'entraver toutes les opérations, même les plus utiles, qui pourraient avoir un autre résultat. »

Nous ne saurions adopter cette opinion. Celui qui n'acquiert que la part du cohéritier dans un objet particulier de la succession, n'a nullement le droit de paraître au partage, ou, s'il s'y présente, ce n'est que pour en attendre les résultats. Pourquoi, en effet, le cessionnaire de la part d'un objet particulier aurait-il le droit d'intervenir dans les opérations relatives à la formation des lots? Les cohéritiers ne lui diraient-ils pas avec raison : « Vous n'êtes pas le représentant d'un cohéritier; celui de qui vous avez acquis la part de l'objet déterminé est ici présent ; lui seul est notre cohéritier; il ne peut être à la fois au partage par lui-même et par un représentant; quel droit avez-vous de venir demander que tel objet de la succession entre plutôt dans un lot que dans un autre ? Votre titre d'acquisition n'est rien pour nous; il nous est étranger tant qu'il ne contient pas un droit à l'universalité des biens de l'hérédité. »

A supposer même que le cessionnaire eût le droit de paraître au partage pour tâcher de faire entrer dans le lot de son cédant l'objet qu'il aurait acquis éventuellement, cela ne lui donnerait pas celui de prendre connaissance des titres et de s'immiscer dans les secrets de la famille. On pourrait toujours le repousser en lui disant : « Ces titres et les choses particulières de la succession ne vous regardent pas; » il n'y aurait pas besoin, pour l'empêcher de s'immiscer, de former contre lui une demande en subrogation.

66. Toutefois il peut arriver un cas où, alors même que la cession ne porterait que sur un objet déterminé, le retrait devrait être admis; c'est celui où cet objet déterminé composerait à lui seul toute la succession. Il est facile de concevoir la raison de cette exception : les biens à partager ne consistant qu'en une maison, par exemple, dont la situation, les confins et la valeur seraient indiqués, il faudrait, pour en opérer la division entre les cohéritiers, liquider d'abord la succession quant à son passif; chacun des copartageants devant acquitter une partie des dettes de l'hérédité, il deviendrait nécessaire de donner connaissance à tous de l'état de la succession; pour cela les titres et papiers devraient être représentés, et alors le cessionnaire serait inévitablement appelé comme les autres cohéritiers à en prendre connaissance et à s'immiscer dans tous les secrets de la famille. Mais s'il ne s'agissait, au contraire, que de partager avec le cessionnaire un des immeubles de la succession, cet inconvénient n'existerait pas, parce qu'alors, s'il y avait une liquidation à opérer, elle aurait lieu avec le cohéritier cédant et non point avec le cessionnaire, le cohéritier

cédant assistant au partage pour la part qu'il n'a pas
cédée, c'est lui et non son acquéreur qui est appelé
au dépouillement des papiers et des titres de la
famille; le cessionnaire n'a aucun droit de s'y présenter; il n'a que celui de demander la part qui lui a
été cédée dans l'immeuble, seul objet de la cession,
si cet immeuble tombe dans le lot de son vendeur.

67. Il y a, au reste, dans la solution de ce point
de droit des nuances qu'il faut bien saisir : c'est particulièrement la nature de la stipulation qui détermine la solution des questions qui peuvent s'élever
entre les cohéritiers et le cessionnaire. Lorsque le
cohéritier ne cède que sa part dans tel ou tel immeuble que l'on indique par sa situation et ses confins, c'est le cas de ranger la cession dans le nombre
de celles qui ne sont point soumises à l'action en
subrogation; mais lorsque le cohéritier cède *tous ses
droits* sur ce même immeuble, il y a alors en quelque
sorte une cession de quotité; car *tous les droits* d'un
cohéritier sur un objet particulier de la succession
ne doivent s'entendre autrement que la part pure et
simple de ce cohéritier dans un immeuble; le cessionnaire de *tous droits* est soumis aussi à toutes les
charges qui pèsent sur cet immeuble, il est astreint
au paiement des dettes, car les dettes suivent les
droits, elles sont inhérentes aux cessions générales
alors même que cette généralité ne porte que sur un
objet particulier.

La cour royale de Bourges nous paraît avoir fait
une juste application de cette distinction dans un

arrêt qu'elle a rendu le 16 décembre 1833 dans la cause des sieurs Remou et Berat. M. Sirey, qui rapporte cet arrêt, n'en donne que les motifs; mais ils sont suffisants pour apprécier les stipulations contenues dans la cession.

« La cour; — considérant que l'esprit de l'article 841 a été d'éloigner du partage d'une succession les étrangers à la famille; qu'ainsi toutes les fois que l'acquéreur peut, par suite de la cession, intervenir au partage et s'immiscer dans les affaires de la famille, il peut être évincé par l'effet de la subrogation légale; que, dans l'espèce, Berat n'est point acquéreur d'un objet déterminé, mais *des droits* revenant à sa venderesse dans le seul immeuble dépendant des successions dont il s'agit; que, pour déterminer les droits cédés, il y a nécessité de faire une liquidation générale, seul moyen d'arriver au partage, et que Berat, ayant le droit de procéder à cette liquidation par suite des droits à lui cédés, et de s'immiscer dès-lors dans les affaires de la famille, peut être évincé par la subrogation légale à laquelle les enfants Remou ont conclu; dit, etc. »

Le 15 mai précédent, la cour de cassation avait rejeté un pourvoi contre un second arrêt de cette cour, qui avait jugé de la même manière que le précédent.

Dans l'espèce de cet arrêt les enfants Meunier, héritiers de leur mère, étaient en instance devant le tribunal de Nevers, relativement au partage des successions des mariés Cadeau. Le 22 juillet 1824, les enfants Meunier cèdent à la dame Frébaut, moyennant

5,000, *tous les droits* qui pouvaient leur appartenir dans le moulin des Driots faisant partie des biens à partager. Les cohéritiers Petot, avec lesquels la dame Frébaut devait concourir au partage, formèrent contre elle une demande en subrogation. Celle-ci n'opposa pas du moyen tiré de ce que sa cession ne devait être considérée que comme portant vente d'un objet déterminé; elle se contenta de soutenir qu'elle avait concouru avec les cohéritiers à différentes opérations préparatoires, qu'elle avait pris connaissance de tous les papiers et titres de la succession; que, dès-lors, on était non recevable dans l'exercice du retrait.

Ce système ne prévalut pas : il intervint jugement qui admit la subrogation, jugement qui fut confirmé par la cour de Bourges le 19 janvier 1830.

Pourvoi en cassation de la part de la dame Frébaut.

C'est alors qu'elle soutient la recevabilité de son pourvoi par plusieurs moyens, entre autres par celui tiré de la violation de l'art. 841. « La cour, dit-elle, aurait décidé qu'il y avait lieu au retrait successoral, bien que la cession dans l'espèce ne portât que sur des droits indivis dans un immeuble *déterminé*, tandis que la loi n'admet le retrait qu'au cas où la cession comprend une *universalité* de droits successifs. » A l'appui de ce moyen, la dame Frébaut invoquait un arrêt de la cour de cassation rapporté par Sirey, tom. 8, pag. 525.

Les défendeurs faisaient observer sur ce moyen qu'en fait la cession était intervenue avant tout partage, et que les droits des cohéritiers cédants sur l'immeuble objet de la cession n'étaient ni certains ni déterminés lors de cette cession, et devaient entraîner une liquidation ; d'où ils ont conclu que c'était un véritable droit successif qui avait été cédé, et qu'en conséquence le retrait avait pu être exercé.

« ARRÊT. — La cour ; attendu qu'il a été reconnu en fait, dans l'arrêt attaqué, que le moulin dont il s'agit faisait partie des biens à partager , et qu'en décidant dans ces circonstances, que Meunier et ses enfants qui avaient cédé *tous les droits, raisons et actions résultant en leur faveur de la qualité ci-dessus énoncée d'héritiers*........sur le moulin des Driots , n'avaient pas vendu un corps certain et déterminé , mais un droit successif qui mettait le cessionnaire au lieu et place des cédants dans le partage pour lequel les divers partageants étaient en instance, cet arrêt a fait une juste application de l'art. 841 du Cod. civ. ; rejette , etc. »

Enfin, un autre arrêt de la cour de cassation du 20 août 1827 peut aussi être invoqué , pour donner à notre distinction une plus grande autorité ; voici dans quelles circonstances il a été rendu.

« 13 octobre 1808, testament de Charles-Nicolas Piette, vicaire de Charleville , par lequel il lègue , en toute propriété , à Marie Viblet, sa servante, l'universalité de son mobilier , et à titre d'usufruit , une ferme et diverses autres portions d'immeubles. Après le décès du sieur Piette , ne laissant pour héritiers que des neveux et nièces, quatre d'entr'eux , par contrats des 10 février , 24 juillet , 4 novembre 1813 et 20 mai 1816, ont vendu à un sieur Gouilly, sans en rien excepter, *tous les droits* mobiliers et immobiliers qui leur étaient échus dans la succession de leur oncle. — Marie Viblet est décédée à son tour ; et il s'est agi alors entre les neveux et nièces du sieur Piette, du partage de sa succession, dans laquelle l'usufruit des immeubles qui en dépendaient se trouvait, par l'effet de ce décès, réuni à la propriété.

» Le sieur Gouilly se présentait au partage en vertu des actes de cession de 1813 et 1816, comme représentant quatre des neveux et nièces. Mais, par exploit du 5 mai 1825, la dame veuve Fabre, l'une des nièces du sieur Piette, a fait signifier au sieur Gouilly qu'elle s'opposait formellement, en qualité de successible, à ce qu'il figurât dans le partage, entendant exercer contre lui la faculté de retrait autorisée par l'art. 841, Cod. civ. ; et en conséquence elle a fait offre au sieur Gouilly de lui rembourser le prix des différentes cessions qui lui avaient été consenties dans la succession du sieur Piette.—Refus du sieur Gouilly d'accepter ce remboursement : il soutient qu'il n'est pas cessionnaire de droits successifs dans le sens de l'art. 841 ; que Marie Vilbet avait été instituée par le sieur Piette sa *légataire universelle* ; qu'ainsi les neveux et nièces du sieur Piette ne pouvaient être considérés comme héritiers proprement dits de leur oncle ; qu'ils n'étaient que des légataires particuliers de la nue-propriété des immeubles et d'une rente comprise dans la succession; que lui, Gouilly, cessionnaire des droits de quatre des neveux et nièces Piette, ne pouvait donc être considéré que comme cessionnaire des parts indivises des cédants *dans un objet déterminé* de la succession, et non d'une quote-part de cette même succession et des droits indéterminés qui en dépendent ; d'où la conséquence que, dans l'espèce, il n'y avait pas lieu à l'exercice du retrait successoral autorisé par l'art. 841.

» 15 décembre 1825, jugement du tribunal civil de Charleville, qui accueille ce système : « Consi-
» dérant, porte le jugement, que, par son testament
» du 12 octobre 1808, M. Piette, vicaire à Charle-
» ville, de la succession duquel il s'agit, a institué,
» pour sa légataire universelle, la demoiselle Marie
» Viblet, à qui il a laissé tout son mobilier en toute
» propriété et l'usufruit de ses biens ; qu'il n'a laissé
» à ses héritiers présomptifs que la nue-propriété
» d'une ferme et d'une rente de 300 francs ; que par
» conséquence ils ont été assimilés à des légataires à
» titre particulier ; que quatre de ses légataires à titre
» singulier n'ont vendu et pu vendre à Gouilly que
» les droits qu'ils avaient, c'est-à-dire des parts
» indivises dans un objet déterminé, la ferme de la
» Vallée-des-Prieurs, et non une hérédité indéter-
» minée ;—considérant que, lorsque la cession ne
» comprend que la part indivise qui appartient à
» l'héritier dans des objets certains et déterminés,
» l'art. 841 du Code civil ne peut être appliqué ; que
» cet article n'a en effet pour objet que d'empêcher
» des étrangers de s'immiscer dans les secrets des
» familles en procédant au partage de toutes les
» successions, et qu'il suffit de les appeler au partage

» d'un objet déterminé dont ils ont acquis une por-
» tion ; que c'est la doctrine de M. de Chabot et de
» M. Toullier; qu'elle est conforme à la jurisprudence
» de la cour de cassation et de plusieurs cours royales;
» —considérant d'ailleurs que les portions acquises
» par Gouilly étaient grevées d'un usufruit, ce qui
» donne à ces contrats la qualité, non pas d'un simple
» contrat de vente, mais celle d'un contrat aléatoire;
» sans s'arrêter ni avoir égard aux demandes, fins et
» conclusions de la veuve Fabre, la déclare mal fon-
» dée en icelles , l'en déboute et la condamne aux
» dépens. »

» Appel par la veuve Fabre. — 5 avril 1826, arrêt confirmatif de la cour royale de Metz, adoptant
les motifs des premiers juges , à l'exception du dernier.

» Pourvoi en cassation 1° .... ; 2° violation de
l'art. 841 , Cod., civ. en ce que l'arrêt dénoncé a
refusé aux héritiers du sieur Piette l'exercice du retrait successoral autorisé par cet article. Les ventes
ou cessions faites par quatre des héritiers Piette au
sieur Pouilly , disait-on , ne comprenaient pas seulement, comme l'ont supposé à tort les premiers juges
et la cour royale, leurs droits sur un objet déterminé
de la succession , la ferme de la Vallée-des-Prieurs;
ces ventes ou cessions comprenaient , ainsi qu'il est
dit dans les actes, tous les droits tant mobiliers qu'immobiliers des cédants, sans en excepter ni réserver
aucun , c'est-à-dire tous leurs droits successifs ,
tant sur les immeubles de la succession dont l'usufruit seulement avait été légué , et sur la rente de

300 fr. que la légataire avait été chargée de payer , que sur tous les autres droits indéterminés qui pouvaient dépendre de cette même succession. Il s'agissait donc bien d'une cession de droits successifs dans le sens de l'article 841 , Cod. civ. ; dès-lors la faculté de retrait autorisée par cet article ne pouvait être refusée aux héritiers Piette sans violer la loi.

» On répondait à cela : En supposant que Marie Viblet n'eût pas dû être considérée comme légataire universelle , que l'abbé Piette ne lui eût fait qu'un legs à titre universel , et que les neveux et nièces du testateur eussent été réellement ses héritiers , dans cette supposition même l'art. 841 du Cod. civ. n'eût pas été violé. Le motif du retrait successoral autorisé par cet article a été d'empêcher qu'un étranger , en s'immiscant dans une succession, pût porter le trouble dans une famille par des difficultés qui n'auraient pas lieu entre les véritables héritiers. Mais lorsqu'il ne s'agit, comme dans l'espèce, que de parts indivises dans des choses indéterminées, dépendantes de la succession, la présence d'un étranger au partage ne présente plus le même inconvénient ; dès-lors le retrait ne peut plus être exercé contre lui.—Le défendeur invoque sur ce point l'opinion de M. Chabot sur l'art. 841 du Cod. civ., et de M. Toullier, tom. 4, n° 429 ; ces deux jurisconsultes enseignent que le retrait successoral ne peut être exercé , soit qu'il y ait eu , ou non , partage avant la cession , lorsque cette cession a pour objet la part indivise d'un héritier dans des objets certains et déterminés; en d'autres

termes, lorsqu'il s'agit, non d'une cession à titre universel, mais d'une cession à titre particulier. Dans
l'espèce, le sieur Gouilly n'était cessionnaire que de
la part indivise de quatre des héritiers ayant droit à
un septième de certains immeubles déterminés de
la succession ; on ne lui a vendu ni une universalité,
ni même une quotité de droits successifs; il n'était
cessionnaire qu'à titre particulier d'une part indivise
dans certains immeubles de la succession ; il n'était
donc pas dans le cas de l'application de l'art. 841 ,
Cod. civ. ; cet article n'a donc pas été violé dans
l'espèce.

» ARRÊT. —La cour; —vu , etc....., et l'article
841 du Cod. civ. ;

» Attendu que , d'après l'art 841 , toute personne
à laquelle un cohéritier a cédé son droit à la succession peut être écartée du partage , soit par tous les
cohéritiers , soit par un seul, en lui remboursant le
prix de la cession ; attendu que quatre des cohéritiers de la demanderesse en cassation ont vendu en
cette qualité au défendeur, par quatre contrats, tous
les droits successifs, tant mobiliers qu'immobiliers
qui leur étaient échus dans la succession de leur
oncle, sans en excepter aucun ; —que des ventes générales et aussi absolues de droits héréditaires, faites
par quatre des héritiers légitimes , en cette qualité ,
rentrent bien évidemment dans les dispositions de
l'art. 841 ; que par conséquent , en refusant à la demanderesse l'exercice du retrait successoral , la
cour royale de Metz est contrevenue audit article ;
casse, etc. » (Sircy, tom. 27, 1 , 537.)

D'après toutes ces raisons , il faut donc bien examiner l'acte contenant la cession et ses diverses stipulations, pour savoir si , ou non, le retrait peut
être admis; quant à nous, il nous paraît certain que
la subrogation peut être demandée toutes les fois
que le cohéritier cède *ses droits*, alors même qu'ils ne
doivent porter que sur un objet déterminé de la succession, parce qu'alors il y a évidemment nécessité
pour déterminer ces mêmes droits d'admettre le cessionnaire à la liquidation générale de l'hérédité , et
par suite , à la connaissance de tous les titres et secrets de la famille. V., au reste , M. Merlin , *Répertoire*, mot *droits successifs*, n° 9.

68. Le retrait ne peut être admis contre le cessionnaire qu'autant que les cohéritiers n'ont pas
reconnu sa qualité par un acte quelconque exprimant cette volonté d'une manière non équivoque.
On sait en effet combien il serait peu équitable de
forcer le cessionnaire à subir la subrogation lorsque
les cohéritiers l'auraient traité comme leur cohéritier
ou l'auraient fait participer aux divers actes que
cette qualité peut nécessiter. Il peut se présenter une
foule de cas où cela peut arriver.

Toutefois , comme nous devons examiner dans le
chapitre suivant, quand le retrait peut être exercé ,
nous ne traiterons ici que les questions qui seront
étrangères au partage, afin de ne pas opérer de con-
fusion.

69. La première qui se présente est celle qui

naîtrait du cas où les cohéritiers auraient traité avec le cessionnaire ; faudrait-il alors admettre ces cohéritiers au bénéfice du retrait successoral ?

La solution de cette question dépendrait beaucoup de la nature de la stipulation. Ainsi, supposons, par exemple, qu'après la cession, les cohéritiers eussent fait avec le cessionnaire un acte dans lequel ils auraient acheté en tout ou en partie les immeubles ou le mobilier qui pourraient tomber dans son lot. Dans ce cas ces mêmes cohéritiers pourraient-ils, postérieurement à cet acte, exercer le retrait successoral ?

Nous ne le pensons pas. La vente faite aux cohéritiers par le cessionnnaire devrait être considérée comme une renonciation à l'exercice du retrait, puisque par cette vente les cohéritiers ont reconnu la qualité et les droits du cessionnaire, puisqu'ils ont traité avec lui sur une partie des biens de la succession. Vainement viendrait-on dire que puisque l'acte ne contient pas de renonciation écrite et formelle au retrait successoral, ce droit reste entier sur la tête des cohéritiers; qu'un privilége de cette nature, entièrement fondé sur la loi, ne saurait être enlevé au cessionnaire sur une présomption ou par voie de conséquence.

A cela on répondrait que, dès que les cohéritiers ont sollicité du cessionnaire la vente d'un objet quelconque de la succession, ce fait emporte à lui seul renonciation au droit de subrogation; les cohéritiers ne pourraient invoquer leur ignorance sur la qualité et les droits du cessionnaire, puisque, n'étant pas

cohéritier lui-même, il ne pouvait agir que sous sa
qualité d'acquéreur et de représentant du cohéritier
cédant; dès-lors, il y a eu ratification ou exécution
volontaire de l'acte de cession, ce qui, aux termes de
l'art. 1338 du Code civ., forme une fin de non-recevoir contre ceux qui ont ratifié, c'est-à-dire contre les
héritiers. Cet article du Cod. civ. dispose en effet
que la confirmation, ratification, ou exécution
volontaire, dans les formes et à l'époque déterminées
par la loi, emporte la renonciation aux moyens et
exceptions que l'on pourrait opposer contre cet acte,
sans préjudice néanmoins du droit des tiers.

D'un autre côté, comment pourrait-on admettre
les cohéritiers à l'exercice d'un droit qui anéantirait
entièrement un acte régulièrement intervenu entre
eux et le cédant? On sait que les contrats synallagmatiques ne peuvent être révoqués que par le consentement mutuel de toutes les parties. C'est un lien
formé par tous, qui ne peut être rompu par un seul,
cela est hors de tout doute et de toute contestation.

70. Supposons en deuxième lieu, que les héritiers,
au lieu d'acheter du cessionnaire un immeuble de
la succession dans le cas où il tomberait dans son
lot, aient demandé l'exécution de l'acte de cession
dans leur propre intérêt? En d'autres termes supposons que le cohéritier qui aurait cédé ses droits se
trouvât débiteur d'une somme quelconque envers
ses cohéritiers, qu'il leur en eût délégué le prix dans
l'acte et que les cohéritiers auxquels la délégation
aurait été faite en eussent poursuivi et demandé la

réalisation? Y aurait-il dans ce cas renonciation
suffisante à l'exercice du retrait successoral?

Cette question offre plus de difficulté dans sa solution que la précédente.

D'abord ne perdons pas de vue que le retrait successoral est fondé sur une considération morale très-
puissante; qu'il est du plus haut intérêt pour les
cohéritiers, et que dès-lors ils ne peuvent pas être
facilement présumés y avoir renoncé. Partant de ce
point, ne pourrait-on pas soutenir avec succès que
s'il est vrai qu'il puisse y avoir de leur part une
renonciation implicite à ce droit, il faut, en règle
générale, qu'elle soit expresse, et que si l'on doit
admettre la renonciation tacite, il faut qu'elle soit
non équivoque et le résultat d'une exécution entière
de l'acte de cession? Maintenant, demander qu'une
délégation contenue dans cette cession en faveur des
cohéritiers reçoive son exécution; s'armer au besoin
du titre pour l'obtenir, serait-ce là renoncer au
retrait successoral? L'art. 1338 du Cod. civ. veut que
l'exécution soit volontaire, c'est-à-dire que l'expression de la volonté soit formelle ou qu'elle soit le
résultat d'actes qui ne puissent laisser aucun doute
sur la reconnaissance du droit. Or, est-il bien constant que le cohéritier qui demande l'exécution de la
délégation stipulée à son profit dans la cession
perde tous ses droits à se faire subroger à cette cession sans l'avoir déclaré formellement? L'affirmative nous semblerait bien sévère et nous pouvons
citer dans la jurisprudence des faits analogues dans
lesquels on n'a pas vu une exécution de l'acte attaqué.

Ainsi la cour de cassation a décidé que l'enfant qui reçoit le prix d'un immeuble vendu par sa mère, veuve, et qu'elle tenait de la libéralité de son premier mari, peut réclamer plus tard l'immeuble vendu, lorsque ce droit s'ouvre à son profit, par l'effet du convol de sa mère.

Ainsi cette même cour a encore décidé que la femme, devenue veuve, n'est pas censée ratifier l'aliénation de l'immeuble dotal en recevant de l'acquéreur les arrérages de la rente qui forme le prix du contrat. V. pour ces deux arrêts Sirey, tom. 25 , 1 , 354 ; 1 , 1 , 90.

Dans le premier de ces arrêts un sieur Claude Paret avait épousé une veuve Gange. Au moment de son mariage le sieur Paret fit un testament par lequel il léguait tout son bien à sa femme, sauf les légitimes de ses enfants.

Durant ce mariage il est né une fille nommée Antoinette, et les époux Paret avaient acheté conjointement un domaine d'une valeur de 3,400 francs.

Le mari meurt, sa veuve vend divers immeubles dépendant de sa succession, et entre autres le domaine acheté conjointement.

Plus tard, Antoinette Paret se marie ; sa mère lui constitue en dot une somme de 1,200 fr. , savoir : 600 fr. pour droits paternels, et 600 fr. pour droits maternels.

Il est à remarquer que cette somme fut payée par Jammarin l'acquéreur, sur le prix des ventes à lui consenties par la veuve Paret. Le contrat de mariage l'énonce expressément.

En cet état de choses, le 1ᵉʳ thermidor an 3 , la veuve Paret contracte un second mariage avec Jean Poucin.

Le 13 du même mois , Antoinette Paret, femme Marthoud , fait signifier à la dame Poucin, sa mère, et au sieur Jammarin , un acte dans lequel elle déclare vouloir demander la nullité des ventes consenties par sa mère durant sa viduité; elle se fonde sur la disposition de l'édit des secondes noces, ainsi conçue : « Et au regard des biens à icelles veuves , acquis par dons et libéralités de leurs défunts maris, elles n'en peuvent et n'en pourront faire aucune part à leurs nouveaux maris, mais elles seront tenues les réserver aux enfants communs d'entre elles et leurs maris, de la libéralité desquels iceux biens leur seront avenus , etc. »

Enfin , et le 9 mars 1818 , la dame Marthoud assigne les époux Poucin et le sieur Jammarin , ou quoi que soit, ses héritiers, pour voir déclarer nulles les ventes dont il s'agit.

Les héritiers Jammarin opposent à la dame Marthoud, qu'en supposant que les ventes fusent nulles, la nullité était couverte par la ratification; que cette ratification résultait de ce qu'elle avait reçu des mains du sieur Jammarin partie du prix des immeubles pour le montant de sa dot.

7 juillet 1818 , jugement du tribunal de Saint-Etienne ainsi conçu :

« Considérant que, d'après les dispositions de l'édit des secondes noces, les avantages qu'un mari fait en propriété à sa femme sont entachés d'une substitution légale ou fidéi-commissaire en faveur des enfants provenus du mariage, pour le cas où la femme avantagée passerait à de secondes noces; que, dans tous les cas, elle doit réserver aux enfants du premier mariage les biens qui ont été l'objet de l'avantage dont elle n'acquiert la propriété que par son décès en viduité; qu'Antoinette Paret, lors de son mariage, était mineure, et sa mère en viduité; que si la substitution était ouverte, son effet était suspendu; qu'Antoinette Paret n'a pu, tacitement ni positivement, renoncer à un droit qui n'était pas encore ouvert; qu'elle en a usé avant le décès de sa mère, et que jusque là aucun délai utile pour la prescription n'a couru en faveur de l'acquéreur, qui connaissait la qualité de là venderesse; qu'au surplus la prescription décennale n'avait pas lieu dèslors que le titre en vertu duquel l'acquéreur aurait joui était infecté de mauvaise foi; qu'en ce cas il aurait fallu une possession trentenaire, etc.;

» Par ces motifs, le tribunal, sans s'arrêter aux fins de non-recevoir proposées par les héritiers Jammarin, dit que les arrêtés du 10 juin 1786 et du 12 mai 1787 sont déclarés nuls seulement à l'égard des deux tiers des biens qu'elles embrassent. »

Appel de la part des héritiers Jammarin. Ils soutiennent subsidiairement que la vente ne peut être annulée en tant qu'elle porte sur la moitié de l'immeuble acquis conjointement avec les époux Paret, puisque la dame Paret, personnellement propriétaire de cette moitié, a pu la vendre valablement en son nom personnel.

18

5 juillet 1821, arrêt de la cour royale de Lyon qui confirme :

« Par les motifs donnés en la sentence dont est appel, et attendu qu'Antoinette Paret, en recevant de Jammarin une somme de 1,200 f., que Marie Soyer, sa mère, lui avait constituée en dot dans un temps où celle-ci avait droit et pouvoir de vendre, n'est point censée avoir approuvé la vente et ne peut être envisagée avoir renoncé aux avantages qui pouvaient lui résulter d'évènements ultérieurs... »

Pourvoi en cassation de la part des héritiers Jammarin.

Le premier moyen est pris, etc.

Le second moyen consiste à soutenir qu'en recevant une partie du prix des immeubles vendus par sa mère, Antoinette Paret a exécuté les ventes ou concouru à l'exécution ; qu'aux termes de l'art. 1338 du Cod. civ., une telle exécution équivaut à une ratification ou confirmation, qui rend non recevable la demande en nullité ; qu'ainsi l'arrêt dénoncé, en accueillant la demande en nullité, a violé l'art. 1338.

Les défendeurs répondent qu'on ne peut voir une ratification emportant renonciation à un droit dans un acte antérieur à la naissance de ce droit ; que dans l'espèce, le droit de demander la nullité des actes de vente n'a pris naissance pour Antoinette Paret, que par l'effet du convol de sa mère et de son prédécès, et que le fait duquel on prétend induire une renonciation ou ratification est antérieur non-seulement au décès de la mère, mais même au convol.

ARRÊT — « La cour, attendu sur le deuxième moyen que le convol. de Marie Soyer est postérieur tant au contrat de mariage d'Antoinette Paret qu'aux ventes faites à Pierre Jammarin; qu'on ne peut par conséquent faire résulter d'un contrat aucune confirmation des ventes faites à Pierre Jammarin, ni aucune renonciation aux droits éventuels d'Antoine Paret; rejette, etc. »

Peut-être dira-t-on que par cela que le droit n'était pas né, dans l'espèce ci-dessus, l'arrêt ne peut être invoqué en faveur du système que nous développons en ce moment, puisque, dans l'hypothèse par nous posée, le droit de demander la subrogation est ouvert et peut être exercé immédiatement; mais nous répèterons ici ce que nous avons déjà dit plusieurs fois dans le cours de ce traité (n°s 5 et 32) que tant que le cessionnaire ne s'est pas présenté au partage, le droit du cohéritier n'est pas non plus ouvert en sa faveur, car le cessionnaire pourrait lui dire: « Mais je ne sais si je ferai usage de ma cession; attendez que j'en réclame l'exécution contre vous, et alors vous pourrez agir contre moi; en attendant vous êtes non recevable dans votre demande. »

Toutefois, malgré ces raisons et les arrêts qui leur servent d'appui, nous sommes obligé de convenir que notre conviction a été fortement ébranlée par un arrêt rendu par la cour de cassation, du 28 juillet 1829; en voici les termes, ils nous paraissent décisifs :

« Le sieur Dubruel se présentait à la succession de la demoiselle Châtaignerie, ouverte en 1800, en vertu de différents titres ; jugements ou arrêts qui l'assimilaient à un légataire de la défunte, jusqu'à la concurrence de la quotité disponible. Il s'agissait entre lui et les dames Dehours, héritières naturelles de la demoiselle Châtaignerie de procéder au partage de la succession de cette dernière ; et une instance existait à ce sujet devant la cour royale d'Agen, qui avait nommé des experts pour différentes opérations de liquidation.

» Le 15 mars 1811, pendant que cette instance était pendante, les dames Dehours vendent au sieur Marabal, pour le prix de 60,000 fr. un domaine dit de Sainte-Foi, faisant partie des biens de la demoiselle Châtaignerie. Dans l'acte même de vente, les dames venderesses délèguent sur l'acquéreur au profit du sieur Dubruel, une somme de 3,168 fr. pour le rembourser des frais et dépens dont il avait précédemment obtenu condamnation contre elles.

» Le 7 avril suivant, le sieur Marabal, acquéreur, informe par écrit le sieur Dubruel de cette délégation. Le 9 novembre 1818, le sieur Marabal étant décédé, le sieur Dubruel fait commandement aux enfants Marabal d'avoir à lui payer les 3,168 fr. délégués à son profit par le contrat de vente ; et les 30 novembre et 3 décembre de la même année, notification de ce contrat est faite à la requête du sieur Dubruel à chacun des héritiers Marabal : enfin, le 9 du même mois de décembre, le sieur Dubruel reçoit les 3,168 fr. par lui réclamés, et en donne quittance pure et simple, au dos de l'une des copies du contrat de vente de 1811 ; cette quittance ne contient de ré-

serves que relativement aux intérêts de la somme de
3,168 fr., qui lui restaient encore due par les dames
Dehours.

» Plus tard le sieur Dubruel, définitivement reconnu héritier pour moitié de la demoiselle Châtaignerie, déclare vouloir attaquer la vente du domaine
de Sainte-Foi détaché de cette succession. Dans
différents actes de 1820, 1821, 1822, il fait et réi-
tère toutes protestations contre le contrat du 15 mars
1811, comme ayant été consenti par les dames
Dehours, ses cohéritières, sans sa participation et
en fraude de ses droits. — Les héritiers Marabal,
pour repousser cette prétention, opposent au sieur
Dubruel son propre acquiescement à la vente qu'il
attaque ; ils soutiennent qu'en acceptant la délégation des 3,168 fr. faite à son profit par le contrat de
vente du 15 mars 1811, et en poursuivant contre
eux ou leur auteur le paiement de cette somme, il
a par cela même *approuvé* ou *ratifié* la vente (Cod.
civ., 1338), et s'est rendu par conséquent non recevable à l'attaquer.

» Jugement qui accueille ces moyens de défense ;
— mais sur l'appel, et le 10 août 1826, arrêt de la
cour royale d'Agen, qui réforme, et par suite annule la vente comme frauduleuse : « Attendu, porte
» l'arrêt, que toute approbation suppose la volonté
» de s'approprier l'acte litigieux, de l'identifier avec
» tous ceux à qui cet acte est utile, de s'en appro-
» prier toutes les dispositions, et que cette volonté
» doit être sans équivoque ; que si, en poursuivant
» le paiement de 3,168 fr. délégués au contrat de

» vente , ainsi que le paiement des intérêts de cette
» somme , Dubruel avait pu se rendre non recevable
» à demander la nullité du contrat , ses réserves et
» ses protestations multipliées, surtout en 1819 ,
» 1820 , 1821 , les 17 , 18 et 19 janvier, et 2 février
» 1822, ne laisseraient aucun doute sur l'intention
» où il n'a cessé d'être , de ne pas se lier à l'acte de
» vente , et qu'elles l'ont maintenue dans le droit
» d'en demander la nullité. »

» Pourvoi en cassation par les héritiers Marabal,
pour violation ou fausse application de l'art. 1338,
Cod. civ.

» ARRÊT. — La cour , vu l'art. 1338, Cod. civ. ;
attendu, en droit , que la disposition précise et formelle de cet article établit en principe que l'exécution volontaire d'un acte , antérieurement bien
connu, emporte la renonciation aux moyens et
exceptions que l'on pourrait avoir contre cet acte ,
et s'oppose , par suite , à ce que celui qui l'a ainsi
volontairement exécuté puisse être admis ensuite
à en contester la validité; attendu que dans l'espèce
l'arrêt attaqué, loin de révoquer en doute l'exécution volontaire du contrat de vente du 15 mars 1811,
de la part de Dubruel, reconnaît en termes formels
que, le 9 novembre 1818 , il adressa à Auguste Marabal, comme héritier de son père , et détenteur du
domaine de Sainte-Foi , un commandement à l'effet
de lui payer le montant de la délégation faite à son
profit sur le prix stipulé au contrat de vente de ce
domaine; attendu que ce commandement renferme
une approbation nécessaire du contrat , puisqu'il a

pour objet d'en demander et d'en obtenir l'exécution,
en ce qui concerne le sieur Dubruel ; attendu qu'ensuite de ce commandement, et sous la date du 9
décembre 1818, Dubruel a reçu la somme déléguée
et en a donné quittance ; attendu qu'il avait à cette
époque parfaite connaissance de l'acte de vente , dont
il s'était fait délivrer par le notaire une grosse qu'il
avait fait notifier aux héritiers Marabal, sans réserve
ni protestation , par exploit des 30 novembre et 3
décembre 1818, que ce n'est cependant que postérieurement à ces actes géminés d'exécution volontaire
du contrat du 15 mars 1811 , et après une deuxième
instance relative aux intérêts qu'il réclamait, qu'il
s'est pourvu au mois de juin 1823, pour faire prononcer la nullité de ce contrat ; que cette action était
manifestement non recevable; que vainement la cour
royale d'Agen s'est fondée sur ce que des réserves et
protestations multipliées, principalement à la date
de 1819, 1820 et 1821 , ne laissaient aucun doute
sur la volonté de Dubruel , de ne point se lier à l'acte
de vente, et qu'elles l'avaient ainsi maintenu dans
le droit d'en demander la nullité; qu'il est de principe, consacré tant par l'ancienne que par la nouvelle jurisprudence, que les réserves et protestations
contre un acte que l'on exécute spontanément, et
que l'on pouvait dès-lors se dispenser d'exécuter ,
sont sans force et sans efficacité , comme étant inconciliables et incompatibles avec l'exécution que
l'on poursuit ;

» Qu'en accueillant donc la demande en nullité ,
et en rejetant la fin de non-recevoir opposée et ré-

sultant de l'exécution volontaire dudit contrat, la
cour royale d'Agen est manifestement contrevenue à
l'art. 1338 , Cod. civ., qui décide en termes exprès,
que par l'exécution volontaire d'un acte, on s'interdit le droit d'opposer les moyens que l'on aurait pu
faire valoir contre cet acte, avant cette exécution ;
par ces motifs et sans qu'il soit besoin de s'occuper
des autres moyens, casse, etc. » Sirey, tome 29, 1re
part. , etc. , pag. 389.

71. Y aurait-il exécution de la cession ou renonciation de la part des cohéritiers, à demander la subrogation, dans le cas où les cohéritiers soumis par la
régie de l'enregistrement de payer les droits de mutation, le cessionnaire se serait présenté avec les cohéritiers, aurait payé sa part, et qu'une quittance unique dans laquelle il aurait été mis en nom, aurait
été retirée par les mêmes cohéritiers ?

On pourrait dire que les cohéritiers, en souffrant
que le cessionnaire fût mis en qualité dans la quittance et en retirant eux-mêmes cette quittance, ont
suffisamment reconnu par là la qualité de représentant de leur cohéritier sur la tête du cessionnaire;
que dès-lors ils sont censés avoir renoncé au droit
de demander le retrait successoral, et avoir admis
ce cessionnaire à participer avec eux aux bénéfices
et aux charges de la succession.

Mais à cela on répondrait que le fait de la quittance est l'ouvrage d'un tiers, et que ce qui a pu y
être inséré n'émanant pas d'eux, on ne peut en tirer
aucune conséquence contre l'admission de leur de-

mande en subrogation ; qu'il en serait autrement si
c'étaient eux, cohéritiers, qui eussent fait sommation
au cessionnaire de se rendre chez le receveur pour
y acquitter conjointement avec eux les droits de
mutation, mais que dès qu'ils sont étrangers à cet
appel fait par la régie seule, on ne saurait voir un
acte d'exécution dans les termes de la quittance qui
n'est pas leur fait.

72. Si un créancier de la succession avait fait assigner tous les héritiers en paiement de ce qui lui
était dû par le défunt et que sur cette assignation le
cessionnaire eût, en cette qualité et comme représentant un cohéritier, constitué le même avoué que les
autres héritiers; qu'il eût contesté conjointement
avec eux; qu'en un mot ils eussent tous ensemble
soutenu le défaut de droit du créancier, y aurait-il
dans ces faits exécution de la cession ou renonciation de la part des cohéritiers à l'exercice du retrait
successoral?

Nous ne le pensons pas ; nous croyons qu'il faut
un acte ou un fait du cohéritier, intervenu entre le
cessionnaire et le cohéritier directement et non point
seulement le concours du cessionnaire à un fait ou
à un acte qui n'a pas lieu contradictoirement avec
le cohéritier.

Vainement dirait-on que les héritiers, en plai-
dant conjointement avec le cessionnaire contre le
créancier, ont implicitement exécuté la cession; que
dès le moment qu'ils ont souffert que des actes fussent signifiés à son nom et aux leurs, ils ont reconnu

par là son droit et sa qualité de représentant de leur
cohéritier, droit et qualité qu'ils ne peuvent plus
lui enlever par la demande en subrogation.

On dirait toujours que ce qui a été fait par le cessionnaire et les cohéritiers ne l'a été que conjointement et non contradictoirement avec eux; que c'est
là ce qui fait toute la différence et ce qui établit ce
droit ou le défaut de qualité pour l'exercice du retrait;
laisser faire, dans ce cas, n'est pas agir, ni par conséquent exécuter la cession.

73. Nous avons dit (n° 68), que le retrait ne
pourrait être admis contre le cessionnaire que dans
le cas où les cohéritiers n'ont pas reconnu sa qualité
par un acte quelconque, exprimant cette volonté
d'une manière non équivoque. Cette opinion ainsi
émise, prise isolément, pourrait donner lieu à quelques erreurs; il est bon que nous les prévenions en
nous expliquant d'une manière plus explicite sur ce
point.

On peut reconnaître la qualité de cessionnaire sur
la tête de celui qui a acquis la portion d'un cohéritier,
de plusieurs manières; mais nous pensons que celles-
là seules qui emportent une exécution de la cession
peuvent être opposées par le cessionnaire.

Supposons, par exemple, qu'un cohéritier, dans
une conversation publique, dise au cessionnaire qu'il
a appris l'acquisition qu'il a faite de la part de son
cohéritier, et qu'il en félicite le cessionnaire, en
ajoutant qu'il s'estimera heureux de se trouver ainsi
lié d'intérêt avec lui; supposons même qu'au lieu

de dire ces choses dans une conversation, le cohéritier les écrive au cessionnaire, dans aucun de ces
cas il n'y aura exécution de la cession, quoiqu'il y
ait reconnaissance de la qualité de cessionnaire sur
la tête de l'acquéreur, et nous croyons que rien n'em-
pêchera que le cohéritier qui se serait exprimé ainsi
verbalement ou par écrit, ne puisse exercer plus tard
le retrait successoral.

Supposons encore que le cohéritier, en contrac-
tant avec le cessionnaire sur des objets étrangers à la
succession, lui reconnaisse la qualité de cessionnaire,
ou même qu'il la lui donne; dans ce cas il n'y aura
certainement pas exécution de la cession et renonciation à en demander la subrogation : cela se conçoit
tout d'abord; mais si, comme nous le dirons plus
tard avec quelques détails, le cohéritier a appelé le
cessionnaire à prendre part à des opérations du partage et que ce partage se consomme, il y a alors,
non-seulement reconnaissance de la qualité de cessionnaire, mais encore exécution de la cession, et
alors le retrait ne pourrait plus être exercé.

74. Nous avons dit aussi (n° 69) que dans le cas
où le cohéritier aurait fait un acte avec le cessionnaire, par lequel ce dernier aurait vendu les immeubles ou les effets mobiliers qui tomberaient dans
son lot, il s'élèverait une fin de non-recevoir contre le
cohéritier s'il voulait par la suite exercer le retrait
successoral; nous confirmons ici cette opinion, mais
nous allons mettre sous les yeux du lecteur une
espèce sur laquelle nous venons d'être consulté à

l'instant, et qui présente une question assez intéressante.

Noël Ferrary devint cessionnaire par acte public
de la part cohéréditaire de Jean-Baptiste Pivot dans
la succession de Boniface Pivot, son père. Victor
Pivot, frère du cohéritier vendeur, désirant devenir
propriétaire exclusif d'une prairie située au mas du
Rocher, proposa à Ferrary de la lui acheter dans le
cas où elle tomberait dans son lot ; il lui écrivit à cet
effet une lettre dans laquelle il lui en offrit 2,000 fr.,
et à laquelle Ferrary répondit en déclarant qu'il
acceptait la proposition faite. Plus tard, mais avant
que le partage fût consommé, Victor Pivot fit signifier un acte extra-judiciaire à Noël Ferrary, dans
lequel il lui faisait sommation de déclarer s'il entendait vouloir user de la cession qui lui avait été faite
par Jean-Baptiste Pivot, et de déclarer aussi, en cas
d'affirmative, quel était le prix stipulé ; qu'à l'instant
même, offre lui serait faite de lui en payer le montant avec intérêts et accessoires. Ferrary, cessionnaire, répondit au bas de l'acte qu'il ne voulait pas
consentir à la subrogation proposée, attendu que
l'exécution donnée à la cession par le retrayant lui
ôtait le droit de la demander ; qu'il y avait entre eux
un contrat de vente légalement consenti ; que cela
résultait de leur correspondance, puisque le cessionnaire avait accepté sans réserve ni restriction l'offre
qui lui avait été faite de vendre la prairie du Rocher,
dans le cas où elle tomberait dans son lot, au prix de
2,000 fr.

Victor Pivot ne niait pas d'avoir reçu la lettre de

Ferrary contenant l'acceptation de l'offre qui lui avait
été faite, mais il soutenait qu'on ne pouvait pas voir
dans cette correspondance une exécution de la cession,
parce que la vente ainsi intervenue, ne devait pas
être déclarée valable; qu'elle était contraire à la disposition de l'art. 1325, qui exige pour la validité des
actes privés, dans les contrats synallagmatiques,
qu'ils soient faits en autant d'originaux qu'il y a de
parties contractantes, et qu'il en soit fait mention
dans chaque original.

Il s'agissait donc, dans l'intérêt de Ferrary, d'examiner d'abord si la vente consentie par lettres missives était ou n'était pas valable. Mais le cessionnaire
avait encore d'autres craintes qui faisaient naître
d'autres questions : « Si la vente, disait-il, est déclarée
valable, Victor Pivot ne pourra-t-il pas me dire qu'il
n'a exécuté la cession que pour ce qui regarde la
prairie des Roches, et non pour le surplus des biens
meubles ou immeubles de la succession, et qu'alors
il peut demander à être admis à exercer le retrait
pour ce surplus? D'autre part, disait encore Ferrary,
si la prairie des Roches ne fait pas partie de mon lot,
la vente ne tombera-t-elle pas d'elle-même, et alors
Victor Pivot ne pourra-t-il pas exercer contre moi le
retrait successoral, ou bien ne pourrais-je pas également lui opposer l'exécution qu'il a donnée à ma
cession par cette vente, alors même qu'elle n'a pas
eu son effet? »

A ces trois questions j'ai cru devoir donner les
solutions suivantes :

En ce qui concerne la première, relative à la validité ou à l'invalidité de la vente par lettres missives, j'ai répondu :

La vente est parfaite entre les parties, et la propriété est acquise de droit à l'acheteur à l'égard du vendeur, dès qu'on est convenu de la chose et du prix, quoique la chose n'ait pas encore été livrée et le prix payé; Cod. civ., 1583. L'écriture n'est pas de l'essence de ce contrat; il peut être consenti verbalement aussi bien que par écrit.

Vainement dirait-on que l'art. 1582 du Code civil semble exclure la vente verbale ou par lettres missives, puisqu'il dispose que la vente peut être faite par acte authentique, ou sous seing privé. Ce serait une erreur, selon nous, que de le soutenir, car la rédaction de cet article fait au contraire supposer que la forme de la vente n'est pas limitée à l'acte authentique ou à la convention sous seing privé, puisqu'il est dit : *peut être faite*; ce qui n'est pas exclusif de la vente verbale ni de celle contractée par lettres missives. On peut d'ailleurs tirer un argument favorable à cette opinion de l'art. 109 du Cod. de commerce, qui porte que les achats et les ventes se constatent par la correspondance.

M. Toullier, il est vrai, tire de cet article un argument contraire; il pense avec regret que la preuve des achats et ventes ne peut se faire par la correspondance qu'en matière commerciale; mais M. Merlin réfute victorieusement son opinion dans son tom. 16, pag. 211; voici comment il s'explique à ce sujet :

« M. Toullier, n° 325, pense que d'après cet

article (1325) on ne peut plus, en France, contracter par lettres , *per epistolam* ; et il regarde comme une dérogation à cet article la disposition de l'art. 109 du Code de commerce , par laquelle le législateur , contraint par la nécessité et la faveur du commerce de revenir à la raison et à la bonne foi , déclare que les achats et les ventes se constatent par correspondance. Ainsi , continue M. Toullier , les lettres missives suffiront , devant les tribunaux de commerce , pour prouver la vente d'une partie de marchandises de 300,000 fr. ; et elles ne suffiront pas , devant les tribunaux civils , pour prouver la vente d'un cheval , ou celle d'un petit coin de terre de 300 fr. ! Quelle législation!

» Mais je crois avoir bien établi par les propres termes de l'art 1325 qu'il ne comprend pas textuellement dans sa disposition les conventions synallagmatiques formées par correspondance , et qu'on ne peut pas la leur étendre sans violer le principe, que toute loi contraire au droit commun, et surtout à la raison, doit être entendue dans le sens le plus étroit. Ensuite, la disposition de l'art. 109 du Code de commerce , sur la faculté de prouver les achats et les ventes par correspondance, peut-elle être considérée comme une exception au droit commun , et par conséquent comme une preuve que le droit commun refuse cette qualité aux non-commerçants ? Je ne le crois pas, et je n'ai besoin , pour justifier cette opinion , que de transcrire en entier l'article dont il s'agit : « Les achats et ventes se constatent par actes » publics, par actes sous signatures privées , par le

» bordereau ou arrêté d'un agent de change ou
» courtier dûment signé par les parties , par une
» facture acceptée , *par la correspondance* , par les
» livres des parties , par la preuve testimoniale ,
» dans le cas où le tribunal croira devoir l'admettre. »

» Que parmi ces sept modes de preuve il y en ait
plusieurs qui soient particuliers aux affaires de commerce , c'est ce dont on ne peut douter. Mais de ce
que la correspondance se trouve comprise dans la
nomenclature de ces modes de preuve , s'ensuit-il
que les commerçants sont les seuls entre lesquels
elle puisse être employée pour constater un acte et
une vente en matière non commerciale ? Non certainement , puisque les actes publics et les actes sous
signatures privées figurent au premier rang de cette
nomenclature , et que bien sûrement les non-commerçants peuvent s'en servir aussi bien que les
commerçants , pour preuve de leurs achats et de
leurs ventes. Il ne peut donc résulter de l'art. 109
du Code de commerce aucun argument en faveur de
l'applicabilité de l'art. 1325 du Code civil , à la
preuve des conventions formées par correspondance.
Et bien loin de là , il en résulte un argument contraire , car cet article distingue soigneusement *la*
correspondance d'avec *les actes sous signatures privées.*
Donc les lettres missives par lesquelles deux parties
s'engagent réciproquement ne sont pas comprises
dans l'art. 1325 du Code civil sous les mots *actes sous*
signatures privées , qui contiennent des *conventions*
synallagmatiques ; dont l'art. 1325 du Code civil
laisse le mode de preuve par correspondance dans

les termes du droit commun. Donc, on peut encore aujourd'hui contracter avec sûreté par lettres, comme on le pouvait sous le droit romain. »

M. Duport-Lavillette, dans ses *Questions de droit*, tom. 4, pag. 441 et suivante, examine et résout aussi la question en ce sens ; voici notamment ce qu'il dit pag. 442 :

« Il faut remarquer que l'art. 1582, en disant que la vente peut être faite par acte public ou sous signature privée, n'exclut pas les autres modes de contracter qui sont admis par le droit commun, ainsi que l'a fait remarquer l'orateur du gouvernement quand il a présenté le titre de la vente au corps législatif, et il y a même plusieurs arrêts qui ont ordonné l'exécution de ventes purement verbales, dont la teneur est constatée par l'aveu des parties ou par les circonstances de la cause. A plus forte raison, celles qui résultent *de lettres missives* par lesquelles les contractants se sont réciproquement engagés doivent-elles également être exécutées, attendu que ces lettres sont de véritables actes sous seing privé quand elles constatent une négociation quelconque. »

Pothier, dans son traité du *Contrat de louage*, nº 47, dit expressément que « dans les contrats de louage, de même que dans celui de vente et dans les autres contrats, le consentement des parties contractantes, lorsqu'elles ne sont pas présentes, peut intervenir *per nuntium aut per epistolam*. »

Il existe un arrêt de la cour de Caen, du 26 janvier 1824, qui a jugé la question d'une manière implicite ; voici dans quelle espèce :

« Dupont était fermier, en vertu d'un bail sous seing privé, de biens appartenant à la dame Mézaire. Le 12 septembre 1823, les parties convinrent de résilier le bail sous quelques conditions.

» Le 24 du même mois, Dupont écrivit à la dame Mézaire pour lui confirmer sa résolution de quitter la ferme ; dans la lettre il engagea cette dame à lui répondre positivement et par écrit, pour sa gouverne. La dame Mézaire garda le silence, mais il paraît que quelques temps après elle loua les biens dont il s'agit au sieur Couronne.

» De son côté, Dupont, n'ayant reçu aucune réponse à sa lettre, regarda son bail comme toujours existant. En conséquence il sous-loua les mêmes biens au même sieur Couronne, mais pour un prix plus élevé que celui fixé par la dame Mézaire.

» Question de savoir si ce dernier bail était valable.

» La dame Mézaire a soutenu que Dupont n'avait pu le consentir, attendu la résiliation de celui existant entre lui, Dupont, et elle, dame Mézaire.

» Dupont a répondu qu'il n'avait pas cessé un seul instant d'être fermier ; que pour que la lettre par lui écrite eût l'effet d'une résiliation, il aurait fallu que la dame Mézaire eût répondu qu'elle consentait à cette résiliation ; et que le silence par elle gardé ne pouvait être considéré comme une acceptation de l'offre contenue dans la lettre, avec d'autant plus de raison que, si la dame Mézaire n'eût pas voulu produire cette lettre, lui Dupont n'aurait eu aucun moyen de prouver l'existence de la convention, ce qui est contraire aux principes qui régissent les contrats synallagmatiques.

» ARRÊT. — Considérant que les parties étaient liées par un acte synallagmatique en forme de bail arrêté double, sous seing privé, le 30 novembre 1820, enregistré en forme ; que s'il est vrai, ainsi que le soutient la dame Mézaire, que ce bail ait été résilié entre Dupont et elle le 12 septembre dernier, cette résiliation ne pouvait avoir d'effet qu'autant que chacune des parties aurait eu un moyen égal de contraindre l'autre à l'exécuter ; — qu'à la vérité Dupont avait suffisamment reconnu la résiliation par la lettre qu'il adressa à la dame Mézaire le 22 septembre, mais que pour que cette lettre eût établi un engagement parfait, il eût fallu que la dame Mézaire eût, de sa part, déclaré *par écrit*, sur la demande qui lui en était faite par Dupont, qu'elle consentait ; constater la remise de l'effet du bail sur les deux doubles de la convention ; qu'à cet égard ladite dame Mézaire devait faire la réponse que lui demandait Dupont par le porteur de la lettre, pour, disait-il, lui servir de gouverne ; qu'alors l'obligation eût été réciproque, et chacune des parties aurait eu un moyen d'exécution forcée contre l'autre ; tandis que la dame Mézaire tenant secrète la lettre de Dupont, celui-ci n'avait aucun moyen en son pouvoir pour contraindre la dame Mézaire à résilier le bail dont il s'agit ; — que l'argument tiré par la dame Mézaire de la connaissance qu'avait Dupont du prétendu bail arrêté entre elle et un sieur Couronne, ne peut être d'aucune influence dans la cause, puisqu'entre

Couronne et la dame Mézaire il n'existait également aucun acte écrit ; que dès-lors , ni Couronne ni Dupont n'avaient aucun moyen en leur pouvoir pour contraindre la dame Mézaire à exécuter les prétendues conventions arrêtées avec Couronne ; que dans cet état de choses , la dame Mézaire ayant gardé le silence sur la lettre de Dupont , ce dernier a pu se croire légalement autorisé à contracter directement avec Couronne........ —confirme. » Sirey , tom. 25 , 2ᵉ part. , pag. 327.

Les motifs de cet arrêt font facilement concevoir que si la dame Mézaire eût répondu à la lettre de Dupont qu'elle consentait à la résiliation du bail , le contrat aurait été parfait entre les parties , c'est-à-dire que leur consentement pour la résiliation aurait été suffisamment constaté , bien qu'il n'eût été donné que par lettres missives.

M. Duport-Lavillette , que nous venons de citer , avait été consulté dans une espèce où il y avait proposition de vente et acceptation faite par lettres avouées et reconnues par les parties ; aussi n'hésite-t-il pas à décider que ces lettres équivalent à une vente privée faite à double.

Maintenant est-il vrai que si la vente est déclarée valable , Victor Pivot puisse dire qu'il n'a exécuté la cession que pour ce qui regarde la prairie des Roches , et non point pour le surplus des biens de la succession , et qu'alors il doit lui être permis de demander à être admis à exercer le retrait successoral ?

La solution de cette seconde question nous paraît souffrir peu de difficulté.

Puisqu'il est certain que Victor Pivot a exécuté la cession, il importe peu que ce soit en partie ou en totalité. La reconnaissance d'une qualité ne peut pas être divisée : ou Victor Pivot a vu dans la personne de Ferrary son cohéritier par l'effet de la cession qui lui avait été consentie, ou il ne lui a pas reconnu cette qualité. S'il lui a reconnu cette qualité, il ne peut plus échapper aux conséquences qu'entraîne son fait. Il ne pourrait pas soutenir que n'ayant traité avec Ferrary que pour la prairie des Roches, il ne lui a pas abandonné le droit de demander la subrogation pour le surplus ; ce raisonnement serait sans aucun fondement, car ce serait ici le cas d'appliquer les règles sur les obligations divisibles ou indivisibles, et de dire : L'exécution de la cession est un fait indivisible, en ce sens que pour celui qui en est l'auteur il ne peut se diviser par partie ; une fois l'existence de la cession reconnue par l'exécution, le droit de demander la subrogation est anéanti, et ce droit ne peut revivre pour partie.

La troisième question ne pourrait pas présenter plus de doute ; car lorsqu'il sera établi que l'objet acheté par le cohéritier n'est pas tombé dans le lot du cessionnaire, le partage sera opéré, et le droit du cohéritier au retrait successoral ne pourra plus être opposé au vendeur. Il est de toute évidence en effet que le partage sera complet entre les cohéritiers et le cessionnaire, dès le moment que le tirage des lots aura eu lieu ; et si le partage est complet, le cohéritier sera nécessairement écarté par fin de non-recevoir, s'il veut demander la subrogation au cessionnaire.

75. Y aurait-il exécution de la cession dans l'hypothèse suivante ? Le cohéritier et le cessionnaire,
agissant de concert, reçoivent d'un débiteur de la
succession une somme de 1,000 fr., et en passent
quittance publique. Dans cette quittance il est stipulé
que la somme reçue demeure indivise entre les parties
créancières, lesquelles en feront le dépôt chez un
banquier, pour ensuite être retirée *par qui de droit*
lors du partage ; *tous droits des parties leur demeurant
réservés.*

Il n'est pas douteux que le cohéritier n'ait reconnu
au cessionnaire le droit de recevoir avec lui une dette
de la succession, et qu'il n'ait par là exécuté la cession ; ce n'est pas là qu'est la difficulté, nous ne le
pensons pas du moins ; elle nous paraît être dans
la réserve stipulé par les parties relativement à leurs
droits ; ces mots : *tous droits des parties leur demeurant réservés*, ont-ils conservé au cohéritier l'exercice
du retrait successoral ? Cela nous paraît douteux.

On peut dire pour l'affirmative qu'en insérant une
pareille stipulation jointe à la circonstance que la
somme reçue n'a pas été divisée entre eux, qu'elle
est au contraire restée dans l'indivision jusques au
partage, les parties n'ont pu entendre que de réserver
au cohéritier l'exercice du retrait s'il le trouvait convenable à ses intérêts ; quels autres droits pouvait
en effet se réserver le cohéritier ? Aucun contre le
débiteur, il s'était libéré ; ce ne pouvait donc être
que des droits ou un droit contre le cessionaire ;
c'est-à-dire celui de demander la subrogation.

On répondrait pour la négative que si le cession-

naire et le cohéritier eussent eu en vue le retrait
successoral, ils s'en seraient expliqués d'une manière
explicite ; venant par un fait non équivoque d'exécuter la cession , il fallait nécessairement , de la part
du cohéritier , une protestation expresse ayant pour
objet de faire manifester l'intention de se réserver
le droit de demander la subrogation , malgré la
réception de la somme faite conjointement avec le
cessionnaire ; il fallait une stipulation portant clairement que bien que le cohéritier semblât par l'exigat
de la somme due , avoir exécuté la cession , il ne se
réservait pas moins le bénéfice de la subrogation, et
qu'entre le cohéritier et le cessionnaire, la quittance
de cette même somme ne tirait pas à conséquence ;
des réserves , une protestation vague ne suffisant
jamais pour conserver l'exercice d'un droit ; il faut
que ce droit soit énoncé d'une manière formelle ;
nous en trouverons la preuve dans l'arrêt suivant :

« Le 28 prairial an 10, Marie-Anne Rucapel vendit
une partie de ses biens à la dame Buzenac , sa sœur.
Bientôt après elle mourut , et parmi les biens qu'elle
laissa se trouvèrent les meubles qu'elle avait vendus
à sa sœur , et dont elle n'avait pas fait la délivrance.
Les scellés furent apposés sur tous les effets trouvés
dans la succession ; lors de la levée qui en fut faite ,
tout fut également inventorié ; toutefois la dame
Buzenac réclama les meubles qu'elle avait acquis le
28 prairial , et Jeanne Rucapel et la dame Desplats ,
ses deux sœurs , cosuccessibles , reconnurent la
légitimité de sa demande. En conséquence il fut dit
dans l'inventaire que la dame Buzenac n'y avait laissé

comprendre les meubles qui lui avaient été vendus, que parce qu'ils étaient confondus avec ceux de la succession ; que la demoiselle Rucapel et la dame Desplats consentaient formellement à la distraction des meubles vendus, attendu qu'ils étaient indépendants de la succession et que la propriété en appartenait à la dame Buzenac. Avant la clôture de l'inventaire il fut dit que *toutes les parties se réservaient leurs droits et exceptions.*

» Les parties ayant voulu procéder au partage de la succession, la dame Desplats et son mari ont prétendu que l'acte du 28 prairial an 10 était simulé et nul ; et en conséquence, ils ont voulu faire entrer dans le partage les biens vendus à la dame Buzenac.

» Un jugement du tribunal de première instance de Cahors, du 21 février 1809, a accueilli cette demande et prononcé la nullité de la vente du 28 prairial.

» Appel de la part de la dame Buzenac.

» La dame Desplats et son mari, a dit l'appelante, avaient approuvé la vente qui m'avait été faite par Marie-Anne Rucapel, et ils l'avaient approuvée avec connaissance de cause ; ils ne pouvaient donc plus en demander la nullité. Il est vrai que l'inventaire dans lequel l'approbation fut donnée fut terminé par la réserve que toutes les parties firent de leurs droits ; mais cette réserve, faite sans dessein et sans but déterminé, ne fit pas revivre des droits qui avaient été éteints par une déclaration précédente.

» Il a été répondu qu'on ne présumait jamais

qu'une personne renonçât gratuitement à ses droits ;
qu'ainsi, lorsqu'un acte présentait quelque doute il
devait toujours être interprété en faveur de celui au
préjudice duquel il était fait ; que Desplats et son
épouse s'étant réservés tous leurs droits lors de l'inventaire, on ne pouvait pas supposer qu'ils eussent
abandonné leur droit le plus précieux, celui de faire
rentrer dans la succession la plus grande partie des
biens de Marie-Anne Rucapel ; enfin que leur réserve
aurait été sans objet, si elle n'avait pas porté sur les
vices de l'acte du 28 prairial.

» Arrêt. — Considérant que la fin de non-recevoir
est démontrée dans l'acte du 7 fructidor an 10,
contenant inventaire souscrit par toutes les parties,
car dans cet inventaire la dame Buzenac expose,
entre autres choses, qu'il y a dans la succession plusieurs meubles et effets lui appartenant en propre,
et qu'ils ne doivent point être portés dans l'inventaire,
attendu que par contrat retenu par Seignet, notaire,
il y a environ un mois, Marie-Anne Rucapel, sa
sœur, lui avait fait la vente des immeubles, de même
que de tous les meubles, effets et cabaux énoncés
dans sa donation ; d'où il résulte incontestablement
que lesdits objets lui appartiennent irrévocablement,
et qu'ils ne doivent point faire partie de la succession
dont elle en demande la distraction, n'ayant consenti
qu'ils fussent compris dans l'inventaire, que parce
qu'il se trouvaient confondus avec d'autres meubles
dépendants de la succession ; à quoi la dame Desplats
et la demoiselle Rucapel répondirent qu'elles recon-
naissaient la légitimité de la réclamation de leur

sœur, et donnèrent leur consentement à ce que tous les meubles et effets dont s'agit fussent distraits dudit inventaire, comme la propriété en appartenant irrévocablement à la dame Buzenac : ainsi, considérant que cet inventaire est un acte de famille, une espèce de transaction dans laquelle l'intimée a reconnu la validité des actes qu'elle attaque aujourd'hui, et que dès-lors cet acte contient pour elle une fin de non-recevoir insurmontable ;

» Par ces motifs,

» Reçoit la dame Buzenac opposante envers l'arrêt de défaut du 2 novembre 1809 ; faisant droit de l'appel interjeté par ladite dame, du jugement rendu par le tribunal de première instance de Cahors, le 21 février 1809, dit qu'il a été mal jugé, bien appelé ; faisant ce que le premier juge aurait dû faire, déclare les intimés non recevables à attaquer l'acte de vente du 28 prairial an 10 ; ordonne que ledit acte sortira son plein et entier effet, etc. » (Sirey, tom. 10, 2ᵉ part., pag. 371.)

On voit par cet arrêt que bien qu'il y ait eu des réserves elles n'ont pas entretenu le droit d'attaquer les actes que les parties qui les avaient faits venaient d'exécuter. L'exécution était formelle, incontestable, les réserves étaient vagues, incertaines, indéterminées. Si ces réserves avaient, au contraire, expliqué l'objet sur lequel elles portaient, si elles avaient eu un sujet explicitement énoncé, il n'est pas douteux que la cour eût prononcé différemment et qu'elle eût entretenu le droit d'attaquer comme simulée la vente dont il s'agissait.

76. Autre hypothèse. Supposons qu'en vertu de sa cession et avant le partage, le cessionnaire se soit mis en possession de la totalité ou de partie des immeubles de la succession ; qu'il les ait cultivés, qu'il ait vendu les récoltes, et cela au vu et au su du cohéritier ; dans ce cas, pourrait-on considérer le silence et l'inaction de ce dernier comme une exécution de la cession qui empêcherait l'exercice du retrait successoral ?

Nous ne le croyons pas. Toute personne non-cessionnaire d'un cohéritier pourrait se rendre coupable d'une pareille usurpation; dès-lors, les autres cohéritiers pourraient soutenir qu'ils ignoraient l'existence de la cession, et qu'ils n'ont pu reconnaî-tre et exécuter un acte dont l'existence ne leur était pas connue ; que d'ailleurs ce ne pourrait pas être par voie de conjecture que l'on pourrait décider s'il y a eu ou s'il n'y a pas eu exécution de la cession ; qu'il faut que cette exécution soit volontaire et qu'elle soit expresse. Or pourrait-on dire qu'il y aurait volonté clairement et expressément mani-festée dans le silence gardé par les cohéritiers, durant la possession du cessionnaire ? Non, sans doute.

Il en serait autrement si les cohéritiers ou l'un d'eux avaient reçu du cessionnaire une partie du prix des denrées vendues, car alors il serait impossible que, recevant cette somme, ils l'eussent emboursée sans savoir à quel titre elle leur serait comptée par le cessionnaire. Cet acte, de la part des cohéritiers, ferait inévitablement supposer que la cession leur était connue et qu'ils consentaient qu'elle reçût à leur égard toute son exécution.

77. Reconnaître l'existence de la cession de la part du cohéritier, n'est pas l'exécuter; ainsi supposons que dans une transaction ou un acte quelconque intervenu entre le cessionnaire et l'héritier sur des objets étrangers à la succession, la cession y eût été mentionnée par sa date et même par son contenu, on ne pourrait induire de ce fait la conséquence que l'héritier l'aurait exécutée; de même qu'on peut citer dans un acte un testament nul, sans pour cela s'interdira le droit ou la faculté de l'arguer de nullité.

78. Que faudrait-il décider dans ce cas ? Le cessionnaire se met en possession, avant le partage, d'une pièce de terre de la succession; plus tard il en passe vente à un tiers par acte public; l'acquéreur dénonce la vente aux créanciers; parmi ces derniers se trouve un des cohéritiers, qui, au lieu d'exercer le retrait successoral contre le cessionnaire, ou bien de revendiquer la terre, se contente de faire une surenchère; ce cohéritier s'interdit-il le droit de demander la subrogation ? Pourrait-il être écarté par fin de non-recevoir tirée de ce qu'il aurait exécuté la cession ?

Nous nous décidons pour l'affirmative, parce que dans ce cas le cas le cessionnaire ayant vendu comme représentant d'un cohéritier, il est impossible que les autres héritiers n'aient pas eu connaissance de

la cession. Or , si le surenchérisseur a connu la
cession , il n'est pas douteux qu'il ne l'ait volontairement exécutée par la surenchère.

CHAPITRE IV.

79. La matière que nous traitons semble avoir été négligée, dans tous les temps, par le législateur. On a senti de bonne heure l'urgente nécessité de permettre aux cohéritiers d'écarter du partage le cessionnaire étranger qui voudrait s'y présenter ; mais on s'est borné à l'admission du droit, sans tracer de règles pour son exercice. Dans l'ancien droit c'est à la jurisprudence qu'il faut recourir, et non point à une loi positive, pour trouver l'origine du retrait successoral ; aucune forme, aucun délai n'a été déterminé pour guider le cohéritier dans son action. Le laconisme du Code civil sur cette matière importante est encore plus déplorable. Comment trouver dans les seuls termes de l'art. 841 une règle sûre pour déterminer l'époque durant laquelle la demande en retrait peut être exercée.

De cette incertitude fâcheuse sont nées une foule de questions graves ; nous allons tâcher de les résoudre avec le peu d'éléments que le législateur nous a laissés. Nous aurons plus d'une fois l'occasion de faire

remarquer les erreurs dans lesquelles sont tombées
les diverses cours du royaume, incertaines du parti
qu'elles devaient embrasser, en cherchant à se fixer
sur le véritable esprit de la loi.

80. Sous l'ancienne jurisprudence on admettait le
cohéritier à l'exercice du retrait successoral, même
après que le partage avait été exécuté et consommé.
On voit dans Lebrun, *Traité des successions*, tom. 2,
pag. 367, cette opinion manifestée d'une manière
non équivoque.

« J'estime, dit-il, que cette subrogation des cohéritiers a lieu au cas même que la vente soit faite,
après que le partage a été exécuté et consommé, par
la même raison qu'il peut survenir des difficultés et
des garanties. »

Cette doctrine nous paraît avoir été la source d'une
grave erreur, admise et propagée par nos tribunaux
modernes ; voilà où est souvent le danger d'adopter
sans examen des opinions toutes faites. Nous revien-
drons bientôt sur ce point.

81. Le Code civil se borne à dire que le cessionnaire de droits successifs peut être écarté du *partage*.
Cela veut-il dire que la demande en subrogation
doive être exercée avant le partage ? S'il faut en croire
M. Chabot de l'Allier, dans son *Commentaire sur
les successions*, tom. 3, n° 19 ; c'est l'affirmative
qu'il faudrait adopter.

« C'est avant le partage, dit cet auteur, que l'action en subrogation doit être formée, puisqu'elle n'a

d'autre but, d'après les termes de l'art. 841, que de faire écarter du partage le cessionnaire étranger. »

S'il faut considérer la procédure du partage comme faisant partie intégrante du partage même, nous ne saurions pas mieux adopter cet avis que celui professé par Lebrun. Pour bien fixer ses idées sur ce point, il faut ne pas perdre de vue, un seul instant, les motifs qui ont déterminé le législateur en portant l'art. 841 : empêcher le cessionnaire étranger de s'immiscer dans les affaires de la famille, de prendre connaissance de ses titres, de pénétrer dans ses secrets ; voilà incontestablement le but que se sont proposé les auteurs de cet art. 841. C'est donc de ces considérations puissantes qu'il faut partir pour arriver à la solution de tous les doutes proposés.

Cela posé, appliquons le principe énoncé dans la loi, en suivant dans l'application les hypothèses que la pratique peut présenter.

82. Une action en partage est intentée par le cessionnaire, il notifie sa cession aux cohéritiers et demande qu'il soit immédiatement procédé à l'estimation des biens, meubles et immeubles, pour ensuite en former des lots et les tirer au sort, conformément à la loi.

Sur cette assignation que doivent faire les cohéritiers qui veulent exercer le retrait successoral ? Doivent-ils immédiatement constituer avoué, lier l'instance en partage, et provoquer la formation des lots ? Nous ne le pensons pas ; s'ils le faisaient ils s'exposeraient inévitablement à s'entendre dire par le cessionnaire : vous avez exécuté la cession, vous avez reconnu ma qualité, vous êtes non recevable dans votre demande en subrogation, aux termes de l'art. 1338 du Cod. civ. ; que si on ne considérait pas les faits que nous rapportons comme suffisants pour opérer une véritable exécution de la cession, du moins il faudrait soigneusement éviter de faire aucun acte avec le cessionnaire, duquel pût résulter la preuve qu'il aurait pris connaissance des titres et des papiers de famille, car alors nous considèrerions cette dernière circonstance comme tout à fait décisive pour la solution de la question. Une fois qu'il deviendrait certain que le cessionnaire aurait eu connaissance de tous les papiers de la famille, et qu'il en aurait par conséquent appris tous les secrets, le but de la loi, en accordant le retrait, serait manqué, il y aurait dès-lors fin de non-recevoir imparable contre les cohéritiers. On ne manquerait pas de leur dire : Le but du législateur, en permettant le retrait, était d'empêcher l'étranger de s'immiscer dans les affaires d'une succession à laquelle il n'était pas appelé ; la subrogation que vous demandez aujourd'hui est sans objet, puisque le mal que vous vouliez éviter est fait.

Il faut donc, selon nous, que pour que le retrait successoral puisse être efficacement demandé par les cohéritiers, qu'ils n'aient fait, avec le cessionnaire, aucun acte, aucune opération, de laquelle on puisse nécessairement induire que le cessionnaire a été initié dans les affaires et les secrets de la famille ; peu importe l'époque où cela ait pu avoir lieu. Nous

le pensons ainsi parce que le législateur lui-même l'a
voulu en manifestant les motifs de l'art. 841.

D'un autre côté, nous persistons à penser (ce que
nous avons déjà démontré) que si les cohéritiers ont
fait aussi quelqu'acte duquel on puisse également
faire résulter une exécution de la cession , il ne peut
plus y avoir lieu à l'exercice du retrait ; cette opinion
est au reste formellement professée par le savant
Toullier, dans son *Cours de droit civil*, tom. 4, pag.
448 et 449.

« Le cessionnaire étranger , dit cet auteur , ne
pourrait encore être écarté , si les autres héritiers
avaient approuvé le transport en traitant avec lui ;
car l'action en subrogation étant établie en leur
faveur , ils sont libres d'y renoncer , et *l'admission*
qu'ils font du cessionnaire , en le recevant à la place
de leur cohéritier , et en agissant avec lui en qualité
de cessionnaire, équivaut à une renonciation, pourvu
qu'on voie dans la conduite des héritiers une intention bien marquée de reconnaître les droits du cessionnaire ; s'ils étaient obligés de concourir avec lui
pour des opérations nécessaires , telles qu'un inventaire , une levée de scellés , ils ne devraient le faire
que sous des protestations et des réservations de
leurs droits. Le délai dans lequel l'action en subrogation doit être exercée n'ayant point été fixé, elle
peut l'être tant que le partage n'est pas fait, pourvu
que les demandeurs n'y aient pas renoncé expressément ou tacitement , comme on vient de le dire. »

Il y a donc deux faits dont le cessionnaire peut
se prévaloir pour se soustraire à la demande en

subrogation : l'exécution de la cession et son initiation dans les papiers et les secrets de la succession, à quelqu'époque que ces faits se soient passés.

Nous ne nous dissimulons pas, en adoptant cette opinion, les puissantes autorités que nous avons à combattre ; une jurisprudence presque unanime semble s'élever pour la proscrire. Toutefois nous croyons pouvoir démontrer que les arrêts qu'on pourrait nous opposer se sont entièrement écartés de l'esprit , et quelquefois même de la lettre de l'art. 841.

Le premier de ces arrêts a été rendu par la cour de cassation, le 14 juin 1820 ; voici dans quelle hypothèse :

« Un sieur Guillaume Bertrand, comme cessionnaire de plusieurs de ses frères et sœurs., et à fin d'écarter le sieur Larivière du partage de la succession, forme contre ce dernier une demande en subrogation à une cession qui lui avait été consentie par Anne Bertrand, sa femme, le 3 décembre 1787.

» Devant le tribunal de Brives, le sieur Larivière oppose de ce que la demande en subrogation n'est pas recevable, parce qu'elle n'a été formée qu'au moment où il allait être procédé au partage définitif de la succession, et après que les héritiers Bertrand avaient eux-mêmes agréé en quelque sorte le sieur Larivière comme cessionnaire du droit de sa femme, en lui laissant prendre part, en cette qualité, à toutes les opérations préliminaires du partage.

» 27 mai 1815, jugement du tribunal de Brives qui, sans s'arrêter à ces moyens, admet la demande en subrogation.

» Appel. — 3 août 1818 , arrêt confirmatif de la cour de Limoges.

» Pourvoi en cassation par le sieur Larivière. »

» Entre autres moyens proposés par le demandeur, il disait :

« Le but du législateur , dans l'art. 841 , a été d'interdire à l'étranger cessionnaire le droit de s'immiscer dans les affaires de la succession , de prendre connaissance des titres et papiers , et de pénétrer dans les secrets de la famille. Dès-lors , toutes les fois que les héritiers ayant la faculté de demander la subrogation *approuvent* et *exécutent* d'une manière expresse la cession , il est clair qu'ils renoncent au droit d'en demander la subrogation , et qu'ils ne peuvent plus ensuite intenter cette demande.

» D'une autre part, l'action en subrogation n'a d'autre objet , d'après l'art. 841 , que de faire écarter du partage le cessionnaire étranger. Cette action doit donc être intentée avant tout partage. Il serait ridicule en effet que des héritiers qui auraient fait avec un cessionnaire tous les actes relatifs à la succession, et qui l'auraient admis aux opérations préliminaires du partage , puissent ensuite l'écarter de ce partage sous prétexte qu'il ne doit pas s'immiscer dans les affaires de la succession , lorsque du plein gré et volonté de ces héritiers , il a été initié à tous les secrets de la famille. Il est évident que dans ce cas la subrogation n'a plus d'objet , que le motif de la loi ne trouve plus d'application , et que dès-lors l'exception exorbitante du droit commun accordée par l'art. 841 doit rester sans effet. Telle est la doctrine enseignée par M. Toullier dans son *Cours du droit civil*, et par M. Chabot de l'Allier dans son *Commentaire des successions*.

» Or, dans l'espèce, ajoutait le demandeur, huit des cohéritiers Bertrand avaient volontairement reconnu et exécuté la cession du 3 décembre 1787 ; et en outre le partage du domaine de Lage avait été ordonné contre eux par un jugement passé en force de chose jugée. A leur égard le partage était opéré ; du moins toutes les opérations pour parvenir à ce partage, la liquidation et estimation des biens étaient terminées, il ne restait plus que le tirage des lots au sort. Dès-lors, les huit héritiers dont il s'agit étaient non recevables à exercer l'action en subrogation, à la cession du 3 décembre 1787.

» Arrêt. — La cour, attendu qu'il est reconnu, en fait, par l'arrêt attaqué, que la demande en subrogation avait été formée avant partage, et qu'en effet il n'a pas été justifié d'un partage consommé et suivi d'exécution, en telle sorte que les copartageants fussent en possession de leur lot, ce qui écarte la contravention alléguée à l'art. 841 du Cod. civ. »

En rapprochant les motifs si bizarres de cet arrêt, des raisons puissantes qui venaient d'être développées par le demandeur en cassation, on est surpris de voir que l'intention si peu douteuse du législateur ait pu être méconnue. Qu'importe, en effet, que la demande en subrogation ait été formée avant l'exécution de la consommation du partage, s'il est certain, comme dans l'espèce, que d'une part la cession ait été exé-

cutée par les héritiers, en admettant le cessionnaire
à toutes les opérations du partage ; et si, d'autre
part, l'étranger a pris connaissance de tous les titres,
de toutes les affaires de la famille, et qu'il ait été
initié à tous ses secrets ? Le motif de la loi n'a-t-il
pas été entièrement mis de côté ?

Voudrait-on, pour justifier cet arrêt, s'attacher
à la lettre seule de la loi, et dire que puisque le cessionnaire *peut être écarté du partage*, tant que le
partage n'est pas terminé, le retrait successoral doit
être admis ?

Mais ce serait là anéantir le motif de la loi par son
texte même ; car, encore une fois, si le cessionnaire
étranger a pris part à toutes les affaires secrètes de la
famille, il est évident que le but de la loi est manqué
complètement. D'ailleurs, est-il bien vrai qu'il faille
argumenter de ces mots : *peut être écarté du partage*,
pour admettre la demande en subrogation, tant que
les héritiers ne se sont pas mis en possession de leur
lot ?

Nous ne le pensons pas.

Le *partage* doit s'entendre ici de toutes les opérations et de tous les actes qui précèdent la division
des biens ; cela est si vrai que, s'il en était autrement, le cessionnaire pourrait dire : Si je ne dois
être écarté que du *partage*, attendez que le tirage
des lots au sort soit arrivé ; car jusqu'alors il n'y
a point de partage, ce qui serait évidemment une
absurdité.

D'un autre côté, s'il fallait attendre le partage réel
des biens de la succession pour écarter le cessionnaire,

celui-ci n'aurait-il pas le temps de prendre connaissance de tous les titres et papiers de la succession, et de s'initier par là à tous les secrets?

Disons-le donc ici sans crainte d'être justement contredit, cet arrêt de la cour suprême ne peut faire poids dans la balance où se pèse le doute proposé.

Passons à un autre :

Le 19 janvier 1830, la cour de Bourges eut à juger la question qui nous occupe, dans l'espèce suivante :

« Les enfants Meunier, héritiers de leur mère, étaient en instance devant le tribunal de Nevers avec les héritiers Petot, relativement à la liquidation et au partage des successions des mariés Cadeau. Le 22 juillet 1824, vente par les enfants Meunier à la veuve Frébaut, moyennant 5,000 fr., de tous les droits qui pouvaient leur appartenir dans le moulin dit des Driots, faisant partie des biens à partager. — Le même jour, autre acte par lequel la veuve Frébaut s'engage à faire aux enfants Meunier toutes les avances nécessaires pour poursuivre les héritiers Petot, à l'effet d'obtenir les dommages-intérêts dus par ceux-ci, à raison de la jouissance exclusive qu'ils avaient eue du moulin des Driots, et des dégradations qu'ils y avaient commises. — De leur côté, et par le même acte, les enfants Meunier s'obligent à ne transiger avec les héritiers Petot que du consentement de la veuve Frébaut, laquelle, en cas de gain du procès, prélèvera sur le montant des condamnations les avances qu'elle aura faites, et prendra moitié du surplus.

» Postérieurement à ces deux actes, l'instance en

partage fut suspendue par un compromis entre toutes
les parties, dans lequel la veuve Frébaut figura, tant
comme cessionnaire que comme mandataire des enfants Frébaut. — Par ce compromis, les parties
donnaient à un notaire la mission de régler les qualités des parties, et de fixer leurs droits. — Mais de
nouvelles difficultés étant survenues, les parties re-
vinrent devant le tribunal. — Les enfants Meunier
ayant alors signifié les deux actes du 22 juillet 1824,
les héritiers Petot formèrent aussitôt contre la veuve
Frébaut une demande en retrait successoral (Cod.
civ., 841), à l'égard de la cession contenue dans le
premier de ces actes ; quant au traité renfermé dans
le second acte, ils prétendirent que ce traité était
une véritable cession de droits litigieux, et conclu-
rent en conséquence à être tenus quittes par le cessionnaire, aux offres qu'ils faisaient de lui rembourser
le prix de la cession. (Cod. civ., 1699.)

» La veuve Frébaut répondit : 1° qu'ayant concouru, en vertu du compromis, à plusieurs opérations préparatoires, et les héritiers Petot ayant
consenti de l'admettre à ces opérations et au compromis, le retrait successoral ne pouvait plus être
exercé ; 2° que l'action en subrogation ne pouvait
être exercée contre le second acte du 22 juillet ; que
cet acte ne contenait pas cession de droits litigieux,
puisque les enfants Meunier ne s'étaient pas dessaisis
de leurs droits, et les poursuivaient toujours en leur
nom personnel.

» Jugement qui admet le retrait successoral, mais
rejette le second chef de demande. — Appel.

» ARRÊT. —La cour ; considérant qu'aux termes
de l'art. 844 , Cod. civ. , « toute personne qui n'est
» pas successible , et à laquelle un cohéritier aurait
» cédé son droit à la succession , peut être écartée du
» partage , soit par tous les cohéritiers , soit par un
» seul , en lui remboursant le prix de la cession ; »
que dans l'espèce le moulin des Driots faisait partie
des biens à partager , et que la dame Frébaut n'était
pas successible; que le but de la loi a été d'empêcher
qu'un étranger ne s'immisçât dans les affaires de la
succession, et ne se servît de ses connaissances contre
les héritiers , en troublant la paix qui pourrait régner
entre eux; — qu'en vain la dame Frébaut allègue que,
dès 1824 , elle avait , en sa qualité de cessionnaire ,
concouru avec tous les héritiers pour signer un compromis qui donnait à un notaire la mission de préparer le travail nécessaire à la fixation des droits des
parties et à leur liquidation ; que depuis , dans la
même qualité , et avant l'action en retrait successoral
exercée par Pierre Petot , elle avait eu en communication toutes les pièces produites par les parties , lors
du compromis ; qu'ayant ainsi , du consentement
des parties , pris connaissance de tous les titres et
droits des héritiers , le motif de la loi ne lui était
plus applicable, et que par là les héritiers Petot ont
acquiescé à la cession qui lui a été faite ; — que la
veuve Frébaut n'a pas paru à ce compromis en sa
seule qualité de cessionnaire ; mais encore en celle
de mandataire des Meunier; qu'ainsi on ne peut pas
dire que la cession ait été approuvée par le silence
des Petot, puisque sa qualité de mandataire autorisait

sa présence; qu'au surplus, quand le motif de la loi ne serait pas applicable à l'espèce, *la règle qu'elle pose sur le retrait successoral serait toujours là*; qu'il en est de même de la fin de non-recevoir qu'elle voudrait tirer de ce que les Petot, auxquels elle avait annoncé, lors du compromis, sa qualité de cessionnaire, n'ont point alors formé de demande en retrait successoral; — que la loi, en permettant ce retrait, n'a pas fixé le temps dans lequel il doit être exercé; qu'ainsi, jusqu'au partage, et au moins jusqu'à l'accomplissement de tous les travaux nécessaires pour y parvenir, le retrait peut être demandé, et que le compromis n'avait pas pour objet d'assurer le partage, mais seulement la justification de la qualité des parties, et des droits qui leur appartenaient;

» Considérant qu'aux termes de l'art. 1699, Cod. civ., celui contre lequel on a cédé un droit litigieux peut s'en faire tenir quitte par le cessionnaire, en lui remboursant le prix de la cession; — Mais que l'acte du 22 juillet 1824, par lequel la veuve Frébaut se charge de poursuivre les dommages-intérêts dus aux Meunier, n'est pas, à proprement parler, une cession de droits litigieux; qu'on peut même dire que les gens pauvres seraient souvent privés de leurs droits s'ils ne trouvaient un tiers qui les appuyât de sa bourse et de ses soins; que les instigateurs de procès n'en sont pas moins coupables en ce que l'effet de leurs soins est toujours de troubler le repos des familles par l'appât du bénéfice qui peut leur en revenir; qu'au surplus il suffit que la loi ne s'applique pas directement au cas présent, pour que la subrogation demandée par les Petot ne puisse être accueillie ; confirme, etc.

» Sur le pourvoi en cassation par elle formé, la veuve Frébaut a présenté deux moyens : 1° violation de l'art. 841 , Cod. civ., en ce que l'action en retrait successoral exercée par les héritiers Petot a été déclarée recevable, bien que la qualité du cessionnaire, et les droits résultant, à son profit, de la cession, eussent été reconnus dans des actes antérieurs à l'exercice du retrait, ce qui emportait renonciation à demander la subrogation. Le retrait successoral, dit la demanderesse, a été introduit pour empêcher les étrangers de s'immiscer dans les secrets des familles, et de porter le trouble dans leurs affaires ; mais lorsque l'étranger cessionnaire a été admis dans ces affaires, c'est sans doute parce qu'on a jugé que connaissance pouvait lui en être donnée sans inconvénient ; dans ce cas, le motif de la loi cesse ; les parents sont censés avoir renoncé à la faculté qu'ils avaient d'exclure le cessionnaire ; ils ne peuvent plus contester une qualité qu'ils lui ont reconnue......... En fait, la demanderesse faisait résulter cette reconnaissance et cette renonciation tacite de la part des héritiers Petot, de son admission dans l'instance, de la participation qu'elle avait eue à un compromis passé entre toutes les parties, et de toutes les communications que ces actes avaient entraînées.

» 2° Violation du même art. 841 , Cod. civ., en ce que la cour royale a décidé qu'il y avait lieu au retrait successoral, bien que la cession, dans l'espèce, ne portât que sur des droits indivis, dans un immeuble déterminé, tandis que la loi n'admet le retrait successoral qu'au cas où la cession comprend une universalité de droits successifs. A l'appui de ce moyen, la demanderesse invoquait un arrêt de la cour de cassation rapporté tom. 8, 1, 525.

» Les défendeurs ont fait observer sur ce moyen, qu'en fait, la cession était intervenue avant tout partage, et que les droits des cohéritiers cédants, sur l'immeuble, objet de la cession, n'étaient ni certains ni déterminés lors de cette cession, et devaient entraîner une liquidation ; d'où ils ont conclu que c'était un véritable droit successif qui avait été cédé, et qu'en conséquence le retrait avait pu être exercé.

» ARRÊT. — La cour ; attendu, sur la fin de non-recevoir, qu'en décidant que le défendeur n'avait pas renoncé au retrait successoral, l'arrêt n'a fait qu'une appréciation d'actes, de circonstances, et d'intentions des parties, qui lui étaient exclusivement dévolue ;

» Attendu, au fond, qu'il a été reconnu, en fait, dans l'arrêt attaqué, que le moulin dont il s'agit faisait partie des biens à partager, et qu'en décidant, dans ces circonstances, que Meunier et ses enfants, qui avaient cédé tous les droits, moyens, raisons et actions, résultant en leur faveur de la qualité ci-dessus énoncée d'héritiers sur le moulin des Driots, n'avaient pas vendu un corps certain et déterminé, mais un droit successif qui mettait le cessionnaire au lieu et place des cédants, dans le partage pour lequel les divers partageants étaient en instance ; cet arrêt a fait une juste application de l'art. 841 du Cod. civ.;

— rejette, etc. »

Dans cet arrêt, dont nous avons cru devoir rapporter l'espèce tout entière, il n'y a cependant à discuter que la décision de la cour royale de Bourges, puisque la cour suprême a cru ne pas devoir appliquer les principes du droit à une décision qui ne lui a paru qu'une appréciation d'actes, de circonstances, et d'intentions, qui étaient exclusivement dévolue à la cour qui a prononcé.

Ainsi il faut dès à présent écarter de la discussion l'arrêt de la cour de cassation.

En ce qui concerne l'arrêt de la cour de Bourges, nous le croyons rempli d'éléments contradictoires.

Retenons d'abord que cet arrêt reconnaît, en fait, 1° que la dame Frébaut avait concouru avec tous les héritiers pour signer un compromis qui donnait à un notaire la mission de préparer le travail nécessaire à la fixation des droits des parties ; 2° qu'en qualité de cessionnaire, elle avait eu en communication toutes les pièces produites par les parties lors du compromis ; qu'ainsi elle avait pris connaissance de tous les secrets de la succession.

Il devait nécessairement résulter de là la conséquence immédiate et nécessaire que c'était le cas, ou jamais, de rejeter par fin de non-revevoir la demande en subrogation, puisque le motif de la loi n'était plus applicable à l'espèce ; eh bien ! que fait la cour de Bourges ? Elle déclare que, bien que le motif de la loi ne soit plus applicable, la règle qu'elle pose sur le retrait successoral étant toujours là, il faut nécessairement l'exécuter.

Il ne nous est pas possible d'admettre une pareille

manière de raisonner, car dès que la cession a été
exécutée par le cohéritier, qu'il a été admis à toutes
les opérations préparatoires ; qu'en un mot, il a été
reconnu et appelé comme copartageant, le principe
est vainement invoqué : il ne peut plus recevoir d'application, il est comme s'il n'existait pas. Et à bien
plus forte raison faut-il le décider ainsi, lorsqu'il
est constant que le cessionnaire a été initié dans
toutes les choses secrètes de la succession.

La cour de Bourges ajoute que l'art. 841 n'ayant
pas fixé le temps dans lequel doit être exercé le retrait
successoral, il peut l'être jusqu'au partage. Rien n'est
plus vrai, sans doute, lorsque la cession n'a pas été
exécutée et que le cessionnaire n'a pas été initié dans
les secrets de la famille ; mais dans le cas contraire
c'est une absurdité choquante que de dire : le principe est toujours là, l'application doit en être faite.

Ah ! s'il y avait dans l'espèce quelque incertitude
sur l'exécution de la cession, sur l'admission du
cessionnaire comme copartageant ; s'il ne paraissait
pas certain que tous les titres et droits de la succession n'eussent pas été connus par le cessionnaire ;
alors ce serait le cas de dire : le principe est là, il
faut l'exécuter. Mais bien loin de là, ces divers faits
ne sont pas contestés, ils sont même reconnus formellement par l'arrêt, d'où il suit qu'il ne peut pas y
avoir de doute sur la solution de la question.

83. M. Duranton, tom. 7, pag. 270, semble avoir
adopté la doctrine consacrée par la jurisprudence.
Voici ce qu'il dit à ce sujet :

« Comme nous l'avons dit, l'action en retrait peut être exercée tant qu'il n'y a pas eu partage de l'hérédité. La loi n'a fixé aucun terme à sa durée, autre que le partage lui-même ; et tant que ce partage n'est point terminé, consommé, l'action peut être exercée, quoique le cessionnaire lui-même eût d'abord été admis à figurer dans le partage. »

Ce que dit cet auteur est encore vrai, si les héritiers n'ont fait aucun acte avec le cessionnaire, duquel on puisse induire qu'ils ont exécuté la cession et renoncé à l'exercice du retrait. Or, il nous paraît bien difficile qu'en admettant le cessionnaire aux opérations préliminaires du partage, les héritiers n'aient pas exécuté la cession. Dès qu'ils ont concouru avec lui à une opération principale, telle que l'inventaire, la levée des scellés, l'estimation des biens par les experts, la discussion des comptes devant le notaire-commissaire, le tirage, enfin, des lots au sort, il faut décider que la subrogation ne peut plus être demandée, parce que le cessionnaire ayant été admis comme copartageant par les cohéritiers, ceux-ci sont évidemment censés avoir renoncé à l'exercice du retrait.

De tout cela il faut conclure que si le cohéritier peut demander la subrogation jusqu'au partage consommé, ce n'est que lorsque, *de plano*, il s'est présenté immédiatement avant le partage, c'est-à-dire avant tous les actes qui ont pu être faits pour arriver au partage, que si le cessionnaire a concouru à l'une des opérations que nous venons de signaler, il a dèslors acquis le droit d'élever la fin de non-recevoir

tirée de l'exécution de la cession , ou de l'initiation
aux secrets de la famille.

84. Il peut arriver que le cessionnaire fasse notifier
sa cession aux héritiers , et que ceux-ci en l'admettant à concourir aux diverses opérations et actes qui
précèdent le tirage au sort des lots , fassent une protestation expresse de se réserver le droit d'exercer le
retrait successoral. Dans ce cas , cette protestation
conserverait-elle intacte aux héritiers la faculté de
demander la subrogation , malgré l'exécution qu'ils
auraient donnée à la cession en faisant participer le
cessionnaire à toute la procédure du partage?

Nous avons dit, n° 79, que des protestations vagues
et incertaines de tous les droits des héritiers ne suffi-
saient pas pour les maintenir dans le droit d'exercer
le retrait ; nous avons aussi ajouté, en citant un arrêt,
que si la cour qui l'avait rendu avait eu à juger dans
une espèce où il eût été fait des réserves expresses ,
cette cour aurait décidé la question en sens inverse.

Nous éprouvons quelque répugnance à persister
dans cette opinion. La réflexion nous a amené à penser que des réserves et protestations contre un acte
que l'on exécute spontanément , et que l'on pouvait
se dispenser d'exécuter , doivent être sans force et
sans efficacité , comme étant inconciliables et incompatibles avec l'exécution que l'on poursuit. De
pareilles protestations et réserves formeraient une
stipulation contraire à la loi ; car dès que l'exécution
volontaire d'un acte emporte la renonciation aux
moyens et exceptions que l'on pouvait opposer contre

ses dispositions , aux termes de l'art. 1338 du Cod.
civ., il faut nécessairement décider que de pareilles
protestations et réserves doivent être considérées
comme inefficaces.

Ce qui a contribué à nous faire changer d'opinion,
c'est un arrêt de la cour de cassation , du 28 juillet
1829 , qui a jugé la question de manière à enlever
toute incertitude. Dans l'espèce de cet arrêt, que nous
avons déjà rapportée dans l'examen d'une autre question , il avait été fait des réserves expresses contre
un acte que l'on avait cependant exécuté plus tard
d'une manière non équivoque. La cour d'Agen avait
admis les réserves et protestations , et avait cassé le
contrat , comme étant entaché de fraude et de simulation ; mais cet arrêt a été cassé ; on peut en voir
les motifs dans Sirey , tom. 29 , 1re part. , pag. 389
et 390.

85. L'article 841 du Cod. civ. ne dit point ce qu'il
faut entendre par *partage ;* il devient dès lors nécessaire d'entrer dans quelques détails propres à faire
connaître les divers cas où cet article doit recevoir
son application.

Il y a, comme on le sait, plusieurs manières d'opérer , entre cohéritiers , la division d'un patrimoine
commun ; il y a : 1° le partage judiciaire entre cohéritiers majeurs ; 2° le partage judiciaire entre cohéritiers mineurs ; 3° la licitation ; 4° le partage amiable
entre cohéritiers majeurs ; 5° le partage fait par les
père et mère.

Nous allons examiner successivement les droits

des héritiers contre le cessionnaire , dans ces divers partages , et déterminer les époques où le retrait successoral cesse d'être admissible en leur faveur.

86. En ce qui concerne le partage judiciaire entre cohéritiers majeurs , nous avons déjà fait connaître quelles étaient les circonstances qui rendaient l'action en subrogation non recevable. Nous avons dit que dès que le cohéritier avait exécuté la cession , ou qu'il avait été initié aux titres et secrets de la famille , quelle que fût l'époque où cela avait eu lieu , le retrait successoral ne pouvait plus être exercé.

Maintenant , supposons que le cessionnaire n'ait été admis ou appelé à aucun acte préliminaire du partage , et qu'il n'ait point été initié aux secrets de la famille ; quelle sera l'époque précise où la demande en subrogation ne pourra plus avoir lieu ? Faudra-t-il , par exemple , que les cohéritiers aient tiré les lots au sort , et qu'ils en aient pris possession ?

Un arrêt de la cour de cassation du 14 juin 1820 , dont nous avons rapporté l'espèce au n° 34 , a jugé pour l'affirmative , c'est-à-dire que le retrait successoral peut être exercé jusqu'à ce que les cohéritiers se soient mis en possession de leurs lots.

Un arrêt de la cour de Grenoble , du 13 décembre 1821 , paraît aussi avoir consacré cette doctrine , à laquelle nous ne croyons cependant pas devoir nous soumettre. Rappelons d'abord l'espèce de l'arrêt rendu par la cour de Grenoble , nous discuterons ensuite les motifs de ces deux décisions.

« Par exploits des 16 floréal an 9 et 22 décembre

1812, Marie Barbier, veuve Guillot, assigna Jean Barbier, son frère, et successivement les enfants Barbier, héritiers de ce dernier, en expédition de ses droits dans les successions paternelle et maternelle.

» Le 9 février 1813, le tribunal de Bourgoin, prononçant par défaut contre les enfants Barbier, condamne ces derniers à expédier les droits demandés, suivant la composition de masse et le partage qui en seraient faits.

» Opposition de la part des enfants Barbier.

» La veuve Guillot est ensuite décédée, laissant pour héritier Joseph Guillot, son fils, qui vendit à Guillaume Grossy, par acte du 24 janvier 1819, tous les droits de sa mère auxdites successions, au prix de 500 fr.

» Le 5 février suivant, le sieur Grossy reprit l'instance pendante sur les demandes de la veuve Guillot.

» Le 10 du même mois de février, Joseph Guillot ratifia la cession du 24 janvier 1819, moyennant une nouvelle somme de 500 fr.

» Par jugement du 26 avril 1819, le tribunal, réparant le précédent, du 9 février 1813, ordonna la composition de masse et l'expédition, le cas échéant, d'un supplément de légitime dans la succession paternelle, et d'une portion cohéréditaire dans la succession maternelle.

Le rapport d'experts ordonné ayant eu lieu, et la cause ayant été reportée à l'audience, les consorts Barbier demandèrent à être subrogés à la vente passée à Grossy, en offrant de lui rembourser le prix de la

première vente , et non les 500 fr. portés par le
traité du 10 février 1819 , attendu, disaient-ils , que
le traité était infecté de simulation.

» 30 août 1819 , autre jugement du tribunal de
Bourgoin , qui rejette les conclusions des héritiers
Barbier , et ordonne l'expédition au sieur Grossy ,
de la portion légitimaire attribuée par le rapport à
Marie Barbier.

» Appel de la part des héritiers Barbier.

» Devant la cour , ils soutiennent que , d'après les
art. 841 et 1669 du Code civil , ils devaient être
subrogés à la vente passée au sieur Grossy , en remboursant le prix de la première vente ; ils demandent
en outre la nullité de la procédure.

» Le sieur Grossy répond que la demande en
subrogation n'est point admissible , parce que 1° la
cession à lui faite n'est que la cession d'un supplément, et que les lois ne donnent pas aux cohéritiers
le droit d'éloigner l'étranger acquéreur d'un supplément de légitime ; 2° parce que cette demande est
tardive , puisque le partage est consommé , et que la
part du sieur Grossy est déjà assignée ; 3° parce que
l'offre de 500 fr. , par les Barbier, est insuffisante.

» ARRÊT. — Considérant qu'à supposer que l'art.
1669 du Cod. civ. ne fût pas applicable à l'espèce, et
qu'il fallût admettre que la cession dont il s'agit ne portât pas sur un droit litigieux, mais sur un droit certain,
qui donnerait action au cédant sur une portion de
la succession de Joachim Barbier , les cohéritiers
Barbier pourraient , dans ce cas , s'étayer sur l'art.
841 du même code, pour demander à être subrogés

à ladite cession, dès que cet article consacre le principe que toute personne non successible, à laquelle
un cohéritier aurait cédé son droit à la succession,
peut être écartée du partage, au moyen du remboursement du prix de la cession ;

» Considérant qu'on ne peut rien induire de la
circonstance que la demande en subrogation des consorts Barbier n'a été formée qu'après la procédure de
composition de masse des biens de Joachim Barbier,
par laquelle il a été décidé qu'il revenait à Grossy un
supplément de légitime en immeubles, du chef de
Marie Barbier, dès qu'indépendamment, que bien
loin, par les consorts Barbier, d'avoir acquiescé à
cette procédure, ils en ont demandé la nullité comme
ils la demandent encore aujourd'hui, à défaut d'admission de leur demande en subrogation, et cela
fondé sur les erreurs et les exagérations qui auraient
été commises par les experts ; c'est que, quand même
les consorts Barbier ne se seraient pas élevés contre
les opérations des experts, ils ne seraient pas moins
recevables dans leur demande en subrogation, dès
qu'il est certain que, tant que le partage provoqué
par le cessionnaire, d'un droit quelconque dans une
succession, n'a *pas été consommé* et *suivi d'exécution,*
la demande en subrogation est toujours admissible,
sauf au demandeur à payer les frais de la procédure,
ce qui a été formellement décidé par un arrêt de la
cour de cassation du 14 juin 1820 ;

» Considérant qu'il est indifférent que les consorts
Barbier n'aient pas offert le remboursement de la
somme de 500 fr., prétendue payée par Grossy, en

augmentation du prix porté par l'acte de cession dont il s'agit, dès qu'à l'appui de diverses circonstances, les consorts Barbier contestaient la réalité d'une augmentation de prix, et que, jusqu'à ce que la question élevée à cet égard (laquelle était secondaire ou indépendante de celle à laquelle donnait lieu la demande en subrogation), eût été jugée en faveur de Grossy, les Barbier ne pouvaient pas être en demeure;

» Considérant que les circonstances invoquées par les Barbier ne sont pas assez graves, précises et concordantes, pour faire admettre que l'acte du 10 février 1819, exprimant que Grossy a payé à Guillot la somme de 500 fr., en augmentation du prix de la cession du 24 janvier précédent, est un acte simulé, mais que Grossy ne peut néanmoins obtenir le remboursement de cette somme;

» Considérant que la demande de l'admission en subrogation rend inutile l'examen des questions agitées au sujet de la composition de masse; mais que si les Barbier ne profitaient pas du bénéfice de la subrogation dans le délai qui leur sera préfixé, ils doivent en être déclarés forclos, et que, dans ce cas, il doit être permis aux parties de faire valoir tous leurs autres droits et exceptions quelconques;

» La cour a mis l'appellation et ce dont est appel, quant à ce, au néant; et, par nouveau jugement, admet les héritiers Barbier à la subrogation de la cession du 24 janvier 1819, à la charge par lesdits Barbier de rembourser à Grossy, 1° la somme de 500 fr., montant du prix stipulé dans ledit acte de cession, avec intérêts dès ledit jour, 24 janvier 1819;

2° pareille somme portée en l'acte du 10 février 1819, pour augmentation du prix de ladite cession , avec intérêts , dès le jour dudit acte ; 3° les frais et coûts desdits deux actes ; 4° tous les frais et dépens frayés par Grossy depuis le susdit acte de cession jusqu'à la demande en subrogation ; à la charge par Grossy de jurer préalablement qu'il a réellement fait les fonds de la somme de 500 fr. , portée en l'acte du 10 février 1819 ; et à défaut par les consorts Barbier de faire les remboursements ci-dessus dans le délai de deux mois , ledit délai passé, les en déclare forclos ; et , en conséquence , les déclare privés et déchus du bénéfice de la subrogation ci-dessus prononcée ; et audit cas , ordonne que les parties contesteront plus amplement sur les dispositions du jugement du 30 août 1819 , et sur les fins et conclusions respectives , à l'égard desquelles il n'a rien été statué par le présent. »

Ainsi , d'après ces arrêts , il faudrait tenir pour certain que le retrait successoral serait admissible , non-seulement après le tirage au sort des lots , mais encore , jusqu'à ce que les héritiers s'en fussent mis en possession ; voyons si cette doctrine est fondée sur le texte même de la loi , ou si elle peut résulter de son esprit.

L'art. 841 décide que le cessionnaire peut être écarté *du partage* , c'est-à-dire qu'on peut l'empêcher de participer à toutes les opérations et à tous les actes qui le préparent et qui l'achèvent , par la raison que sa présence peut apporter le trouble et la division dans la famille , qui a d'ailleurs le plus grand intérêt

de lui en cacher tous les secrets ; mais une fois que
le partage a eu lieu par le tirage des lots au sort ; que
la division est opérée, le cohéritier n'a plus rien à
craindre, le cessionnaire ne peut plus se présenter
car il n'y a plus de succession indivise : les droits
cédés sont certains, le cohéritier cédant en est déclaré propriétaire, sauf à lui à exécuter comme il
l'entend la cession qu'il a faite à l'étranger.

Nous disons que le cessionnaire ne peut plus se
présenter après le tirage au sort des lots, car alors
il n'a rien à faire dans la succession, qui n'existe plus ;
tout est consommé, chaque cohéritier est saisi de
sa part et de ses droits, personne ne pourrait plus
l'obliger à rapporter son lot et à procéder à un nouveau partage. Maintenant si le cessionnaire avait été
présent aux opérations du partage, et qu'il eût lui-
même tiré son lot au sort, que serait-il besoin qu'il
en eût pris possession pour qu'il pût repousser l'héritier qui voudrait exercer le retrait ? Ne dirait-il pas,
avec raison, à ce cohéritier : Mais tout est consommé,
j'ai pris part à tous les actes du partage, je connais
toutes les affaires secrètes de sa succession, je suis
nanti de ce qui me revient comme cessionnaire, mes
droits sont devenus une propriété certaine, et ma
présence ne peut plus vous être nuisible, car si elle
avait dû l'être, le mal serait fait, vous ne pourriez
plus l'arrêter. La loi vous dit que vous pouvez m'é-
carter du *partage* ; or, le partage est opéré, consommé, vous êtes donc non recevable. Qu'est-il
besoin de prise de possession de ma part ? Est-ce que
je ne suis pas saisi de plein droit de la propriété de

mon lot ? Ai-je besoin de m'installer dans mes bâtiments ou de cultiver mes terres pour en être considéré comme propriétaire ? L'exécution du partage,
commandée par les arrêts, est une superfluité qui n'est
justifiée par aucun motif plausible. Pourquoi, en
effet, demander cette exécution pour que le cessionnaire ne puisse plus être écarté par le cohéritier ? Le
tirage des lots au sort n'est-il pas suffisant pour tout
terminer entre les cohéritiers et le cessionnaire ? Ce
dernier n'a-t-il pas été dès ce moment déclaré propriétaire de la part qui lui est échue ? Qu'est-il,
encore une fois, besoin de prise de possession dès
qu'il n'y a plus à revenir pour personne sur ce qui a
été fait ? Et pourquoi admettrait-on encore le retrait
successoral ? Est-ce que tout ce qui était à craindre
n'est pas arrivé ?

Les motifs des arrêts que nous discutons exigent
que le partage soit exécuté par la prise de possession
des lots, mais pourquoi exigent-ils cela ? Il ne suffit
pas de poser un principe, de tracer une règle en
l'absence de disposition législative ; il faut dire le
motif qui a déterminé les auteurs à porter une pareille décision, sans quoi on peut dire que cette
décision est purement arbitraire. Or, dans l'hypothèse actuelle, on défie qui que ce soit de donner
une raison tendante à justifier les arrêts dont il s'agit,
qui ne s'applique aussi immédiatement au partage
consommé, mais non suivi de mise en possession de
lots. Personne n'a plus de respect que moi pour les
décisions des tribunaux, mais cependant toute décision qui, dans le silence de la loi, pose un principe,

trace une règle, sans en donner le motif, nous paraît vicieuse et mérite d'être soumise à la critique des jurisconsultes.

Concluons de tout cela que rien ne justifie cette exigence d'exécution du partage, proclamée par la cour de cassation et par celle de Grenoble, lorsqu'il s'agit de déterminer l'époque où le retrait successoral ne peut plus être exercé; que dès le moment que les lots ont été tirés au sort, le partage nous paraît consommé et suffisamment exécuté.

86. En ce qui concerne le partage judiciaire fait entre mineurs et majeurs, on sait qu'il faut que toutes les formalités prescrites par les art. 466 et 840 du Cod. civ. aient été scrupuleusement observées, pour qu'il soit définitif. Lorsque toutes les exigences de la loi n'ont pas été accomplies, le partage n'est que provisionnel.

Dans le premier cas, c'est-à-dire lorsque le partage est définitif, le retrait ne peut plus être exercé lorsque, comme dans le partage judiciaire entre majeurs, le tirage des lots au sort a eu lieu; ce sont les mêmes principes qui régissent les deux hypothèses.

Mais lorsque les formalités voulues par la loi n'ont pas été observées, et que le partage est considéré comme provisionnel, il peut s'élever la question de savoir si le retrait peut être exercé dans le second partage, lorsqu'il ne l'a pas été dans le premier. En d'autres termes, le cohéritier qui n'a pas écarté du partage provisionnel le cessionnaire de son cohéritier, peut-il le faire, lors du partage définitif?

Cette question nous paraît mériter toute l'attention des jurisconsultes.

D'abord, il ne faut pas perdre de vue que le partage intervenu entre des mineurs et des majeurs n'est réputé provisionnel qu'à l'égard des mineurs ; entre les majeurs il est définitif ; c'est ce qui a été jugé par plusieurs arrêts, notamment le 4 avril 1810 par la cour de Lyon, et le 2 novembre 1816 par celle de Colmar ; il suit de là que si le retrait successoral avait été exercé par un cohéritier, lors du premier partage, et que le cessionnaire en eût été écarté, il ne pourrait plus revenir contre ce qui aurait été fait, et le retrait devrait avoir toute son exécution. Mais si le cessionnaire s'était présenté lors du premier partage, et qu'il n'eût pas été écarté par les cohéritiers, ceux-ci ne pourraient plus exercer le retrait successoral lors du partage définitif, car assurément ils auraient exécuté la cession, ils auraient reconnu sa qualité de cessionnaire, ils seraient infailliblement déclarés non recevables dans leur demande en subrogation.

87. Mais supposons que le cessionnaire ait été écarté du premier partage par les cohéritiers ; que postérieurement un cohéritier mineur devenu majeur ait fait annuler ce partage, et que dans le partage définitif le cessionnaire se soit représenté ; qu'il ait été admis à tous les actes, à toutes les vérifications de titres ; qu'en un mot les cohéritiers aient fait tout ce qui pouvait compléter l'exécution de la cession. Dans ce cas, le retrait primitivement exercé et con-

sommé perdrait-il sa force ? Pourrait-il être considéré comme non avenu ?

Nous ne saurions le penser. L'annulation du partage provisionnel n'aurait aucune influence sur le
sort du retrait, qui aurait conservé toute sa puissance; les héritiers pourraient à toutes les époques
demander son exécution, nonobstant tous les actes
desquels on pourrait induire, dans d'autres cas, que
les cohéritiers auraient exécuté la cession.

88. Lorsque, dans un partage, les immeubles ne
peuvent pas se partager commodément, il doit être
procédé à la vente par licitation devant le tribunal. Cependant, si toutes les parties sont majeures,
elles peuvent consentir que la licitation soit faite
devant un notaire, sur le choix duquel elles s'accordent (Cod. civ., art. 827); dans ces deux cas,
quelle est l'époque où la demande en subrogation
cesse d'être recevable ? Est-ce lorsque la vente est
consommée par l'adjudication, ou bien seulement
lorsque le partage du prix est effectué entre les cohéritiers?

Nous croyons que tant que le cessionnaire n'a pas
reçu sa part du prix d'adjudication, le partage n'est
point consommé, et que les héritiers peuvent exercer
le retrait. Cependant le cessionnaire pourrait faire
une objection qui ne serait pas sans force : Tant que
vous n'avez pas connu le prix de la vente, pourrait-
il dire, vous avez gardé le silence ; ce n'a été que
lorsque vous avez su que vous feriez un bénéfice
certain en demandant la subrogation, que vous avez

agi contre moi ; c'est une spéculation que vous voulez faire, et pas autre chose.

Toutefois remarquons qu'alors même que ce fait
serait arrivé, le cessionnaire ne pourrait pas résister
au retrait, à moins, cependant, que les héritiers
n'eussent exécuté la cession par quelque acte auquel
aurait concouru le cessionnaire, ce qui arriverait
infailliblement si ces cohéritiers l'avaient admis ou
appelé aux opérations préliminaires et à la vente des
biens. Le retrait ne pourrait alors être exercé que
dans le cas où le cessionnaire ne se serait présenté et
fait connaître qu'après l'adjudication des biens.

89. Lorsqu'il n'a été fait entre les cohéritiers majeurs qu'un partage amiable et sous seing privé, il
peut s'élever quelques difficultés sur le droit de
demander la subrogation.

Supposons d'abord que le cessionnaire ait concouru à ce partage ; que sa part, bien fixe et bien
déterminée, lui ait été expédiée ; dans ce cas, les
héritiers pourront-ils demander contre lui la subrogation à sa cession, sous le prétexte que le partage
n'a été que provisoire et fait dans le but unique de
mettre chacun d'eux dans le cas de jouir des revenus
de ce qui pourrait lui revenir ?

Nous ne le pensons pas. Le partage entre majeurs
peut être fait, de la manière et sous la forme que
bon leur semble ; c'est la disposition de l'art. 841 du
Cod. civ., et ce partage une fois opéré, les cohéritiers
et le cessionnaire sont liés comme s'il avait lieu en
justice.

90. Mais que faudrait-il décider si la cession n'avait
eu lieu qu'après le partage, et que le cédant y eût
assisté; dans ce cas, les héritiers pourraient-ils exercer
le retrait contre le cessionnaire? En d'autres termes,
le cessionnaire pourrait-il invoquer lui-même le
partage sous seing privé fait entre les cohéritiers,
et leur dire : Tout est consommé, vous ne pouvez
plus demander la subrogation.

Nous ne le pensons pas; d'abord, ces héritiers peuvent évidemment renoncer au bénéfice de leur acte
de partage ; en second lieu, les conventions n'ont
d'effet qu'entre les parties contractantes, elles ne
nuisent et ne *profitent* point aux tiers (Cod. civ., art.
1165). Ainsi, alors même que le partage ne serait
point nié par les héritiers ; qu'il serait formel et
régulier, le cessionnaire ne pourrait point le leur
opposer. Cette opinion peut paraître bizarre au premier aspect. On peut dire, dans l'intérêt du cessionnaire, que si les conventions ne profitent point à
ceux qui n'y ont pas été parties, ce principe doit être
restreint dans des limites fort étroites à cause de sa
sévérité ; que c'est ainsi que les tribunaux l'ont toujours entendu; que jamais cette règle n'a été admise
pour favoriser ou soutenir une injustice ; que cela
est si vrai que la cour de cassation a décidé que
lorsqu'un créancier hypothécaire, inscrit sur un
immeuble, fait, en cette qualité, assurer l'immeuble
et payer la prime sur la valeur totale, l'assurance
doit avoir son effet, non-seulement dans l'intérêt du
créancier, et jusqu'à concurrence de sa créance, mais
aussi dans l'intérêt du propriétaire, et pour la valeur

totale de l'immeuble. Vainement on dirait que le
créancier n'a pu stipuler pour autrui ; on pourrait
citer une foule de décisions de ce genre dans lesquelles on aurait fait fléchir la rigueur du principe
devant l'équité.

A cela on répondrait qu'en admettant le cessionnaire à invoquer le partage contre les héritiers, on
enlèverait à ceux-ci un droit fondé sur la loi ; on
enfreindrait ainsi deux dispositions formelles, celle
qui accorde le retrait aux héritiers et celle qui ne
permet pas à un tiers de se prévaloir d'un acte auquel
il n'a pas concouru, ce qui ne peut être. Qu'en ce qui
concerne l'arrêt qui a fait profiter au propriétaire de
l'assurance faite par le créancier, on peut dire que
le créancier agissait pour le propriétaire en qualité
de *negotiorum gestor ;* que ce propriétaire, ratifiant
plus tard ce qui a été fait à son profit, devait être
regardé comme ayant agi lui-même ; que c'est dans
de pareilles hypothèses que la jurisprudence s'est
quelquefois écartée de la disposition de l'art. 1165 du
Cod. civ. ; mais que dans tous les autres cas l'application du principe a toujours été faite rigoureusement.

Et pourquoi voudrait-on faire profiter au cessionnaire de l'existence d'un partage auquel il n'a pas
concouru et duquel il aurait été écarté s'il s'y était
présenté, puisque les cohéritiers, étant dans l'intention de demander la subrogation, l'auraient aussi
bien fait avant, comme ils le font après.

Pour donner, au reste, une juste idée de la
rigueur de la jurisprudence dans l'application du

principe posé dans l'art. 1165, on peut voir un arrêt rendu par la cour de cassation, le 29 décembre 1818 ; cet arrêt a jugé que le propriétaire qui veut établir qu'un droit d'usage exercé sur son terrain est fondé sur une simple tolérance de sa part, ne peut invoquer, à l'appui de sa prétention que les actes passés entre lui et l'usager ; il ne pourrait se fonder sur un acte passé entre un tiers et l'usager, dans lequel celui-ci aurait déclaré, en effet, que son droit d'usage n'est fondé que sur la tolérance du propriétaire. Certes, il y a dans cette décision une rigueur extrême ; c'eût été bien le cas d'éviter l'application de l'art. 1165, si l'équité devait dominer le droit dans certaines circonstances ; eh bien ! la cour suprême n'a pas hésité un seul instant à proscrire la prétention de celui qui voulait profiter d'une stipulation qui lui était étrangère. Voici les motifs de cet arrêt :

« La cour, vu l'art. 1165 du Cod. civ. ; attendu qu'il a été reconnu, en fait, par le tribunal de première instance et par la cour royale de Paris, que les seigneurs de Traucault avaient concédé, depuis un temps immémorial, aux habitants, pour le passage de leurs bestiaux, la jouissance de 109 arpents de terrains marécageux, moyennant une redevance d'un bichet et demi d'avoine et de 5 deniers en argent, payables pour chaque feu et ménage, le 27 décembre de chaque année ; que ces faits ont aussi été reconnus par le sieur de Saint-Venant, dont les défendeurs sont aujourd'hui les ayant-cause, en vertu du jugement d'adjudication du 29 mai 1813 ; que même, lors de l'instance engagée par le sieur Saint-

Venant, bien loin de conclure à la cessation de ladite jouissance, il demanda, d'après les titres produits au procès, que les habitants fussent condamnés à passer titre nouveau de reconnaissance de ladite redevance, et à payer cinq années d'arrérages et les années à échoir ; que les défendeurs à la cassation, tout en reconnaissant les mêmes faits, ont conclu, au contraire, à la cessation de ladite jouissance, sous prétexte qu'elle n'avait été que le résultat d'une simple tolérance, insuffisante pour établir une véritable possession ; que cette prétention a été accueillie par la cour royale de Paris, en vertu de la délivrance faite, le 14 mars 1640, par les habitants, lors de l'envoi du commissaire du roi, pour la recherche des droits d'amortissement ; que d'après l'art. 1165 du Cod. civ., les propriétaires de la terre de Traucault n'ont pu se prévaloir de cette déclaration, puisqu'ils n'ont pas été parties dans l'acte qui la contient, les conventions n'ayant d'effet qu'entre les parties contractantes ; qu'en décidant le contraire, sur le fondement de cette déclaration, la cour royale de Paris a violé ledit article ; casse, etc. »

Nous ne pensons pas qu'on voulût faire une autre objection qui consisterait à dire : Il faut bien permettre au cessionnaire d'opposer du partage aux héritiers, car il n'est pas rigoureusement vrai qu'il n'y ait pas été partie ; en effet, le cessionnaire est l'image, le représentant du cédant, or le cédant a concouru à l'acte, il y a été partie active, donc le cessionnaire n'est pas étranger à ce partage, il peut donc l'invoquer.

On reconnaît tout de suite que cet argument repose sur une erreur. Il est bien vrai qu'en règle générale le cessionnaire est l'image du cédant, mais ici il y a exception, et exception fondée sur un texte précis, l'art. 841 du Cod. civ. En matière de retrait successoral, le principe que le cessionnaire est le représentant du cédant n'est pas admis, car s'il pouvait l'être il n'y aurait jamais lieu à la demande en subrogation; le cessionnaire pourrait dire aux héritiers : Je suis le représentant du cédant; or, vous ne pourriez pas exercer le retrait contre votre cohéritier, donc vous ne le pouvez pas contre moi, qui fais valoir tous ses droits.

91. D'après les dispositions des art. 1075 et 1076 du Cod. civ., les père et mère, et autres ascendants, peuvent faire entre leurs enfants et descendants la distribution et le partage de leurs biens; ces partages peuvent être faits par actes entre vifs ou testamentaires, avec les formalités, conditions et règles prescrites pour les donations entre vifs et testaments. Les partages par actes entre vifs ne peuvent avoir pour objet que les biens présents.

Ces principes posés, que faudrait-il décider dans les cas suivants ?

1° Un père fait, par acte entre vifs, le partage de ses biens entre tous ses enfants, qui déclarent accepter, chacun en ce qui le concerne, la donation qui leur est faite. Cet acte achevé, un tiers se présente et achète la part de l'un des cohéritiers; plus tard, les donataires ou cohéritiers déclarent au cessionnaire, qui s'est mis en possession des immeubles formant la part par lui acquise , qu'ils veulent profiter du bénéfice qui leur est accordé par l'art. 841 du Cod. civ. , et vouloir exercer le retrait successoral ; ils ajoutent même , pour pouvoir plus efficacement encore l'éloigner de l'hérédité, que sa cession est nulle, attendu qu'on ne peut pas acheter la succession d'un homme vivant , même de son consentement (Cod. civ , art. 1600).

Le cessionnaire répond : Vous n'êtes plus recevables à demander la subrogation ; il y a partage consommé. D'un autre côté , on ne peut point considérer l'achat que j'ai fait comme contenant vente de la succession d'un homme vivant. Dès le moment qu'un père ou un ascendant se décide à faire le partage de ses biens entre ses enfants ou ses descendants , sa succession doit être regardée comme ouverte, en ce sens que les tiers peuvent agir contre les donataires ou cohéritiers, et traiter au besoin avec eux. Le motif qui a déterminé le législateur à proscrire les stipulations sur une succession non ouverte a été d'empêcher les ventes honteuses et anticipées que voudraient faire quelques héritiers dissipateurs ; il n'a pas voulu non plus que de semblables stipulations fissent naître le désir coupable de voir mourir celui de la succession duquel on trafiquerait ainsi. Mais dans l'hypothèse dont il s'agit , il n'y a rien d'immoral : le partage a été opéré , le père de famille s'est dépouillé , et le cessionnaire n'a réellement acquis que des biens reposant déjà , en toute propriété , sur la tête de l'héritier.

Ce dernier argument nous paraît fondé; nous ne pensons pas qu'on pût considérer la cession faite par le donataire à un tiers, de la part qui lui a été attribuée dans le partage, comme contenant vente d'une succession future; nous ne croyons pas que le cessionnaire pût être écarté par ce motif; mais les donataires cohéritiers pourraient exercer contre lui le retrait successoral, quoique le partage fût opéré, car, encore ici, il faudrait faire l'application de l'art. 1165, puisque le cessionnaire n'ayant pas été appelé au partage, cet acte ne pourrait lui profiter, et être invoqué par lui contre les donataires.

92. 2° Une donation contenant partage a lieu; immédiatement dans le même acte, et du consentement du père ou de l'ascendant, l'un des donataires vend tous les droits résultant de ce partage et de la qualité d'héritier; plus tard il est reconnu que tous les biens n'ont pas été partagés, le cessionnaire se présente à l'ouverture de la succession, et demande, en sa qualité, à intervenir dans le partage des biens qui n'ont pas été compris dans la donation.

Les héritiers s'opposent à ce qu'il y prenne part, et déclarent vouloir exercer contre lui le retrait successoral, non-seulement pour les droits qu'il a à prétendre dans les biens non partagés, mais encore à raison de tous ceux qui ont fait partie de la portion qui lui a été dévolue dans l'acte portant donation.

Dans ce cas, nous pensons que le retrait successoral ne peut être exercé que pour les biens non partagés; car bien que le cessionnaire n'ait pas concouru

d'une manière active dans le partage fait par le père
entre ses enfants, ils sont sensés avoir donné leur
consentement à la cession qui a été passée immédiatement et dans le même acte, par le donataire ; ce
serait apporter trop de rigueur dans l'interprétation
des deux contrats que de dire que le cessionnaire
n'ayant pas été partie dans le partage, ce partage ne
peut pas lui profiter.

93. 3° Comme dans l'espèce précédente un étranger acquiert les droits d'un des donataires, et ce, par
le même acte contenant partage. Par la suite il naît
un enfant au donateur ; cet enfant attaque le partage
et le fait déclarer nul, aux termes de l'art. 1068 du
Cod. civ., qui porte que si le partage n'est pas fait
entre tous les enfants qui existeront à l'époque du
décès, le partage sera nul pour le tout. Il en pourra
être provoqué un nouveau dans la forme légale, par
les enfants qui n'y auront reçu aucune part, ou par
ceux entre qui le partage aurait été fait.

Dans cette hypothèse, le cessionnaire pourra-t-il
se présenter au nouveau partage ? Les héritiers ne
pourront-ils pas lui dire que sa cession a eu le même
sort que le partage annulé; qu'il n'y a plus de cession,
et que d'ailleurs ils demandent contre lui la subrogation ?

Cette question n'est pas sans difficulté. Ici le partage est nul, et la cession n'ayant eu lieu que par suite
de ce partage, ne faut-il pas la considérer comme
étant aussi annulée ? Et si la cession reste sans effet,
le cessionnaire ne doit-il pas être écarté du partage

comme n'ayant plus aucun titre pour s'y présenter ?

Que si on sépare la cession du partage, qu'on la considère comme un second acte qui ne doive pas dépendre de l'existence du premier, ne pourra-t-on pas soutenir alors que cette cession contient vente de la succession d'un homme vivant, car n'ayant plus pour appui le partage, elle devient un contrat isolé, une cession faite avant la mort de celui de la succession duquel il s'agit ?

Nous croyons devoir nous ranger à cette dernière opinion, quoiqu'il y ait d'assez bonnes raisons pour la combattre. Ce qui nous décide à l'embrasser, c'est que la cession, fût-elle entretenue, les cohéritiers auraient, nous le pensons du moins, le droit d'exercer le retrait ; n'y ayant plus de partage, les choses sont remises au même état où elles étaient avant que le père eût songé à se démettre de ses biens de son vivant, dès-lors les droits seraient intacts, et si le cessionnaire se présentait, les héritiers pourraient incontestablement le repousser en lui remboursant le prix de sa cession.

94. Nous avons dit que le retrait ne pouvait plus être admis après que le partage avait été consommé par le tirage des lots au sort ; nous avons dit aussi que le cessionnaire ne pouvait pas invoquer contre les héritiers le partage auquel il n'avait pas concouru. On nous objectera peut-être à cet égard que si le cessionnaire ne peut pas invoquer le partage con-sommé pour repousser la demande en subrogation, alors le retrait peut toujours être exercé, même

après le partage , ce qui implique contradiction.

Les deux propositions posées sont vraies , mais voici comment elles doivent être entendues : lorsque le partage a été fait, et que les lots ont été tirés au sort , le retrait ne peut plus être exercé contre le cessionnaire , lorsqu'il a lui-même concouru au partage et aux attributions des lots par le sort ; car alors tout est consommé entre lui et les cohéritiers. On ne pourrait pas lui dire , par exemple , que le partage n'est sensé accompli que lorsque les cohéritiers se sont mis en possession des biens composant leurs lots.

Mais lorsque le cessionnaire n'a pas assisté au partage , lorsqu'il n'y a pris aucune part , il est bien certain qu'il ne peut invoquer , pour repousser le retrait , ce même partage auquel il n'a pas concouru. La disposition prohibitive de l'art. 1165 du Cod. civ. est toujours là pour motiver la fin de non-recevoir qu'on peut lui opposer.

Ces deux principes ainsi rappelés et conciliés , la cour de Grenoble nous paraît avoir commis deux erreurs manifestes dans un arrêt rendu par elle le 6 juin 1826 dans l'espèce suivante :

« Par acte sous seing privé, du 28 août 1812, Pierre Budillon , qui avait des droits cohéréditaires à prétendre dans les successions de Michel Budillon et d'Elisabeth Martin-Vallet , ses aïeul et aïeule, ainsi que dans celles de Marianne , Elisabeth et Marie Budillon , ses tantes , céda tous ses droits à Louis Louvat-Canada , moyennant une somme de 3,550 f. et deux cents toises de terrain.

» Ces successions étaient indivises entre Pierre Budillon, vendeur, et les consorts Budillon, parmi lesquels se trouvait Louise Budillon, mère de Louis Louvat-Canada, cessionnaire, qui n'était pas lui-même alors successible, mais qui le devint bientôt après comme représentant sa mère, décédée en 1814, avant que le partage eût été ordonné et commencé.

» Le 15 septembre 1818, Pierre Budillon fit une nouvelle cession à Louis Louvat-Canada, des mêmes droits cohéréditaires, moyennant une somme de 10,000 fr., dont l'acte porte quittance de 8,000 fr., payés par le sieur Cuzel, beau-frère de Louvat-Canada.

» 3 mars 1821, troisième cession des mêmes droits, par Pierre Budillon au sieur Cuzel, au prix de 9,500 fr., payés comptant.

» Dans l'intervalle, et dès le mois de septembre 1812, des poursuites en partage avaient été dirigées au nom de Pierre Budillon contre ses cohéritiers.

» 6 août 1814, jugement qui ordonne le partage desdites successions, et, successivement, jugements et arrêts qui statuent sur diverses difficultés du partage : le dernier de ces actes, dans lequel Pierre Budillon est toujours en qualité, est du 7 février 1823.

» Le 1er mai 1823, Joseph Budillon, l'un des cohéritiers, ayant eu connaissance de la cession passée à Cuzel, demande d'être subrogé à cette cession, en lui en remboursant le prix.

» Les cessions des 28 août 1812, et 15 septembre 1818 ayant été produites dans le cours de l'instance,

Joseph Budillon et ses cohéritiers demandèrent également d'être subrogés au bénéfice de ces cessions.

» 4 mai 1825, jugement de la première chambre du tribunal civil de Grenoble, qui rejette ces demandes en subrogation par les motifs suivants :

» Considérant qu'aux termes de l'art. 841 du Cod. civ., toute personne étrangère à une succession, et à qui un cohéritier aurait cédé ses droits, peut être écartée du partage par tous les cohéritiers ou par l'un d'eux, en lui remboursant le prix de sa cession ;

» Considérant que le motif de la loi, exprimé par les orateurs qui en ont développé l'esprit, a été de soustraire le secret des familles à la connaissance d'étrangers mus par la cupidité ou l'envie de nuire ;

» Considérant que Joseph Budillon et consorts ne peuvent obtenir d'être subrogés à la cession du 28 août 1812, parce que, si bien Louvat-Canada n'était pas successible à cette époque, il le devient bientôt après et avant le partage, par la mort de Louise Budillon, sa mère, d'où il suit que l'art. 891 ne peut recevoir d'application à l'égard de ce premier acte ;

» Considérant que les mêmes motifs repoussent, à plus forte raison, toute subrogation à la cession du 15 septembre 1818 ;

» Considérant que, pour apprécier le mérite de l'action en subrogation à la cession du 3 mars 1821, il faut s'en rapporter, non pas à la date, mais au moment de l'exercice de l'action ; qu'il ne s'agit point, en effet, de juger l'acte en lui-même, dont l'action en subrogation présuppose la validité, mais il s'agit de savoir si les cohéritiers Budillon ont intérêt d'écarter Cuzel, étranger, pour lui soustraire la connaissance de leurs secrets de famille.

» Considérant que Cuzel n'a jamais été présent, ni en qualité, dans les diverses instances mues entre les parties sur le partage des successions dont il s'agit, instances qui ont toujours été poursuivies sous le nom de Pierre Budillon, et qui n'ont jamais été, par conséquent, dans le cas d'initier Cuzel dans leurs secrets de famille ;

» Considérant que le partage était terminé entre toutes les parties dès avant l'arrêt du 7 février 1823, et que l'action en retrait de Joseph Budillon et consorts n'a été intentée qu'au mois de mai de la même année ; qu'ainsi elle n'avait plus pour objet d'écarter un étranger du partage, d'où il suit qu'elle est non recevable et mal fondée.

» Appel de la part des consorts Budillon.

» Devant la cour, ils soutiennent que le tribunal a mal jugé, en décidant que l'exercice de l'action en retrait a cessé aussitôt que Louvat-Canada a été appelé de son chef, pour participer au partage, puisqu'au moment où ce dernier s'est fait passer la cession du 28 août 1812, il était étranger aux successions, et que, par conséquent, dès ce moment même, la loi leur accordait le droit de demander le bénéfice de la subrogation ; que dès-lors ce droit fut ouvert à leur profit, par la seule disposition de la loi, et qu'ils n'ont pas pu perdre ce droit, une fois acquis, sans leur fait ou leur volonté.

» Ils ajoutent, à l'égard de la cession passée à Cuzel,

que ce dernier n'est pas successible, et qu'en 1821, époque où la cession a été faite, et où, par conséquent, leur droit de subrogation a été ouvert, le partage était encore peu avancé, et qu'il n'était pas même entièrement achevé lors de la demande de 1823, ce qui rend l'action en retrait recevable, ainsi que la cour de Grenoble l'a jugé par arrêt du 13 décembre 1821.

» Le sieur Cuzel défend le jugement attaqué, en disant que la circonstance que Louvat-Canada ne figurait pas encore au nombre des cohéritiers Budillon, à l'époque de la cession de 1812, et qu'il ne le serait devenu que dix-huit mois après, avant que le partage eût été commencé, est tout-à-fait indifférente, parce qu'il n'est pas vrai que le droit accordé par l'art. 841 soit un droit acquis du jour de l'acte, par la seule disposition de la loi, et que ce droit ne puisse plus se perdre par les évènements postérieurs;

» Que les art. 841 et 1699 n'accordent, en effet, aux cohéritiers et copropriétaires des droits cédés, que la faculté d'exercer le retrait, ou d'écarter du partage l'étranger cessionnaire, et qu'il est de principe, en législation, que lorsqu'une loi accorde à quelqu'un la faculté d'exercer ou de ne pas exercer un droit, ce droit n'est acquis que du jour où il est exercé ;

» Que si la loi ne prononce pas la subrogation de plein droit à la cession des droits cohéréditaires faite à un étranger, que si elle n'accorde aux cohéritiers que la faculté d'écarter du partage le cessionnaire qui n'est pas héritier, il suit que cette faculté ne peut plus être exercée lorsque le cessionnaire, d'abord non successible, se trouve au nombre des cohéritiers au moment où ses autres cohéritiers lui demandent la subrogation à la cession ; qu'il est bien évident, en effet, que dès le moment où le cessionnaire est devenu cohéritier, tous les motifs de la loi qui a accordé aux autres cohéritiers la faculté d'écarter le cessionnaire du partage, cessent, de plein droit, puisque le cessionnaire a droit par lui-même de connaître tous les secrets de la famille ; puisqu'il peut, par lui-même, intenter toutes les actions qui peuvent naître de ces secrets dévoilés, et qu'il n'y a pas d'inconvénient, ainsi que le disent tous les auteurs, que le cessionnaire connaisse pour deux ou plusieurs portions, comme pour une, les secrets et les actions qui compètent à la famille.

» En ce qui concerne la cession passée au sieur Cuzel, il répond qu'à l'époque de cette cession tous les secrets de la famille Budillon étaient connus ; que toutes les actions qui pouvaient résulter des actes et titres de cette famille étaient exercées et définitivement jugées par tous les jugements et arrêts rendus dans l'instance en partage ; que le partage, à proprement parler, était terminé dès avant cette cession, puisque tous les biens qui devaient entrer dans le partage étaient déterminés par des procédures et des jugements passés en force de chose jugée, et que la quotité des droits qui revenait sur ces biens à Pierre Budillon, était également fixée par des jugements et arrêts en dernier ressort ; de sorte qu'il ne restait plus qu'à faire la division des immeubles, d'après des bases fixes, et le compte des restitutions de fruits et autres sommes dues entre les cohéritiers; que tous les auteurs qui ont écrit sur l'art. 841 du Cod. civ., et entr'autres M. Chabot de l'Allier, n° 12, tiennent que l'action en subrogation consacrée par cet article ne peut être admise à l'égard des cessions qui ont été faites après les opérations du partage, et ils déclarent que le partage est terminé lorsque les droits de chaque cohéritier ont été fixés et déterminés, et qu'il ne reste plus que les immeubles à partager d'après des bases fixes. « Ce n'est plus, alors, dit M. Chabot de l'Allier, entre héritiers proprement dits, mais entre copropriétaires, que restent *indivis* les biens non partagés, et l'on a déjà vu qu'entre copropriétaires il n'y a pas lieu à l'application de l'art. 841.

» ARRÊT. — Adoptant les motifs des premiers juges, la cour confirme le jugement dont est appel.»

Nous disons que la cour de Grenoble a commis une double erreur en prononçant ainsi; nous allons le démontrer.

Les difficultés qui s'étaient élevées entre les cohéritiers ont été vidées par arrêt du 7 février 1823, jusques au mois de mai suivant, époque à laquelle l'un des cohéritiers avait formé sa demande en subrogation, le tirage au sort des lots n'avait pas eu lieu, rien dans l'arrêt ne l'annonce du moins, en sorte que c'est évidemment une erreur que de dire que le partage était terminé; d'ailleurs, Cuzel ne pouvait pas être admis à invoquer le partage opéré entre les cohéritiers, puisqu'il n'y avait pas concouru; la cour ne le pouvait pas mieux d'office, car l'art. 1165 s'y opposait formellement ; en jugeant ainsi, la cour de Grenoble s'est donc écartée des vrais principes sur la matière.

95. Si le cessionnaire de l'un des cohéritiers, après avoir fait notifier sa cession, déclarait qu'il ne paraîtrait pas au partage, qu'il ne prendrait aucune part au dépouillement des titres et papiers de la succession, qu'en un mot il ne s'immiscerait point dans les secrets de la famille, et qu'il se contenterait du lot qui lui serait assigné ; dans ce cas, pourrait-il, au moyen de cette déclaration, se soustraire à l'exercice du retrait successoral ?

Nous ne le pensons pas. On peut dire, à la vérité, que puisque le législateur n'a eu d'autre but que celui d'empêcher un étranger de venir partager les prérogatives d'un cohéritier, de prendre connaissance des affaires secrètes de la succession, et que ce but se trouve pleinement rempli par l'abstention du cessionnaire de tout ce qui pourrait l'initier dans les secrets de la famille, il ne faut pas pousser trop loin la rigueur du droit accordé aux cohéritiers par l'art. 841 ; mais il ne faut pas perdre de vue que le législateur, en créant cette exception au droit commun, a aussi voulu empêcher que l'étranger cessionnaire d'un cohéritier ne vînt porter le trouble et le désordre dans une succession, en y faisant naître des contestations fâcheuses ou des procès ruineux. Or, la déclaration que ferait ce cessionnaire de renoncer à prendre part aux opérations du partage et au dépouil-

lement des papiers et titres de la famille, n'empêcherait pas qu'il ne pût quereller tout ce qui se ferait
sans sa participation, s'il se prétendait lésé. D'un
autre côté, pourrait-on empêcher plus tard le cessionnaire de prendre connaissance des titres et papiers
de la succession, s'il prouvait qu'il en a besoin pour
repousser, par exemple, une contestation que lui
élèveraient des tiers à l'occasion de sa part dans cette
même succession? Non sans doute; dès-lors, la
déclaration deviendrait donc sans objet. Il y aurait,
on peut le dire, impossibilité d'exécuter une pareille
stipulation. Nous ne pensons pas que le cessionnaire
pût mieux éviter la demande en subrogation, en
nommant son cédant pour son procureur fondé dans
toutes les opérations du partage qui pourraient ten-
dre à l'initier dans les secrets de la famille. Il y aurait
toujours le grave inconvénient résultant de ce que
plus tard, et alors que le partage serait consommé,
le cessionnaire pourrait demander la communication
des titres, s'il justifiait le besoin qu'il en aurait pour
assurer la jouissance des objets compris dans son
lot, les cohéritiers étant garants, entre eux, de toute
éviction relative aux biens qui composent respectivement leurs lots.

Il pourrait arriver cependant un cas où cette nécessité ne serait d'aucune influence; ce serait celui où
un contrat régulier serait intervenu entre les cohéritiers et le cessionnaire, par lequel celui-ci se serait
formellement engagé à ne pas s'immiscer dans les
affaires secrètes de la famille, à ne demander, dans
aucune circonstance et sous aucun prétexte, la com-

munication des titres; à supporter tous les inconvénients et les dangers de sa stipulation; dans cette
hypothèse, il faudrait bien que la convention s'exé-
cutât, quels que fussent plus tard les dommages
que devrait supporter le cessionnaire. Les contrats
font loi entre les parties, ils doivent être rigoureusement exécutés entre elles.

96. Le partage peut être rescindé pour cause de
violence ou de dol; il peut aussi y avoir lieu à rescision, lorsqu'un des cohéritiers établit, à son préjudice, une lésion de plus du quart. Dans ce cas,
lorsque la rescision demandée est prononcée par
la justice, les cohéritiers peuvent-ils, lors de la
confection du nouveau partage, écarter le cessionnaire qu'ils avaient admis dans la première procédure?

On peut dire pour l'affirmative, que la loi accordant aux cohéritiers le droit d'écarter le cessionnaire
du partage, ce droit existe toujours, tant que le
partage n'a pas été définitivement consommé; qu'il
n'y a pas eu de partage définitif, puisque une action
en rescision formée par un des cohéritiers l'a fait
annuler; que les choses étant remises au même état
où elles se trouvaient avant le premier partage, les
droits de chacun revivent intégralement; or, avant
ce partage, le retrait successoral pouvait avoir lieu
contre le cessionnaire, donc il peut être exercé
maintenant; que c'est là la conséquence nécessaire
et immédiate de l'annulation du partage.

Mais pour la négative on peut répondre, au con-

traire, que dès que les cohéritiers ont admis le
cessionnaire au premier partage, ils sont censés
avoir, par là, renoncé à l'exercice du retrait successoral à son égard ; que la demande en subrogation
serait d'ailleurs sans motifs, puisque toutes les
affaires secrètes de la famille auraient été dévoilées au
cessionnaire appelé à toutes les opérations de la
division des biens; que la rescision du partage ne
saurait effacer l'approbation ou l'exécution que les
cohéritiers ont donnée à la cession; que cette exécution forme désormais une fin de non-recevoir contre
les cohéritiers qui se sont, par leurs propres faits ,
enlevé la faculté de demander la subrogation; que
vainement on viendrait dire que ces actes d'approbation et d'exécution de la cession disparaissent et sont
annulés avec la rescision du partage; que toute la
procédure à laquelle le cessionnaire a assisté étant
anéantie, ces actes d'approbation ou d'exécution ont
subi le même sort. Ce ne serait là qu'une erreur
de plus, car on ne pourrait pas faire qu'un acte exécuté et pleinement reconnu ne fût plus ni reconnu,
ni exécuté; que l'exécution est un fait qu'on ne peut
effacer en alléguant la rescision du partage.

Une autre raison qui ne serait pas sans puissance,
c'est qu'il serait injuste que les cohéritiers, après
avoir fait concourir à la défense du partage le cessionnaire, l'avoir constitué en perte de sa portion de
frais, vinssent ensuite l'écarter du nouveau partage,
alors qu'ils ne pourraient plus invoquer contre lui
les motifs qui ont fait porter l'art. 841, et qu'il
pourrait lui-même leur opposer l'art. 1338.

97. Le cessionnaire pourrait au reste arrêter la demande en rescision , en offrant au cohéritier demandeur de l'indemniser dans la lésion qui aurait motivé son action ; l'art. 891 dispose , en effet , que le défendeur à la demande en rescision peut en arrêter le cours et empêcher un nouveau partage , en offrant et en fournissant au demandeur le supplément de sa portion héréditaire , soit en numéraire , soit en nature.

98. Le cessionnaire pourrait-il lui-même exercer l'action en rescision pour cause de lésion ?

L'affirmative ne nous paraît pas douteuse , pourvu que la cession fût de tous les droits appartenant au cohéritier cédant. Le cessionnaire étant l'image de son cédant et pouvant profiter de tous les avantages attachés à la qualité de celui qu'il représente , l'exercice de l'action en rescision ne pourrait pas lui être refusée.

99. Une question plus grave pourrait se présenter entre le cessionnaire et les cohéritiers. Ce serait celle de savoir si , après avoir été admis au partage et s'être mis en possession de son lot , le cessionnaire pourrait exercer l'action en rescision , alors qu'il aurait aliéné , en tout ou en partie , les immeubles qui lui auraient été attribués pour sa part.

Cette question , qui s'est présentée à l'égard du cohéritier , est restée long-temps indécise. Un premier arrêt du 6 avril 1807 , rendu par la cour royale de Paris, avait jugé pour l'affirmative; un second arrêt de la cour de Bourges, du 25 avril 1826, et enfin un arrêt de la cour royale de Bordeaux, rendu le 6 juillet de la même année, auraient consacré la même doctrine. Mais deux arrêts de la cour de Grenoble ont d'abord jugé en sens contraire; puis un arrêt de la cour de cassation est venu confirmer la jurisprudence de la cour de Grenoble, et fixer ainsi la solution de cette question importante. Voici dans quelle espèce ce dernier arrêt a été rendu :

« 23 fructidor an 5, acte portant partage entre Jean Lavau, Marie Lavau et autres, leurs sœurs, de biens qu'ils avaient en commun. 5 juin 1806, demande en nullité ou rescision de cet acte par Marie Lavau et ses sœurs, pour cause de dol et de fraude de la part de Jean Lavau, leur frère, ou en tous cas, pour cause de lésion. L'instance sur cette demande reste long-temps suspendue; il ne lui est donné suite qu'en 1825. Or, dans l'intervalle, Marie Lavau et ses sœurs avaient vendu volontairement les biens qui leur avaient été attribués par l'acte du 23 fructidor an 5. Jean Lavau a tiré de cette circonstance une fin de non-recevoir contre les prétentions de ses sœurs. Il a soutenu qu'elles devaient être considérées comme ayant renoncé à ces prétentions, et comme ayant ratifié l'acte de partage du 23 fructidor an 5 qu'elles attaquaient. A l'appui de ce système, Jean Lavau invoquait les dispositions de l'art. 892, Cod. civ., portant : « Le cohéritier qui a aliéné son lot, en tout ou en partie, n'est plus recevable à intenter l'action en rescision pour dol ou violence, si l'aliénation qu'il a faite est postérieure à la découverte du dol ou à la cessation de la violence.

» 21 décembre 1826, jugement du tribunal de Marmande, favorable aux demoiselles Lavau.

» Appel. — 2 août 1823, arrêt de la cour royale d'Agen, qui infirme : « Attendu que Marie Lavau et ses sœurs, après avoir introduit leur action en 1806, ont resté près de vingt années sans y donner suite ; que pendant ce long intervalle elles ont, au mépris du contrat judiciaire qui les liait, vendu pour la plupart les immeubles qui leur ont été dévolus par le traité du 23 fructidor an 5, si bien qu'elles se sont mises volontairement hors d'état de réaliser la restitution en entier, qu'elles avaient manifesté l'intention de poursuivre en justice; que ces divers actes doivent dès lors être considérés comme emportant confirmation et ratification complète des actes entrepris, et renonciation formelle à l'action qu'elles avaient formée pour en opérer le renversement, d'où résulte une fin de non-recevoir qui a son fondement dans les art. 892 et 1338, Cod. civ. »

» Pourvoi en cassation de la part des demoiselles Lavau, pour fausse application et violation des art. 892 et 1338, Cod. civ. Les dispositions de l'art. 892, disent les demanderesses, établissent une fin de non-recevoir contre le copartageant qui, après avoir vendu son lot, veut encore attaquer l'acte de partage, ne parle que du cas où cet acte serait attaqué pour dol ou violence; il ne parle nullement du cas où il serait attaqué pour lésion; et ce n'est pas sans raison que le législateur en a agi ainsi. Lorsqu'on allègue le

dol ou la violence, on n'attaque un partage que sous
le rapport du vice dans le consentement donné, vice
qui infecte ce consentement; l'action est la même,
en pareil cas, que celle qui serait intentée pour
même cause contre tout autre acte; il est naturel
qu'elle subisse la même loi. Mais lorsqu'on attaque
le partage pour lésion, l'action qui est alors formée
est une action toute spéciale, propre au partage,
corrélative à sa nature particulière, à cette condition
d'égalité qui lui est substantielle; et comme cette
condition d'égalité est encore plus du droit public
que du droit privé, il n'est pas étonnant que la loi
n'ait pas admis les renonciations tacites ou impli-
cites. Or, dans l'espèce, l'action en nullité du
partage de l'an 5 n'était pas seulement motivée sur le
dol et sur la violence : elle avait aussi pour objet la
rescision de cet acte pour cause de lésion. L'art. 892,
Cod. civ., ne lui était donc pas applicable.

» Quant à l'art. 1338, même Code, invoqué par
l'arrêt attaqué, cet article suppose confirmation,
ratification ou exécution de nature à opérer confirmation. Or, la loi s'est occupée de l'exécution des
actes de partage et de l'effet que cette exécution pouvait produire quant à la validité de l'acte de partage.
Elle a déterminé par quels actes d'exécution et dans
quels cas la confirmation peut être opérée ; l'exécution résultant de la vente de son lot par un copartageant peut opérer confirmation ; elle peut couvrir les
vices de dol et de violence dont le partage pourrait
être infecté; mais, nous venons de le voir, elle ne
peut pas couvrir le vice résultant de la lésion. Pour

appliquer, en matière de partage, l'art. 1338, il faut le combiner avec l'art. 892, qui s'occupe spécialement de cette matière ; et de cette combinaison il résulte nécessairement cette conséquence, que la vente de tout ou partie de son lot, par l'un des copartageants, quoique étant un acte d'exécution du partage, n'est pas de nature à couvrir le vice de lésion, comme il couvrirait les vices de dol et de violence.

» ARRÊT. — La cour, attendu qu'il est reconnu, en fait, par l'arrêt attaqué, que les sœurs Lavau ont, au mépris du contrat judiciaire qui les liait, vendu, pour la plupart, les immeubles qui leur ont été dévolus par le traité du 23 fructidor an 5, si bien qu'elles se sont mises volontairement hors d'état de réaliser la restitution en entier, qu'elles avaient manifesté l'intention de poursuivre en justice ; que, d'après ces circonstances, l'arrêt a pu, sans contrevenir à aucune loi, juger en fait qu'elles ont formellement renoncé à l'action par elles intentée, et, par une suite, rejeter leur demande, ce qui justifie suffisamment l'arrêt attaqué : rejette, etc. »

100. Si le cessionnaire exerçait l'action en rescision, les cohéritiers pourraient-ils demander contre lui le retrait successoral ? Dans l'intérêt des cohéritiers, on pourrait argumenter de cette manière :

Le cessionnaire, en demandant la nullité du partage par le motif qu'il a été lésé, peut être considéré comme renonçant implicitement à tous les avantages résultant des actes d'exécution apportés par les cohéritiers à sa cession ; on peut lui dire : En

demandant qu'il soit procédé à un nouveau partage,
vous reconnaissez vous-même la nullité du premier;
vous anéantissez toutes les opérations où vous avez
été appelé et desquelles vous pourriez argumenter
dans d'autres circonstances pour repousser l'exercice
du retrait successoral; or, les choses ainsi placées
par votre propre volonté font renaître les droits de
chacun, et nous ramènent au point où nous étions
avant que le partage eût été provoqué.

Mais ce raisonnement pècherait par sa base, car
bien que le cessionnaire ne pût plus opposer aux
cohéritiers l'exécution de sa cession, il pourrait
toujours leur répondre : Je ne puis être écarté du
partage que parce que ma présence dans les affaires
d'une famille qui m'est étrangère peut y apporter le
trouble et le désordre; la loi ne veut pas qu'un étranger puisse, sans le consentement des successibles,
venir s'immiscer dans les secrets d'une succession
que les héritiers ont intérêt à cacher à tous; mais
cette raison décisive, raison qui a fait porter l'article 841, vous ne pouvez plus me l'opposer. En
m'admettant une première fois au partage des biens
de la succession, vous vous êtes enlevé le droit de
m'exclure; je connais maintenant tous les titres de
la famille, je me suis immiscé dans tous ses secrets;
le motif de la loi étant anéanti, sa disposition ne
peut plus exister à mon égard.

101. Le retrait successoral ne pourrait plus être
exercé contre le cessionnaire dans le cas où un ou
plusieurs immeubles seraient restés indivis entre

eux. Cela se conçoit facilement : la cession dans ce
cas aurait été reconnue et exécutée par les cohéritiers ; le cessionnaire aurait été initié aux choses
secrètes de la succcession ; et ici, comme dans le
cas précédent, le motif de la loi n'existerait plus.
Cette raison de décider s'appliquerait même à l'espèce où le partage du mobilier seulement aurait été
opéré, et où les cohéritiers et le cessionnaire auraient
consenti à rester dans l'indivision, quant aux immeubles ; car, encore dans cette circonstance, la
cession aurait été exécutée par l'appel et l'admission
du cessionnaire à toutes les opérations qui auraient
précédé le partage du mobilier et à ce partage du
mobilier même.

102. Que faudrait-il décider dans l'hypothèse
suivante ? Un particulier meurt et laisse deux enfants pour ses héritiers. Primus, l'un d'eux, s'em-
pare de tous les biens de la succession ; Secundus
vend sa part cohéréditaire à Tertius et s'en va en
pays étranger. Tertius fait notifier sa cession, puis
il s'écoule trente ans depuis la mise en possession de
Primus et depuis la cession faite à Tertius. A l'expiration de ces trente années, Tertius se présente à Primus et le somme de procéder au partage ; Primus,
pour toute réponse, lui oppose de la prescription
trentenaire : Votre cession, et les droits qui en résultent, lui dit-il, sont éteints par la prescription ;
vous êtes non recevable dans votre action en partage.

Dans ce cas, faut-il admettre l'exception de
prescription, ou bien faut-il décider qu'il y a eu

interruption par la notification de la cession à
Primus ?

Nous pensons qu'il faut établir une distinction :
Primus , qui oppose de sa possession trentenaire
des biens de la succession , ne nous paraît pas fondé
dans son exception. En effet , que fait le cohéritier
qui se met en possession des biens de la succession ?
Il agit dans l'intérêt commun, il jouit de la chose
commune , il est communiste à l'égard de son cohéritier. Or , partant de ce point de fait , il faut dire
qu'il n'a pu , malgré les trente ans de possession,
prescrire contre son communiste ; voilà qui est de
toute évidence : sous ce premier rapport , l'exception
de prescription ne peut pas être opposée au cessionnaire, qui a tous les droits du cédant et qui le représente.

Mais nous croyons que la prescription pourrait
être opposée par Primus contre l'acte de cession lui-
même , et que le cessionnaire devrait être écarté du
partage , sans qu'on fût obligé de lui rembourser le
prix de la cession.

Remarquons ici que le cessionnaire n'a de droit
à la succession qu'en vertu de son titre , de sa cession ; or , ce titre étant écarté par sa non-exécution
pendant trente ans , celui qui en est porteur ne peut
plus se présenter pour le faire valoir. Vainement
dirait-il que les droits de son cédant n'étant pas
prescrits , puisque le communiste ne peut prescrire
contre son copropriétaire , il peut en demander l'adjudication ; on lui répondrait : Les droits des cohéritiers ne sont pas prescrits , il est vrai , mais ceux

du cessionnaire le sont parce que sa cession n'a pas été exécutée pendant trente ans.

Supposons maintenant que les choses soient en cet état, et que Tertius, cessionnaire, fasse l'argument suivant :

Il y a trente ans, il est vrai, que ma cession existe, mais j'ai interrompu la prescription par la notification que j'en ai faite à Primus, et, comme depuis cette notification il ne s'est pas écoulé le temps suffisant pour prescrire, tous les droits résultant de ma cession subsistent et je puis les exercer.

Comme on le voit, la question se réduirait au point de savoir si la notification de la cession à Primus a pu interrompre la prescription; or, nous ne le pensons pas, et voici sur quoi nous fondons notre opinion :

L'art. 2244 dispose qu'une citation en justice, un commandement ou une saisie signifiée au débiteur interrompent la prescription. Il résulte de ces termes qu'il faut que l'acte signifié ne soit pas simplement déclaratif du droit, mais exécutif, si l'on peut s'exprimer ainsi, de ce même droit. Il suit de là que la notification de la cession n'étant pas un acte d'exécution, mais ayant seulement pour but de faire connaître la qualité et le droit du cessionnaire au cohéritier, n'a pu interrompre la prescription.

La solution de cette question en ce sens est, au reste, consacrée par deux arrêts, l'un de la cour de Paris, et l'autre de la cour de Nîmes. Voici dans quelle espèce le dernier de ces arrêts a été rendu :

« La succession de Mme de Lafarre, épouse de

M. Pavié de Villevieille, s'ouvrit en 1789. La défunte avait, par un testament de 1783, institué le sieur de Villevieille, son fils aîné, héritier universel; elle l'avait chargé, par le même acte, de payer à chacun de ses cinq autres enfants 50,000 fr. à titre de légitime. — M. de Villevieille, évêque de Bayonne, l'un des légitimaires, décéda en 1791, sans avoir touché cette somme et sans avoir exercé aucun droit dans la succession de sa mère. — N'ayant fait aucun testament, sa succession se divisa entre ses frères et sœurs, qui héritèrent chacun d'un cinquième.

» En 1813, les représentants de Mme de Belleval, l'une des sœurs du défunt, cédèrent au sieur Vidal les droits leur compétant du chef de l'évêque de Bayonne, fixés à 50,000 fr. par le testament de 1783, et tous autres droits supplémentaires, pour les réclamer, soit en argent, soit en fonds et corps héréditaires, comme ils pourraient le faire eux-mêmes.

» Vidal notifia immédiatement cette cession à l'héritier alors détenteur des immeubles dépendants de la succession, afin, dit-elle, qu'il n'en ignore, et avec défense, de payer à autres qu'au requérant.

» En 1819, Vidal forma une saisie-arrêt entre les mains d'un débiteur du sieur de Villevieille fils aîné, pour sûreté des droits cédés au saisissant en 1813 par les héritiers Belleval en principal et intérêts. Il déclarait, dans l'exploit de saisie, n'entendre en rien préjudicier à l'action qu'il avait de réclamer le paiement de ses droits en fonds et corps héréditaires, mais se la réserver, au contraire, pour l'exercer quand et comme il l'aviserait, sauf, dans ce cas, à imputer sur les fruits les sommes qu'il pourrait retirer par l'effet de la présente saisie-arrêt.

» D'autres créanciers s'étant rendus opposants, il y eut lieu à une distribution, dans laquelle Vidal fut alloué pour une faible partie de sa créance. — En 1825, l'expropriation des biens possédés par le sieur de Villevieille aîné, et notamment de ceux qu'il avait recueillis dans la succession de la dame de Lafarre, sa mère, fut poursuivie par ses créanciers. L'adjudication était depuis long-temps prononcée, et l'ordre même définitivement réglé, lorsqu'en 1829 le sieur Vidal ou ses héritiers réclamèrent, tant contre la succession Villevieille, devenue vacante, que contre l'adjudicataire et tous autres détenteurs, la délivrance de fonds et corps héréditaires représentant le capital et les fruits du cinquième de la légitime due à l'évêque de Bayonne.

» Cette prétention, contestée par les créanciers de la succession Villevieille et les autres ayant-droit, fut néanmoins accueillie par un jugement du tribunal de Nîmes, ainsi conçu : — « Attendu que ce titre (la cession) ouvrait aux hoirs Vidal une double action, celle mobilière et personnelle, en paiement des sommes qui leur étaient dues, et celle en partage ou expédition à concurrence en fonds et corps héréditaires des biens de la succession; — qu'il n'est pas contesté par les parties défenderesses que la première de ces actions n'ait été utilement exercée au moyen de la saisie-arrêt faite en 1819 aux mains de Michel, et que par là la prescription, en ce qui touche cette action, n'ait été interrompue, et par

suite le droit conservé ; — que cette saisie-arrêt,
suivie d'assignation en validité et de jugement, a
également conservé aux hoirs Vidal la deuxième
action dérivant de leur titre ; qu'en effet l'exercice
d'une action ne laisse courir la prescription à l'égard
de l'autre, qu'autant que ces deux actions sont de
nature à amener des résultats différents, telles par
exemple, en matière de vente, que celles en paiement du prix ou en résolution du contrat, telle que
lé serait celle en paiement en numéraire du montant d'une légitime, pour le cas où le complément
de cette légitime ne pourrait plus s'exiger qu'en
deniers, et non en fonds et corps héréditaires ; que
dans l'espèce, les deux actions ouvertes aux hoirs
Vidal concouraient au même but, le paiement de la
légitime qui leur avait été cédée, sauf la différence
résultant du mode de poursuite et de celui du paiement ; qu'on voit aussi que, dans la saisie-arrêt de
1819, ils ont agi en vertu de tous leurs titres de
créance, et notamment de la cession de 1813, c'est-
à-dire pour tout ce qui leur était dû comme cessionnaires d'une légitime ; qu'en cela ils ont donc exercé
leurs droits de légitimaires ; en cette qualité ont
touché, sur les sommes saisies-arrêtées, partie des
intérêts de la légitime, et, par conséquent, conservé
dans son entier le libre exercice de cette action ;
qu'on trouve même surabondamment dans cet acte
la réserve expresse de leur part de recourir ultérieurement à l'action qu'ils intentent aujourd'hui, action
dans l'exercice de laquelle ils ne devraient être déclarés irrecevables, qu'autant qu'après avoir reçu

en deniers un à–compte sur la légitime , une disposition législative formelle leur inhiberait la faculté
d'en réclamer le solde en fonds et corps héréditaires.»

» Appel.

» Arrêt. — La cour; attendu qu'il ne s'agit dans
la cause que d'une demande en partage de la succession de la dame de Lafarre pour en obtenir une
quote-part , eu égard au nombre d'enfants qui lui
ont survécu ; que lorsque cette demande a été introduite , il s'était écoulé plus de trente ans depuis
la mort de la dame de Lafarre ; — qu'il est de principe que celui à qui son auteur a légué une somme
d'argent en représentation de sa légitime, et qui
laisse écouler trente ans sans former une demande
en partage ou en supplément de légitime , se rend
irrecevable à la former , parce qu'alors il est pré-
sumé par son silence avoir acquiescé au jugement
de son auteur; — qu'ainsi les intimés sont irrecevables à demander soit le partage , soit le supplément de légitime, à moins qu'il ne soit intervenu des
actes interruptifs de la prescription ;

Attendu , sur ce point, qu'ils n'opposent comme
moyens interruptifs que la signification au sieur
de Villevieille de la cession de 1813, et les actes
relatifs à la saisie-arrêt de 1819 et au jugement de
distribution , dans lequel ils furent colloqués pour
une somme de........ au marc le franc de la cession
ci-dessus ; que le premier de ces actes n'étant qu'une
simple connaissance de la cession donnée aux débiteurs des objets cédés , et n'ayant été accompagné ni
de citation en justice , ni de commandement de

payer, ne peut être considéré comme un acte inter-
ruptif de la prescription ; — qu'à l'égard des autres,
il faut considérer que les intimés avaient deux actions
alternatives essentiellement distinctes, l'une réelle,
dérivant de la nature de la loi, pour obtenir un corps
héréditaire du chef d'Etienne-Joseph de Villevieille,
évêque de Bayonne, dont les droits pour un cinquième leur avaient été transportés par la cession ;
l'autre, pure personnelle, dérivant du testament de
la dame de Lafarre, pour obtenir le cinquième de
50,000 fr. légués à l'évêque de Bayonne par ce testament, pour lui tenir lieu de légitime; que les deux
actions ne pouvant simultanément concourir, et
l'une ne pouvant être exercée qu'à l'exclusion de
l'autre, il s'ensuit nécessairement que les actes interruptifs de la prescription ne peuvent s'appliquer
qu'à celle qui a été exercée, et qu'ils laissent à la
prescription son cours naturel à l'égard de l'autre ;
— que les réserves faites par les intimés lors des
poursuites de 1819 ont bien manifesté qu'ils n'entendaient pas renoncer à leurs droits quant à l'action
en partage ; mais que ces réserves n'ayant été suivies
d'aucune interpellation en justice pendant trente ans
à compter de la mort de la dame de Lafarre, se ré-
duisent à une simple manifestation de l'intention de
s'en prévaloir, qui n'a pas pu avoir plus d'effet que
la citation en conciliation qui n'a pas été suivie de la
citation devant les tribunaux, d'où suit que l'action
portée devant la cour se trouvant éteinte, il ne reste
aux intimés que l'action dérivant du testament, si
d'ailleurs elle a été conservée........ Par ces motifs,

met l'appellation et ce dont est appel au néant ; émendant, déclare les intimés irrecevables dans leur action
en partage des biens délaissés par la dame de Lafarre , etc. »

CHAPITRE V.

QUELS SONT LES DROITS DU CESSIONNAIRE QUI SUBIT LE
RETRAIT SUCCESSORAL.

—————◦◦◦—————

103. Nous n'avons en quelque sorte développé
jusqu'à présent que les droits des héritiers auxquels
le retrait successoral est accordé; nous les avons fait
connaître dans leurs rapports avec la nature de ce
droit, avec les personnes contre qui il peut être
exercé, et enfin, avec les époques où son exercice
est autorisé; il nous reste maintenant à exposer les
droits du cessionnaire lorsqu'on le contraint à la
subrogation de la cession qui lui a été faite.

104. Le premier et le plus important de ces droits
est celui qu'a le cessionnaire de se faire rembourser
le prix de sa cession. Mais que faut-il entendre par
prix de la cession? Voilà ce qu'il n'est pas toujours
facile de décider. Lorsqu'une cession de droits cohéréditaires a lieu, et qu'il se fait un acte pour la
constater, on stipule le montant du prix et sa nature;
il est juste alors de s'en tenir à la stipulation, c'est
là du moins ce qui paraît le plus sûr; toutefois, de

24

graves difficultés peuvent naître encore dans ce cas ; nous allons les signaler et leur donner la solution que nous croirons la plus conforme aux principes.

Supposons 1° que le prix de la cession ait été stipulé en numéraire, qu'il ait été, si l'on veut, de la somme de 5,000 fr. ; dans ce cas, ce sera 5,000 fr. en numéraire dont le cessionnaire aura le droit d'exiger le remboursement ; les héritiers ne seraient pas fondés à lui offrir les 5,000 fr. en valeurs mobilières ou immobilières leur appartenant ou faisant partie de la succession ; ils ne seraient pas mieux fondés à offrir en paiement, au cessionnaire, des créances pour une somme égale ou supérieure même aux 5,000 fr., que ces créances fussent ou non exigibles. Il faudrait appliquer ici les principes sur le paiement qui ne permettent pas au débiteur d'offrir au créancier une chose autre que celle qui lui est due : *Aliud pro alio invito creditori solvi non potest.* L. 2, § 1, *in fin.*, *ff. de reb. cred.* Le créancier, dit l'art. 1,243, ne peut être contraint de recevoir une chose autre que celle qui lui est due, quoique la valeur de la chose offerte soit égale ou même plus grande.

105. 2° Si le cessionnaire, au lieu de recevoir le prix de sa cession des mains des héritiers, avait consenti à prendre sa somme chez un banquier chargé de la lui compter, et chez lequel ces héritiers avaient des fonds déposés ; que, dans cette position, au lieu de prendre des écus, le cessionnaire eût accepté une lettre de change causée *pour le compte des héritiers*, ces derniers seraient-ils libérés envers le cession-

naire, dans le cas auquel la lettre de change ne serait pas payée à son échéance, et que le banquier vînt à faire faillite ?

En d'autres termes, y aurait-il dans l'acceptation de la lettre de change par le cessionnaire une novation entière et complète ?

La cour royale de Bourges, par arrêt du 22 août 1828, a résolu cette question pour l'affirmative : nous ne partageons pas l'opinion consacrée par cette cour ; nous ferons connaître nos raisons après avoir rapporté l'espèce de cet arrêt. La voici :

« Le sieur de Bonnault était débiteur, en vertu d'un titre authentique, d'une rente viagère de 3,000 f. envers la dame Delafaye. Cette rente était payable à Saint-Amand. — Le 3 août 1825, le fondé de pouvoir de la dame Delafaye reçut une lettre du sieur Guébin, banquier à Bourges, par laquelle ce dernier annonçait qu'il était chargé de la part du sieur de Bonnault, de payer la rente viagère en deux termes, à Saint-Amand ; il ajoutait qu'il donnerait des espèces ou du papier sur Paris, au choix du mandataire de la dame Delafaye. — Comme cette dame était domiciliée à Paris , son mandataire crut devoir demander au sieur Guébin du papier sur Paris au lieu d'argent. Le service de la rente s'opéra donc par des mandats à l'ordre de Mme Delafaye et payables sur un négociant de Paris. Ces mandats acquittés tenaient lieu de quittances des divers arrérages de rentes dont ils étaient la représentation. Au mois de mars 1827, deux termes étaient dus à la dame Delafaye. Le 23 mars le sieur Guébin souscrit un mandat de 3,000 fr. à l'ordre de cette dame, *valeur pour le compte du sieur de Bonnault*, payable le 14 avril, au domicile d'un sieur Lebœuf, négociant à Paris. Le 13 avril le sieur Guébin tomba en faillite. Le mandat n'étant pas acquitté à son échéance, il est protesté. — La dame Delafaye s'adresse alors au sieur de Bonnault et l'actionne en paiement des 3,000 fr. et des frais de protêt. — Refus du sieur de Bonnault, qui prétend que l'acceptation par la dame Delafaye, d'un mandat du sieur Guébin, a opéré novation par la substitution d'un débiteur à un autre; que dès lors, lui, Bonnault, est libéré de sa dette, sauf à la dame Delafaye son recours contre la faillite Guébin.

» 20 juin 1818, jugement du tribunal de Saint-Amand, qui, considérant qu'on ne trouve pas dans les circonstances de la cause les caractères constitutifs de la novation, accueille les prétentions de la dame Delafaye.

» Appel par le sieur de Bonnault. — Dans son intérêt on soutient, d'abord, qu'il y a eu novation, en ce que la dame Delafaye a reçu un titre émané du sieur Guébin, au lieu et place de son titre contre le sieur de Bonnault, et a ainsi volontairement changé la nature de son titre et la personne de son débiteur. — En second lieu, on soutient pour l'appelant que quand même il n'y aurait pas eu novation, la perte à éprouver n'en serait pas moins à la charge de la dame Delafaye. En effet, disait-on, le sieur de Bonnault avait déposé des écus chez le sieur Guébin, la dame Delafarge pouvait les prendre. Le 23 mars, au lieu de cela elle accepte un mandat, elle accorde un délai d'un mois. Pendant ce délai la faillite du sieur Guébin se déclare. Elle doit donc supporter la peine de sa faute, la suite de sa confiance personnelle.

» Pour l'intimé on a répondu qu'il n'y avait pas eu de novation, parce qu'en recevant le mandat du sieur Guébin, la dame Delafaye n'avait donné aucune quittance ni décharge au sieur de Bonnault; qu'elle n'avait reçu ce mandat que sous la condition d'en toucher le montant en acquittement de sa créance; qu'ainsi cette créance ne pouvait être éteinte qu'après l'encaissement; que jusque là il n'y avait pas substitution d'une nouvelle dette à l'ancienne; que seulement il y avait, suivant l'expression de la loi romaine, deux dettes existant à la fois, *duæ erant obligationes;* qu'il n'y avait pas non plus novation par substitution d'un débiteur à l'autre, puisqu'il ne résultait d'aucun acte que la dame Delafaye eût voulu décharger le sieur de Bonnault de la dette, condition essentielle pour opérer la novation. D'ailleurs, le sieur Guébin n'était que le mandataire du sieur de Bonnault; c'est lui qui, en cette qualité, a offert de donner des écus ou un mandat; il y a même cela de remarquable, que le mandat accepté est censé *valeur pour le compte du sieur de Bonnault;* celui-ci est donc tenu des faits de son mandataire, et le paiement d'une obligation notariée, fait en billets ou lettres de change, n'opère pas novation. S'il n'y a pas eu de novation, le sieur de Bonnault n'est pas libéré, et il doit donc payer. En vain parle-t-on de responsabilité, d'une faute de la part de la dame Delafaye; elle a pu accepter du mandataire du sieur de Bonnault

une offre et un mode de paiement que le mandant n'avait pas interdit. La preuve qu'elle n'a pas
regardé la remise de la traite du sieur Guébin comme
un paiement, c'est qu'elle n'a pas donné quittance.
Quant au délai qu'elle a consenti à accorder pendant
un mois, comment la lui imputer à faute? D'abord
la prorogation du terme n'a jamais opéré la novation;
et même le délai accordé par le créancier au débiteur
ne libère pas la caution suivant l'art. 2039, Cod. civ.
Comment n'en serait-il pas, à plus forte raison, de
même pour le terme accordé par le créancier au
mandataire du débiteur? Il n'y aurait faute de la
part de la dame Delafaye, qu'autant qu'elle aurait
pu connaître à l'avance l'évènement de la faillite;
mais ce n'est pas elle qui a mis confiance dans le sieur
Guébin; c'est le sieur de Bonnault, qui lui a remis
ses fonds et l'a constitué son mandataire; s'il y avait
eu quelqu'un d'imprudent, ce serait donc lui.

» ARRÊT.—La cour; — Considérant qu'il résulte
des faits de la cause, que de Bonnault est étranger à
la remise de la lettre de change fournie par Guébin,
qui n'était chargé que de payer sur des fonds qu'il
avait entre les mains; que si, au lieu de recevoir des
écus, le mandataire de la dame Delafaye a accepté
une lettre de change, cela a été dans l'intérêt de cette
dame, qui payait le droit de commission par le retard
du paiement; que si la lettre de change est dite pour
le compte du sieur de Bonnault, cela ne signifie autre
chose, sinon que le mandataire de la dame Delafaye
en payait la valeur des deniers fournis par le sieur
de Bonnault, ce qui, d'une part, valait quittance au

sieur de Bonnault , de la pension viagère de la dame
Delafaye, et de l'autre, diminuait de 3,000 fr. son
avoir chez le banquier Guébin ; qu'il y avait ainsi
deux opérations dans une : d'abord, la seule qui
intéressât le sieur Bonnault, le paiement de la rente
viagère, et ensuite remise de fonds faite à Guébin ,
banquier , comme on l'eût pu faire à tout autre pour
obtenir une lettre de change sur Paris ; d'où il suit
que les suites de cette seconde opération , ne concernant que le sieur Guébin et la dame Delafaye , le
refus d'acceptation et la faillite du banquier ne peuvent ouvrir aucun recours à la dame Delafaye contre
le sieur de Bonnault, étranger à l'émission de la
lettre de change ; met le jugement dont est appel au
néant, etc. » (Sirey, tom. 28, 2e part., pag. 316).

L'espèce de cet arrêt ainsi rapportée , pour bien
apprécier la décision de la cour de Bourges et son
application à notre question, il faut d'abord retenir
deux faits essentiels : le premier , que le banquier est chargé par le débiteur de remettre le prix
de la cession ; le deuxième, que la traite est causée
pour le compte du sieur de Bonnault, ou des héritiers,
si l'on veut.

Ces deux faits retenus, que fait, nous le demandons, le banquier qui remet la traite sur Paris au
cessionnaire? Il exécute le mandat des héritiers qui
l'ont chargé de payer le cessionnaire ; en d'autres
termes, ce sont les héritiers qui paient, puisque le
mandataire est l'image du mandant ; or, si ce sont les
héritiers ou leur mandataire qui paient, par une lettre
de change, il est évident qu'il n'y a libération que

lorsque cette lettre de change est acquittée. Cet argument nous paraît sans réplique.

Et combien n'acquiert-il pas de force encore lorsqu'on lit sur la traite remise en paiement, qu'elle est causée, *valeur pour le compte du mandant;* n'est-ce pas dire d'une manière implicite que le banquier n'a fait qu'exécuter le mandat que lui donnait ce dernier, qu'il agissait pour lui, uniquement pour lui, et que sa qualité de banquier était tout à fait étrangère à l'opération.

Mais, dira-t-on avec le sieur de Bonnault, pourquoi la dame Delafaye a-t-elle pris une traite au lieu de prendre sa somme en écus? N'a-t-elle pas, par là, fait novation à sa créance, et ne doit-on pas lui imputer la perte des 3,000 fr.? Non sans doute : en remettant la traite, le banquier usait d'un mode de paiement dont il était nécessairement garant envers la dame Delafaye, car toutes les fois qu'un négociant paie en effets de commerce de la nature de la lettre de change, le paiement n'est considéré comme parfait qu'après l'acquittement qui est opéré par celui sur qui ces effets sont tirés.

Vainement est-il dit dans l'arrêt que le sieur de Bonnault était étranger à la remise de la lettre de change, cela est complètement démenti par la qualité de mandataire dont était investi le banquier et les mots, *valeur pour le compte du sieur de Bonnault.* Celui-ci devait payer, il charge un tiers de le faire pour lui; ce tiers prend un mode de paiement quelconque, il est censé agir et il agit en effet pour son mandant; dès lors, si la traite est protestée, il est certain que le créancier a son recours contre le débiteur qui ne lui a pas donné une valeur propre à le libérer; rien n'est plus conséquent et plus juste que cela.

En ce qui concerne la novation invoquée, on répond qu'il n'y a novation que lorsque le débiteur primitif est déchargé de la dette; que cela est si vrai qu'on voit dans les divers articles du Code qui signalent les caractères de la novation cette pensée constamment exprimée; que d'ailleurs la novation ne se présume point, et qu'il faut que la volonté de l'opérer résulte clairement de l'acte. V. Cod. civ., art. 1271, 1273 et 1275. Or, cette volonté est si peu clairement exprimée dans l'espèce de l'arrêt que nous réfutons, qu'elle ne l'est pas du tout, et que bien plus, les termes, *valeur pour le compte du sieur de Bonnault*, lui sont entièrement opposés. Ainsi, en résumé, nous pensons que si le cessionnaire de droits successifs se trouvait placé dans une pareille hypothèse, on ne pourrait pas lui opposer de novation, et qu'il aurait toujours son recours contre les héritiers.

106. 3° Un tiers, non cohéritier et nullement intéressé au retrait, pourrait-il payer au cessionnaire le prix de sa cession? En règle générale, un créancier peut toujours être désintéressé par une personne étrangère, pourvu que cette personne agisse au nom et en l'acquit du débiteur, ou que si elle agit en son nom propre elle ne soit pas subrogée aux droits des créanciers; ce sont au reste là les termes de l'art.

1436 du Code civil. Mais ne perdons pas de vue la fin de cette disposition : un tiers pourrait payer la dette de l'héritier sans pouvoir être subrogé aux droits du cessionnaire, et dans ce cas alors cet héritier ne pourrait pas se présenter au partage et faire valoir les droits du cessionnaire, puisqu'il n'aurait pas été subrogé à ses droits. Il serait libéré du prix de la cession et voilà tout. Cette position serait bizarre, mais elle n'en serait pas moins telle, et si cet héritier voulait obtenir la part du cohéritier cédant, il serait obligé de la payer lui-même, ou tout au moins de passer un nouvel acte contenant paiement et subrogation.

Remarquons que le cessionnaire ne pourrait pas refuser le paiement du tiers qui ne demanderait pas à être subrogé; car c'est ainsi que l'a décidé la cour royale de Paris dans un arrêt très-bien motivé (V. Sirey, tom. 26, 2° part., page 228), et que de son côté, le cessionnaire qui aurait été payé pourrait refuser de recevoir une seconde fois le prix de sa cession, et que de cette manière l'héritier qui aurait exercé le retrait se trouverait dans l'impuissance de faire valoir les droits retrayés, ne pouvant justifier d'une subrogation régulière. C'est là une étrange anomalie, mais qui est tout entière dans les termes de la loi.

107, 4° Le cessionnaire pourrait-il être contraint de recevoir en partie le prix de la cession, et l'héritier pourrait-il invoquer en sa faveur la disposition de l'art. 1244 du Code civil, qui porte que les juges peuvent, en considération de la position du débiteur, et en usant de ce pouvoir avec une grande réserve, accorder des délais modérés pour le paiement ! Nous ne le pensons pas. Ce n'est pas en effet ici le cas d'un débiteur ordinaire, qui, ne pouvant payer, a droit, à cause de sa position, à un délai ou à un sursis ; l'héritier qui demande et qui exerce le retrait successoral doit être prêt à payer, et s'il n'est pas obligé à faire des offres réelles, du moins ne doit-il pas faire attendre le remboursement du prix de la cession. Le retrait est un droit exceptionnel qu'il faut restreindre dans ses limites les plus étroites, et ne pas aggraver la position du cessionnaire déjà lésé par la nécessité de céder à la demande en subrogation.

Nous ne pensons pas qu'on voulût argumenter contre nous d'un arrêt rendu par la cour de cassation, le 1er février 1830 (V. Sirey, tom. 3, 1re part., page 41), qui a décidé que les tribunaux pouvaient accorder des délais au débiteur, alors même que la créance résultait d'un acte public et authentique ; nous ne le pensons pas, disons-nous, parce qu'ici il ne s'agit ni de prêt, ni d'obligation. Le retrait successoral est une vente ou cession forcée, pour l'accomplissement de laquelle il faut que le prix soit payé de suite, sans quoi, d'une obligation imposée par la loi, on en ferait deux ; le cessionnaire qui souffre de la subrogation souffrirait encore du retard du remboursement de la somme par lui déboursée. Au reste, nous ne partageons pas la doctrine consacrée par l'arrêt que nous venons de citer ; nous ne pensons pas que les magistrats puissent apporter des entraves à l'exécution d'un contrat authentique non contesté. Les parties doivent subir , dans toute sa rigueur, la loi qu'elles se sont faites.

108. Il suit de ce que nous venons de dire, que l'héritier qui exerce le retrait doit , en formant sa demande, après toutefois la notification qui lui est faite par le cessionnaire, faire offre d'acquitter immédiatement et en totalité le prix de la cession; il n'est pas tenu à faire une offre réelle, mais il faut qu'au moment de l'acte contenant la subrogation demandée., la somme soit comptée au cessionnaire.

109. Dans un transport de droits successifs , on peut ne pas stipuler le prix de la cession : on peut , pour éviter des droits d'enregistrement , n'énoncer qu'une partie du prix; ou bien encore, on peut , pour se soustraire au retrait , porter ce prix à une somme excédant de beaucoup le prix réel : dans ces divers cas, c'est toujours la somme payée qui doit être remboursée, et non celle stipulée dans l'acte. Nous fondons notre opinion à cet égard sur ce que, d'une part, il serait injuste d'obliger le cohéritier retrayant de rembourser ce que le cessionnaire n'aurait pas déboursé; d'autre part, sur ce que s'il n'est pas parlé du prix réel de la cession dans le texte de l'art. 841 , cette décision est tout entière dans son esprit; lorsque, en effet , la loi dit que le cohéritier doit rembourser le prix de la cession, cela ne peut s'entendre que de la somme véritablement déboursée; que ce qui a été ajouté ou retranché dans la stipu-

lation ne change rien à l'obligation du retrayant.

Notre opinion sur ce point est soutenue d'ailleurs par la disposition de l'art. 1699 du Code civil, relative au retrait des droits litigieux; cet article porte que « celui contre lequel on a cédé un droit litigieux, peut s'en faire tenir quitte par le cessionnaire, en lui remboursant le prix réel de la cession. »

Il résulte de cette disposition, tout à fait analogue, que le retrayant et le cessionnaire doivent suivre non la stipulation de l'acte, mais le fait réel du paiement opéré ; vainement voudrait-on soutenir que foi est due aux actes authentiques, et que nulle preuve n'est admise contre leur contenu. On répondrait à cela que, dans l'espèce, il y aurait simulation et dol, circonstances qui ont toujours autorisé la preuve contre et outre le contenu dans l'acte.

Telle est, au reste, l'opinion de M. Chabot de l'Allier, dans son *Commentaire sur les successions*, tom. 3, pag. 198, n° 22.

« Le prix de la cession, dit cet auteur, peut avoir été exagéré, dans l'intention d'empêcher les héritiers de demander la subrogation ; et si la preuve n'était pas admissible à cet égard contre et outre le contenu dans l'acte, l'art. 841 ne contiendrait qu'une disposition illusoire ; mais comme il s'agit d'une fraude à la loi, la preuve doit être admise, s'il s'élève des présomptions graves de la simulation des prix et des charges. Au reste, il est sans difficulté que les héritiers ont droit de déférer au cessionnaire le serment sur la sincérité du prix énoncé dans l'acte. Ainsi l'ont jugé deux arrêts, l'un de la cour de

Grenoble, du 11 juillet 1806, l'autre de la cour d'appel d'Aix, du 5 décembre 1809. »

Voici le texte de ce dernier arrêt, fort remarquable par la sagesse de ses motifs :

« La cour, considérant que l'art. 841 du Cod. civ. autorise le cohéritier à racheter la cession des droits par indivis que l'un des cohéritiers a faite à un étranger ; que les motifs de la loi sont qu'un étranger ne doit pas venir pénétrer dans les secrets des familles sans le consentement des autres cohéritiers ; que ce rachat est donc extrêmement favorable ; qu'il serait facilement éludé si les cohéritiers admis par la loi à l'exercer n'étaient pas recevables à quereller de simulation le prix exprimé dans l'acte de cession ; qu'il en est de la cession des droits successifs comme de celle des droits litigieux, dont le retrayant n'est tenu que de rembourser le prix réel ; que ce prix n'est pas celui que l'apparence de l'acte détermine, mais celui qui a été véritablement payé par le cessionnaire ; que le cohéritier retrayant, n'étant qu'un tiers, est recevable à quereller l'acte qui a été fait au préjudice de ses droits, et par conséquent à arguer de simulation le prix exprimé dans la cession ; — considérant que, quoiqu'il s'élève des présomptions contre la vérité du prix stipulé dans l'acte du 25 septembre 1807, ces présomptions néanmoins ne sont pas assez graves pour déterminer la réduction de ce prix ; qu'il n'en est pas de même pour l'acte du 11 novembre, qui a été qualifié de transaction ; que cet acte a été fait sans cause, puisque la cession faite au sieur Guisot ne pouvait pas être querellée de rescision par le cédant pour cause de lésion, soit parce que le cessionnaire s'étant obligé de faire valoir les droits successifs qui lui étaient cédés à ses risques, le contrat était purement aléatoire, soit parce qu'avant, comme depuis le Code civil, la lésion n'a jamais été admise envers la vente des droits successifs, par la nature même du contrat considéré dans le droit comme aléatoire ; qu'il est donc évident que l'acte du 11 novembre n'a été fait que pour augmenter le prix de la cession, et rendre par ce moyen le rachat plus difficile ou même impossible ; que cet acte ne peut, par conséquent, avoir effet vis à vis des retrayants, et qu'il est nul à leur égard. » (V. Sirey , tom. 12 , 2ᵉ part. , pag. 379.)

Malgré ces autorités , j'ai entendu quelques personnes soutenir qu'il fallait faire une distinction entre le cessionnaire et l'héritier à l'égard de la simulation du prix. L'héritier, disait-on , doit toujours avoir le droit d'attaquer la cession , parce qu'il n'y a pas été partie ; mais , quant au cessionnaire , il doit être repoussé dans sa demande , attendu que , ayant concouru à l'acte , il ne lui est pas permis de l'arguer de simulation ; il doit s'imputer la faute de ne s'être pas fait faire une déclaration quelconque portant que tout le prix n'a pas été compris dans l'acte ; déclaration qui lui servirait de commencement de preuve par écrit.

Nous ne partageons pas cette opinion ; il y a dans l'espèce fraude à la loi, et dès lors l'action devient absolue , de relative qu'elle était.

110. Que faudrait-il décider si, au lieu d'avoir stipulé un prix en numéraire, les parties étaient convenues, l'une de recevoir, et l'autre de donner un immeuble ou des objets mobiliers ? Dans ce cas, comment pourrait s'opérer le remboursement du prix de la cession ? Le cessionnaire pourrait-il se refuser au retrait jusqu'à ce que l'héritier pût lui rendre les choses données en paiement ?

Nous avons déjà résolu cette question aux numéros 60 et 61 ; nous avons dit que si l'héritier ne pouvait se procurer les objets donnés en paiement par le cessionnaire, il serait inévitablement admis à en offrir l'estimation. En effet, s'il en était autrement, si le cessionnaire pouvait se soustraire à l'exercice du retrait, en donnant en échange des droits cédés un immeuble ou des effets mobiliers, la disposition de l'art. 841 deviendrait inutile, ce qui ne doit pas être.

Peut-être objectera-t-on ici que les conventions contractées de bonne foi doivent être exécutées, et qu'il ne doit pas être permis à un particulier qui leur est étranger d'en changer les effets, ou d'en détruire les clauses. Nous reconnaissons sans doute le principe ; mais nous ne regardons point comme contractées de bonne foi les conventions par lesquelles vous empêchez l'exécution d'une loi et en rendez inutiles les dispositions. Vainement diriez-vous que ce n'est pas vous renvoyer indemne, que de vous donner l'estimation d'une chose qui pour vous pouvait être d'une valeur inappréciable ; c'est là, nous

en convenons, une nécessité fâcheuse, mais en con-
tractant vous deviez prévoir ce qui arriverait, vous
deviez penser à cette nécessité, et ne pas vous exposer
à la subir; c'est vous qui vous êtes créé le désagrément ou la perte que vous subissez; vous n'avez
donc pas le droit de vous en plaindre.

Il suit de ce que nous venons de dire, que le prix
réel de la cession à rembourser ne serait ici que
celui que l'on mettrait à la chose donnée en échange
des droits successifs. L'héritier devrait, en demandant la subrogation, proposer immédiatement une
procédure d'estimation par experts à ce connais-
sant, convenus amiablement par les parties, ou, à
défaut d'en convenir, par ceux qui seraient nommés
d'office par le tribunal devant lequel la demande
serait portée. Cette proposition ainsi faite, le cessionnaire ne pourrait pas s'y refuser, nous le pensons du moins. Nous croyons même qu'il ne le
pourrait pas mieux si, au lieu d'un immeuble ou
d'un objet mobilier, le cessionnaire s'était engagé à
faire ou à ne pas faire quelque chose. Ainsi nous
avons supposé au n° 64 que le cessionnaire se serait
obligé à fournir au cédant un objet d'art exécuté par
lui-même; eh bien! dans ce cas nous croyons encore
qu'il faudrait faire estimer l'ouvrage et désintéresser
le cessionnaire, qui, de son côté, ne pourrait pas
s'opposer à l'exercice du retrait successoral parce
qu'on ne lui rendrait pas une chose pareille à celle
qu'il aurait donnée en échange.

Toutefois, nous pensons aussi que dans l'appréciation de la chose qu'on ne pourrait pas rembourser

au cessionnaire, il faudrait calculer la valeur, non-
seulement d'après son prix intrinsèque, mais encore
d'après tous les avantages et agréments que l'existence de l'objet pourrait procurer à celui qui en serait
le détenteur. Nous croyons même que dans l'évaluation de la chose il faudrait avoir égard à tout ce qui
pourrait lui donner une valeur dans ses rapports,
soit avec le cessionnaire, soit avec le cédant.

Expliquons notre pensée par un exemple.

Supposons que le cessionnaire fût un peintre distingué, et qu'en échange des droits successifs cédés,
il eût promis et exécuté un tableau qui eût été ensuite
transmis à l'héritier. Dans ce cas, il faudrait avoir
égard aussi non-seulement au prix réel de l'ouvrage,
mais encore à celui qu'y aurait attaché le peintre,
si, par exemple, il le considérait comme le meilleur
travail qu'il eût exécuté; nous pensons encore que le
prix qu'y attacherait l'héritier cédant devrait être
pris en considération, sans cependant que cette estimation d'affection pût dépasser de justes bornes.

111. Il pourrait arriver que le cessionnaire, crai-
gnant la demande en subrogation et d'être privé, par
son exercice, du bénéfice qu'il aurait trouvé dans la
cession, eût stipulé en sa faveur que le cohéritier
cédant serait tenu de lui payer une somme à titre
d'indemnité; dans ce cas, la convention devrait
recevoir son exécution. Le cohéritier cédant paierait
au cessionnaire l'indemnité promise, malgré le
remboursement qui serait fait du prix de la cession;
mais le retrayant ne serait nullement obligé à

raison de cette indemnité promise par le cédant.

Vainement le cessionnaire, qui pourrait ne plus trouver chez le cédant les moyens d'être payé, viendrait-il dire : La somme stipulée à titre d'indemnité doit être considérée comme faisant partie du prix, car, sans l'espoir de ce dédommagement, je n'aurais pas acheté les droits, objet de la cession. Cette indemnité a été prise par moi en considération, et m'a déterminé à porter plus haut la somme payée, d'où il suit que vous devez joindre la somme promise à titre d'indemnité, au prix de la cession, car la loi veut que je sois renvoyé complètement indemne.

Le retrayant lui répondrait évidemment : La loi m'oblige à rembourser au cessionnaire le prix de la cession ; ce prix n'est autre chose que la somme payée, je vous l'offre, vous n'avez rien à réclamer de plus : Vous avez porté ce prix à une somme plus forte, dites-vous, en raison de l'indemnité promise, mais cela ne me regarde pas, vous deviez stipuler un prix moindre dans l'acte, si vous appréhendiez la demande en subrogation. Au reste, le cédant seul s'est obligé envers vous à raison du dédommagement que vous réclamez, c'est à lui à remplir ses engagements; s'il est devenu insolvable, c'est un malheur que vous seul devez supporter; moi qui n'ai nullement concouru à cette cession, on ne doit pas me contraindre à en exécuter les clauses qui sont étrangères au paiement du prix. Lorsque l'on dit que le cessionnaire doit être renvoyé complètement indemne, cela ne doit pas s'entendre autrement si ce n'est qu'il doit recevoir, et que le retrayant doit lui payer tout ce qu'il a déboursé. S'il en était autrement, s'il fallait que le cessionnaire fût indemnisé du bénéfice qu'il aurait trouvé dans la cession, la loi l'aurait dit, et le législateur ne se serait pas borné à prescrire seulement le remboursement du prix.

112. Lorsque le prix réel de la cession a été dissimulé, et qu'il est certain que la somme portée dans l'acte est exagérée et n'a été élevée à ce point que pour empêcher l'exercice du retrait successoral, on ne doit pas en ordonner le remboursement : cela est certain, mais que faut-il décider à l'égard des droits d'enregistrement payés par le cessionnaire pour toute la somme stipulée?

Au premier aspect il semblerait que le cohéritier retrayant devrait rembourser tout ce que le cessionnaire aurait payé, car on pourrait dire que ce ne serait pas le renvoyer indemne que de ne pas lui rendre tout ce qu'il aurait déboursé ; toutefois, ce n'est pas ainsi que le juge la cour de cassation : on trouve dans Sirey, tom. 35, 1ʳᵉ partie, page 843, un arrêt qui n'aurait ordonné le remboursement du droit d'enregistrement que jusques à concurrence du prix réel et non du prix stipulé.

Cet arrêt a décidé implicitement une autre question importante en matière de retrait successoral ; elle a jugé que lorsque le prix réel de la cession n'était pas suffisamment connu, et qu'il y avait évidemment exagération dans celui qui avait été stipulé dans l'acte, les tribunaux avaient le droit, sans estimation préalable par experts, de fixer arbitrairement, par présomptions, le prix de la cession.

Voici l'espèce de cet arrêt fort remarquable :

« Les dames Vaugondy, héritières pour partie d'un sieur Many, firent cession de leurs droits au sieur Rignou, agent d'affaires. La dame Carouget, héritière des cédantes, usant de la faculté établie par l'art. 841, Cod. civ., déclara au sieur Rignou vouloir exercer contre lui le retrait successoral. Mais ici s'éleva une difficulté : le prix porté dans le contrat était de 60,000 fr. ; or, la dame Carouget soutenait que ce prix était fictif; que la somme réellement payée n'était que de 1,930 fr. dont elle fit offre, ainsi que des frais et loyaux coûts. Sur le refus du sieur Rignou, d'accepter ces offres, un procès s'engagea entre les parties devant le tribunal de la Seine.

» 16 juillet 1833, jugement par lequel le tribunal, après avoir établi, en fait, qu'il y avait simulation dans le prix de la cession, continue en ces termes : Attendu que *tout démontre au procès* que Rignou n'a pas payé aux dames Vaugondy au-delà de la somme de 1,930 fr.; qu'il est juste d'ajouter à cette somme les intérêts, frais et loyaux coûts, tels que de droit; admet la demande de la dame Carouget ; lui donne acte de ce qu'elle est prête et offre de rembourser les 1,930 fr.; ordonne également que suivant ses offres, la dame Carouget paiera au sieur Rignou 1° le montant de l'enregistrement des actes de cession, mais en proportion seulement du prix réellement payé lors desdits actes; 2° tous les frais et loyaux coûts dont le sieur Rignou pourra justifier, etc.

» Appel. — 14 février 1834, arrêt de la cour royale de Paris, qui confirme purement et simplement.

» Pourvoi en cassation de la part du sieur Rignou, 1° pour violation de l'art. 7 de la loi du 20 avril 1810, en ce que, pour réduire de 60,000 fr. à 1,930 fr. le prix de la cession faite au sieur Rignou, les juges se sont bornés à dire que *tout démontrait au procès* qu'il n'avait payé que cette somme. Une énonciation aussi vague ne saurait être regardée comme remplissant le vœu de la loi, qui impose aux juges l'obligation de donner des motifs à l'appui de leurs décisions ;

» 2° Pour violation et fausse application de l'article 841, en ce que l'arrêt attaqué n'a rien alloué au sieur Rignou (en sus des 1,930 fr., prix principal de la cession) pour les travaux et soins que l'affaire lui avait occasionnés. — Dès l'instant, dit-on, que ces travaux et ces soins ne tournent plus au profit du cessionnaire, il doit nécessairement en être indemnisé. Admettre le contraire serait consacrer une injustice, et faire profiter gratuitement un tiers, de services qu'il aurait dû payer s'ils avaient été faits en son nom. Ici Rignou doit d'autant mieux être indemnisé, qu'agent d'affaires, il ne peut être supposé avoir prodigué ses soins pour rien. Il ne peut être plus mal traité dans cette affaire qu'il ne l'aurait été dans toute autre.

» L'arrêt dénoncé, ajoutait-on, a violé encore l'art. 841, Cod. civ., en refusant à Rignou le remboursement de la totalité des frais d'enregistrement par lui payés. Ces frais ont été perçus sur le prix de la cession, porté à 60,000 fr. — Vainement dirait-on qu'il y avait fraude ou simulation ; car la fraude ou simulation que la cour a déclaré exister, quant à la fixation du prix seulement, est étrangère au paie-ment des droits d'enregistrement ; ces droits ont été réellement payés ; ils devaient donc être intégrale-ment remboursés au cessionnaire.

» Arrêt. — Attendu, sur le premier moyen, que, sans qu'il soit besoin d'examiner, dans l'espèce, si, en matière de fraude et de simulation, et autres semblables, où les faits sont soumis à l'arbitrage absolu des cours royales, les motifs doivent être aussi développés que dans les cas où les faits légalement caractérisés peuvent être soumis à l'appréciation de la cour de cassation, il est évident que le motif donné pour la fixation du prix réellement payé se rattache aux motifs donnés sur la fraude et la simu-lation, et reçoit même un complément par le détail des sommes qui se trouve dans le dispositif ; d'où l'on doit conclure que l'arrêt dénoncé se trouve suffi-samment motivé ;

» Attendu, sur le second moyen, que le principe incontestable de rembourser, outre le prix de la cession, les frais légitimement faits, est sans appli-cation à des frais et honoraires purement relatifs au cessionnaire ;

» Attendu qu'en déclarant simulé le prix de 60,000 fr., et le réduisant à 1,930 fr., l'arrêt a justement ordonné la restitution des frais d'enregis-trement dans la proportion du prix réel de 1,930 fr.; rejette, etc. » Sirey, tom. 35, 1ᵣₑ part., pag. 843.

113. Le cessionnaire doit non-seulement être remboursé du prix de sa cession, mais encore des intérêts de la somme par lui payée au retrayant. Ainsi, supposons que le prix de la cession ait été de 10,000 fr., et qu'il y ait eu cinq ans d'intervalle entre le paiement et le retrait; dans ce cas, le cohéritier sera tenu de rembourser d'abord les 10,000 fr. de capital, puis 2,500 fr. d'intérêts pour les cinq ans expirés.

On opposerait vainement du silence de l'art. 841 du Code civil à l'égard des intérêts; la jurisprudence et les auteurs sont unanimes sur ce point; la raison en est d'ailleurs facile à saisir : ce ne serait pas renvoyer le cessionnaire complètement indemne, que de lui rembourser seulement le prix de la cession. Au reste, si l'art. 841 est muet à l'égard des intérêts, on trouve un argument favorable à ce système dans l'art. 1699 du Code civil, relatif au retrait des droits litigieux, qui prescrit non-seulement le remboursement du capital, mais encore celui des intérêts. Toutefois, comme il peut s'élever quelques difficultés relatives au paiement de ces intérêts, nous allons tâcher d'en donner la solution.

114. *Première hypothèse*. Pierre cède ses droits successifs à Auguste, qui, n'ayant pas le prix à sa disposition, fait une promesse payable dans deux ans; il est stipulé dans cette promesse que la somme à payer ne portera point d'intérêt jusques alors; à l'échéance, le cessionnaire ne retire pas son billet, et

trois ans s'écoulent, après lesquels seulement il s'acquitte envers le cédant; peu de temps après, un cohéritier se présente, demande le retrait et offre le remboursement du prix; le cessionnaire soutient alors avoir payé des intérêts après les deux ans de terme fixés par la promesse; il se fonde principalement sur les mots : *sans intérêts jusqu'alors*, qui y sont insérés; le retrayant s'y refuse, de là, question de savoir si ces intérêts sont ou ne sont pas dus.

Dans l'intérêt du cessionnaire on peut dire que dès qu'il était stipulé que la promesse serait payable dans deux ans, *sans intérêts jusqu'alors*, cela emportait implicitement le cours des intérêts, après l'expiration du terme; que c'est le sens et l'interprétation naturelle de cette clause; que les mots *jusqu'alors* montrent évidemment le temps où les intérêts ne devaient pas courir et celui où leur cours prendrait naissance; qu'ainsi, dès que les intérêts ont couru et que le cessionnaire affirme les avoir payés, ils doivent lui être remboursés.

A cela on répondrait que le retrayant ne doit rembourser les intérêts de la somme payée que lorsqu'il est prouvé que ces intérêts ont été payés par le cessionnaire; — qu'à l'égard des deux premières années, il n'y a point de difficulté puisqu'il était dit que la somme serait payable dans deux ans, *sans intérêts jusqu'alors;* que si postérieurement il en a été payé, c'est à tort, attendu qu'il n'en était point dû, puisqu'il n'en avait point été stipulé; que les mots desquels on voudrait inférer une clause en faveur du cessionnaire ne font nullement connaître l'intention des parties ; que si les parties avaient voulu faire courir les intérêts en cas de non-paiement après les deux ans, elles s'en seraient clairement expliquées.

Cette dernière opinion nous paraît la plus sûre, surtout lorsqu'il s'agit d'un tiers ; deux arrêts rapportés par Sirey, tom. 25, 2° part., p. 70, et tom. 29, pag. 193, ont au reste jugé la question dans ce sens.

Dans le dernier de ces arrêts, qui est à la date du 28 mai 1827, il s'agissait d'un créancier qui se présentait dans un ordre et demandait l'allocation des intérêts de sa créance, en vertu d'une clause de son obligation portant que sa créance serait payable le 6 janvier 1815, *sans intérêts jusqu'alors*. Il prétendait que cette clause équivalait à la stipulation d'intérêts à partir de l'expiration du terme, mais la cour rejeta cette prétention ; elle considéra 1° que l'intérêt ne pouvait courir que par l'effet de la convention ou d'une demande judiciaire, qu'ici on ne trouvait aucune stipulation d'intérêts, et qu'aucune action en justice ne les avait demandés ; 2° que si la question s'agitait entre le créancier et le débiteur, on pourrait, peut-être, rechercher, rapprocher les circonstances et les faits d'où résulterait entre eux une convention d'intérêts ; mais qu'ici cette affaire intéressait des tiers, et que la cour ne pouvait voir qu'un défaut de convention ou de poursuites à cet égard.

Dans l'autre arrêt, rendu par la cour royale d'Agen le 19 mai 1824, la clause était ainsi conçue : *sans intérêts pendant ce terme;* les motifs sont les mêmes que ceux exprimés au premier.

115. *Deuxième hypothèse*. Nous supposerons que dans celle-ci la clause soit plus explicite, qu'elle porte, *sans intérêts jusqu'alors* SEULEMENT; dans ce cas il faudrait prendre une décision contraire, si l'on doit suivre la doctrine consacrée par un arrêt de la cour de Bourges du 11 juin 1825; mais nous ne saurions adopter cette opinion. Le mot *seulement*, ajouté à la stipulation des premiers arrêts, ne nous paraît pas plus propre à suppléer à une clause expresse ou à une assignation en justice, que les mots qui précèdent. Remarquons surtout que, dans l'espèce de cet arrêt, il ne s'agissait pas d'un tiers, mais du cessionnaire du créancier, c'est-à-dire du créancier lui-même, puisque le cessionnaire n'est que l'image de son cédant. Au reste, il suffit de lire les motifs de cet arrêt pour demeurer convaincu qu'on ne s'est presque pas occupé de la question dont il s'agit ici, qu'il serait difficile même d'inférer de ces motifs une conséquence bien nettement tranchée et aussi claire qu'il faut qu'elle soit pour servir de base à une opinion. Nous pensons donc que, dans ce cas comme dans le précédent, le retrayant ne devrait aucun intérêt au cessionnaire.

116. *Troisième hypothèse*. Si le cessionnaire avait payé au cohéritier cédant les intérêts du prix de la cession, après le temps requis pour la prescription, le cohéritier retrayant serait-il obligé de rembourser ces mêmes intérêts?

En d'autres termes, le retrayant pourrait-il opposer

de la prescription dont le cessionnaire n'aurait pas opposé lui-même?

Nous ne le pensons pas.

Punir le cessionnaire de n'avoir pas usé d'un mode de libération que la loi autorise, il est vrai, mais auquel la conscience refuse son approbation, serait trop sévère et même immoral. Au reste, la prescription de cinq ans est toujours présuppositive du paiement et dès que le cessionnaire a payé, même après le temps nécessaire pour prescrire, c'est assurément parce qu'il n'avait pas payé avant.

117. *Quatrième hypothèse.* Supposons que le cessionnaire ait souscrit en faveur du cohéritier cédant et pour prix de la cession, une obligation de 10,000 fr. payable dans dix ans sans intérêts; supposons encore que le retrayant paie les 10,000 fr. avec les intérêts des dix ans, étant dans l'ignorance du fait de l'obligation et trompé par le cessionnaire qui lui a assuré qu'il avait payé comptant le prix de la cession à son cédant. Dans ce cas, éclairé par la suite sur l'existence de l'obligation, le retrayant pourrait-il répéter les intérêts indûment payés?

Ce qui semblerait apporter quelque doute sur la manière dont la question doit être résolue, c'est la disposition de l'art. 1906, qui porte que l'emprunteur qui a payé des intérêts qui n'étaient pas stipulés ne peut ni les répéter, ni les imputer sur le capital; mais évidemment ce ne serait pas le cas d'appliquer cet article, car d'abord il ne s'agit ici ni d'emprunt ni d'emprunteur, et bien certainement on doit regarder l'art. 1906 comme une exception au droit commun, laquelle doit être restreinte dans les bornes les plus étroites et uniquement au cas pour lequel elle a été créée.

Partant de ce principe il faudrait alors faire ici l'application de l'art. 1376 du Code civil, qui dispose que celui qui reçoit par erreur ou sciemment ce qui ne lui est pas dû, s'oblige à le restituer à celui de qui il l'a indûment reçu.

118. *Cinquième hypothèse.* Joseph , cohéritier d'une succession , vend la totalité de ses droits successifs à Pierre, et en recevant le prix de sa cession il met en possession le cessionnaire d'une maison dépendante de l'hoirie, qu'il possédait lui-même depuis long-temps. Le cessionnaire jouit de la maison pendant plusieurs années , après lesquelles un des autres cohéritiers se présente et demande la subrogation ; cette subrogation a lieu , mais entre Pierre et Joseph s'élève la question de savoir si Pierre peut demander tous les intérêts de son prix , ou si on doit lui imputer la valeur de la jouissance de la maison dont il jouit.

Le cessionnaire ne peut-il pas dire : 1° Vous me devez l'intérêt du prix de ma cession ; la loi , ou si l'on veut, la jurisprudence vous en fait une obligation ; et comme elle ne distingue pas, vous ne devez pas distinguer ; peu importe que j'aie joui de la maison, cela ne vous regarde pas ; 2° dans le cas, au reste, où je devrais en tenir compte, ce n'est pas au retrayant seul, c'est à tous les cohéritiers, c'est à la

succession ; lorsqu'on me demandera une restitution
de fruits à cet égard , j'y répondrai ; mais en ce qui
concerne le retrayant , il est non recevable, en l'état,
à vouloir compenser cette restitution de fruits avec
ce qu'il me doit.

Ce raisonnement ne nous paraît pas dépourvu de
raison ; cependant , nous pensons que le cohéritier
retrayant serait fondé à opposer l'imputation pour
la part lui revenant en cette qualité de cohéritier
dans la restitution de fruits; on mettrait alors en
réserve une somme approximative , jusques à ce que
la liquidation des fruits eût été faite , et l'évaluation
de la part du retrayant, déterminée.

Il n'est pas besoin de dire que si le retrait était
demandé par tous les cohéritiers , la compensation
aurait lieu de suite si la somme formant les prix de
location était connue. Dans le cas contraire, on ferait
immédiatement procéder à l'estimation des fruits.

119. Indépendamment des intérêts du prix de la
cession, le retrayant doit aussi rembourser les *loyaux
coûts*. On entend par loyaux coûts toutes les dépenses
ou déboursés dont la cession a été la cause prochaine
et immédiate, et qui ont été faits pour y parvenir.
Retenons cependant , comme le dit Pothier dans son
Traité du retrait, que le retrayant n'est pas même
obligé de rembourser à l'acquéreur indistinctement
tout ce qu'il lui en a coûté pour parvenir à la cession , mais seulement tout ce qu'il a dû lui en coûter;
c'est ce que signifient ces termes de *loyaux coûts*.

120. Il faut mettre au nombre des *loyaux coûts* les *épingles* ou *pots de vin* donnés par le cessionnaire à la femme ou enfants du cédant. Pothier, *eod. loc.*, décide qu'il faut qu'il en soit fait mention dans la cession ou qu'il apparaisse du contrat que ces déboursés ont fait partie de la convention ; il ajoute même que lorsque les pots de vin ou épingles ne sont pas stipulés dans le contrat, l'acquéreur ne pourrait pas être admis à prouver par témoins qu'ils ont été une des conditions du marché. Il en donne pour raison qu'il a été au pouvoir du cessionnaire ou de l'acquéreur de se procurer la preuve par écrit de cette convention.

Nous pensons, en effet, que le retrayant peut se refuser au remboursement des épingles et pots de vin, lorsqu'il n'apparaît pas de l'acte qu'il en a été payé ; mais nous ne partageons pas l'avis de Pothier sur l'inadmissibilité de la preuve par témoins des faits que ces objets ont fait partie du prix de la cession. Il est bien vrai qu'en règle générale la preuve n'est pas admise pour les faits dont on a pu se procurer la preuve par écrit ; mais ici ne pourrait-on pas dire qu'il y a eu commencement de preuve par écrit dans la cession elle-même ; son existence ne rend-elle pas vraisemblable le fait allégué ? N'est-ce pas une chose commune que cet usage de donner des épingles ou pots de vin à la femme du vendeur ? Ne pourrait-il pas même arriver que le retrayant eût eu connaissance du paiement qui aurait été fait de la somme délivrée à titre d'étrenne, et alors n'y aurait-il pas fraude de sa part de le nier? Non-seulement l'usage de donner des épingles est très-suivi, mais il arrive bien rarement que l'acte en fasse mention; les parties ont trop d'intérêt, surtout l'acquéreur, à éviter le plus possible les droits d'enregistrement; que, bien loin d'insérer dans le contrat la convention relative aux épingles ou pots de vin, ils cherchent sans cesse à dissimuler une partie du prix. Nous pensons donc qu'alors même qu'il n'y aurait d'autre commencement de preuve par écrit que la cession, il faudrait la considérer comme suffisante et ordonner une enquête.

121. Dans les loyaux coûts, on comprend aussi les frais du contrat, ce qui embrasse l'enregistrement, l'inscription et la transcription, le papier timbré, le salaire du notaire, soit pour la minute, soit pour l'expédition à délivrer au vendeur et à l'acheteur. Il faut joindre aussi à ces frais ceux auxquels ont donné lieu les paiements faits par le cessionnaire au cédant, tels que ceux de quittances qui lui ont été passées à lui personnellement ou aux créanciers délégués.

122. Le cessionnaire, avant d'entrer en marché avec le cohéritier, peut vouloir prendre une connaissance approximative des forces de la succession ; il peut, à cet effet, envoyer sur les lieux où sont situés les immeubles une personne pour les apprécier , pour connaître les moyens de les revendre au besoin; dans ce cas, faudra-t-il considérer ce qui aura été

payé à ce tiers, comme faisant partie des loyaux coûts.

D'une part, on peut dire qu'il faut que le cessionnaire soit renvoyé complètement indemne, et qu'il soit remboursé de tout ce qu'il a payé pour arriver à la cession, d'où la conséquence nécessaire que le retrayant doit lui tenir compte de ce qu'il a déboursé pour le tiers qu'il a employé pour connaître la consistance de la succession.

D'autre part, on dira au contraire que s'il fallait étendre ainsi les loyaux coûts, il n'y aurait plus de terme où s'arrêter; que le retrayant, ne profitant pas d'ailleurs des dépenses faites par le cessionnaire pour prendre connaissance de la consistance de la succession, il ne doit pas les payer; que l'art. 841, en le soumettant à rembourser le prix de la cession et même les frais et loyaux coûts, n'a sûrement pas voulu que ce prix devînt tellement élevé par les exigences du cessionnaire, qu'il fût un obstacle à l'exercice du retrait successoral; que les loyaux coûts doivent se borner aux frais d'actes.

Pothier, dans son *Traité du retrait*, n° 315, pense que les frais faits par l'acheteur, par l'envoi d'un expert pour visiter l'héritage, doivent aussi être compris dans les *loyaux coûts;* car, dit-il, il est de la prudence d'un acheteur de visiter ou faire visiter un héritage avant que de l'acheter. Quant à nous, nous croyons que si ces frais sont modérés, qu'ils ne présentent rien d'exagéré ou de frauduleux, on doit les ranger dans les *loyaux coûts.* Mais, dans le cas contraire, il faudrait les rejeter pour ne pas

26

apporter trop d'entraves à l'exercice du retrait successoral.

123. Si, pour l'exécution de la cession, le cessionnaire avait été obligé de soutenir un procès contre le
cohéritier cédant, les frais de cette instance devraient-
ils entrer dans les *loyaux coûts* et être remboursés
par le retrayant? Supposons, par exemple, que le
cohéritier ait argué de nullité la cession après l'avoir
consentie, et qu'il se soit présenté au partage comme
si elle n'eût pas existé; que sur cette demande du
cohéritier, le cessionnaire se fût défendu et eût obtenu
gain de cause, dans ce cas, le cessionnaire pourrait-
il répéter contre le retrayant les dépens dont il n'aurait pas encore été remboursé par le cédant, et les
honoraires de l'avocat qui aurait plaidé pour le
maintien de la cession?

L'opinion de Pothier est encore ici favorable au
cessionnaire, il décide en ces termes la question proposée :

« Les frais de l'instance que l'acheteur a eue
contre le vendeur pour l'obliger à l'exécution du
contrat, doivent aussi être compris dans les *loyaux
coûts* que le retrayant doit rembourser à l'acheteur,
et en le remboursant il est subrogé aux droits de
l'acheteur pour les répéter contre le vendeur. »

Je ne sais si une pareille doctrine serait admise
par nos tribunaux. Les frais ou dépens d'une instance
pourraient être considérables, alors que l'objet de la
cession le serait peu; le cohéritier cédant pourrait
aussi être insolvable ou n'offrir qu'une garantie dou-

teuse; dans une pareille conjoncture, il serait bien
sévère d'admettre la demande du cessionnaire, alors
que la subrogation, consentie en faveur du retrayant,
serait inefficace. Remarquons même que les honoraires payés à l'avocat par le cessionnaire ne pourraient, en aucun cas, être répétés par le retrayant
contre son cohéritier. D'après ces motifs, nous pensons que si, au moyen de la subrogation, le retrayant
pouvait obtenir le remboursement des dépens, il n'y
aurait aucune raison grave pour en refuser la répétition au cessionnaire; mais dans le cas contraire
nous croyons que ce serait mettre un trop grand
obstacle à l'exécution de l'art. 841.

124. Si le cohéritier cédant avait vendu ses droits
successifs à terme, et que pour sûreté du paiement
il eût pris une inscription hypothécaire sur les biens
du cessionnaire, le retrayant devrait être tenu de
faire rayer cette inscription, d'en payer les frais et
de faire, en un mot, tout ce qui serait nécessaire pour
rendre libre de toute hypothèque les immeubles de
l'acquéreur.

125. Il pourrait s'élever une difficulté qu'il ne
serait peut-être pas bien facile de résoudre; c'est
celle-ci :

Supposons que le retrayant voulût jouir du bénéfice du terme accordé au cessionnaire par le cédant;
que le cessionnaire, dépouillé des droits acquis,
voulût exiger de suite la radiation de l'inscription
prise sur ses immeubles, et que le cohéritier cédant

ne voulût pas s'en départir, soit par caprice, soit
parce qu'il croirait ne pas trouver assez de garantie
chez le retrayant ; dans ce cas, le cessionnaire serait-
il fondé à résister à la demande en subrogation
jusques à ce que l'affranchissement de ses biens
affectés à l'hypothèque du cédant fût certain ?

Nous pensons que, dans une pareille hypothèse,
le retrayant serait obligé de payer immédiatement le
prix de la cession, et que malgré la subrogation il
ne pourrait pas réclamer le bénéfice du terme. Cette
nécessité serait commandée par celle de rendre de
suite le cessionnaire indemne et affranchi de la
charge de l'hypothèque et autre, rien ne serait plus
fondé que sa résistance à l'exercice du retrait, si on
ne lui assurait pas la radiation de l'inscription prise
sur ses immeubles.

Toutefois, en nous décidant pour cette opinion,
nous ne nous dissimulons pas les raisons puissantes
que l'on pourrait opposer de la part du retrayant.
J'use, pourrait-il dire, d'un privilége que m'accorde
la loi, et personne ne peut s'opposer à l'exercice de
ce droit, lorsque je remplis toutes les conditions
qu'elle m'impose ; je dois être mis, par l'effet de la
subrogation, au lieu et place du cessionnaire ; or,
ce cessionnaire n'était pas obligé à payer comptant
le prix de la cession ; donc, moi qui le représente,
moi qui suis son image, je dois jouir du même
avantage, cela est incontestable.

Mais à cette objection on pourrait répondre,
d'abord de la part du cédant : J'ai contracté sous la
foi d'une garantie pleine et entière que je trouvais

dans l'hypothèque que l'on m'a concédée; aujourd'hui l'on veut m'en dépouiller sous le prétexte de la nécessité du retrait, et l'on ne veut pas me payer comptant le prix de ma cession ; cela ne saurait être, car mon droit résulte d'un contrat librement consenti, revêtu de toutes les formes voulues par la loi, et dont les dispositions sont plus fortes que celles de la loi même, le premier et le plus puissant lien légal étant celui que s'imposent les parties entre elles.

Ces raisons deviendraient plus graves encore, si la succession était toute mobilière, et que le retrayant ne pût pas donner d'hypothèque faute d'immeubles, ou que celle qu'il offrirait rendît douteux le paiement.

D'un autre côté, le cessionnaire pourrait aussi répondre à son tour : La loi oblige le retrayant à rembourser le prix de la cession, à me renvoyer complètement indemne, et je suis loin de l'être si, d'une part, vous ne payez pas de suite le prix de la cession, et si, de l'autre, vous ne faites pas affranchir mes biens de l'hypothèque du cohéritier cédant. La loi vous accorde le privilége du retrait, il est vrai, mais elle y met des conditions absolues auxquelles vous ne pouvez pas vous soustraire. Faites donc rayer l'inscription prise sur mes immeubles ou renoncez à la subrogation.

Ces arguments, présentés au retrayant, ne perdraient pas de leur force, alors même que ce dernier offrirait de donner une caution en remplacement de l'hypothèque; nous ne pensons pas que les tribunaux pussent prendre ce terme moyen sans le consentement formellement exprimé du cohéritier vendeur.

126. Avec le prix, les frais et les loyaux coûts, le cessionnaire aurait-il aussi le droit d'exiger le remboursement des sommes qu'il pourrait avoir payées pour la succession? Ainsi, supposons que, les cohéritiers étant absents, le cessionnaire ait acquitté une partie ou la totalité des charges publiques imposées sur les biens de la succession : les contributions par exemple, les droits de mutation; dans ce cas, le cessionnaire serait-il fondé à les répéter? Ne faudrait-il pas faire ici une distinction et dire que ces divers remboursements ne faisant pas partie du prix, il serait juste de ne pas forcer le retrayant à les effectuer immédiatement et en totalité; car ces dettes, étant celles de la succession, doivent être acquittées par tous les cohéritiers, c'est-à-dire que chacun d'eux en doit sa part, sauf l'action hypothécaire qui les frappe tous et pour le tout.

Cela nous paraîtrait d'autant plus conforme aux vrais principes, que souvent il pourrait arriver que le cessionnaire s'empressât d'acquitter ces dettes pour grossir son prix et apporter ainsi des entraves à l'exercice du retrait; nous pensons donc que le cessionnaire ne pourrait exiger du retrayant que le remboursement de sa part des dettes acquittées, et que le montant de cette part devrait seulement être payé par lui et immédiatement avec le prix.

Vainement dirait-on que ces dettes n'ont été payées qu'à l'occasion du retrait; que bien certainement le cessionnaire ne les eût pas acquittées s'il n'eût pas acquis les droits successifs de l'un des cohéritiers ; que dès lors il est juste que le remboursement lui en soit fait avec le prix de la cession.

Mais on répondrait : Si vous avez payé ces dettes, vous l'avez fait volontairement et sans y être contraint ; vous pouviez vous en dispenser et renvoyer les créanciers à agir contre la succession. Aujourd'hui votre condition est celle de créancier de la succession, et non pas de l'étranger qui peut avoir acquis la part afférente à l'un des cohéritiers. En acquérant cette part, d'ailleurs, vous n'étiez pas soumis à acquitter toutes les dettes de la succession, mais seulement la portion à votre charge ; ce n'est donc, tout au plus, que cette portion qui doit vous être remboursée par le retrayant, sauf à vous à agir contre la succession pour le surplus.

127. Il faudrait suivre la même règle à l'égard des impenses que le cessionnaire aurait faites dans les immeubles de la succession. Pothier, *Traité du retrait*, n° 328 et suiv., pense qu'elles doivent être remboursées. Mais il faut s'expliquer ici avec cet auteur, sur la nature des impenses qui doivent entrer en compte dans le remboursement à faire ; ce ne sont que les impenses faites sur les biens mêmes, *in rem ipsam*, telles que les réparations qu'il a faites aux bâtiments ; le remboursement ne serait pas dû si ces impenses n'avaient été faites qu'à l'occasion des biens. Pour faire mieux comprendre sa pensée, Pothier cite l'exemple suivant : Par exemple, si

l'acquéreur d'un héritage sur qui on exerce le retrait avait, avant la demande en retrait, acheté des chevaux pour faire valoir cet héritage, et que ces chevaux fussent morts, il ne pourrait pas prétendre qu'on lui remboursât le prix qu'ils lui auraient coûté; car l'impense qu'il a faite en achetant les chevaux est, à la vérité, une dépense qu'il a faite à l'occasion de l'héritage acquis, puisqu'il n'aurait pas acheté des chevaux s'il n'eût pas acheté l'héritage; mais ce n'est pas une impense faite sur l'héritage même.

La raison de cette distinction se fait facilement sentir; mais nous ne croyons pas qu'on pût forcer le retrayant à rembourser au cessionnaire la totalité des impenses faites sur l'héritage même, car ce sont encore là des charges de la succession qui doivent être acquittées par tous les cohéritiers réunis, et non par le retrayant seulement.

Nous sommes d'autant plus autorisés à persister dans notre opinion sur ce point, que Pothier, qui veut que les impenses faites *in rem ipsam* soient remboursées au cessionnaire avec le prix de la cession, refuse à ce dernier la répétition des impenses *voluptuaires* et *utiles;* il n'accorde le remboursement que des *nécessaires*. « La raison en est, dit-il, qu'il ne doit pas lui être permis de rendre la condition du retrait plus onéreuse, en faisant sur l'héritage sujet au retrait des impenses qui, quoique utiles, n'étaient pas nécessaires, et d'empêcher, par ce moyen, les lignagers qui n'auraient pas la commodité de les rembourser, d'exercer le droit de retrait que la loi leur accorde. »

Dans notre retrait, il n'en doit pas être de même, parce que si le cessionnaire n'a pas son recours contre le retrayant, il en a un autre contre la succession, ce qui n'existe pas dans le retrait lignager. Ici il faut que les impenses *utiles* soient remboursées, parce que la succession en profite et que ceux en faveur de qui cette succession s'est ouverte en retirant un avantage réel, il ne leur est pas permis de s'enrichir au détriment du cessionnaire; ainsi, le retrayant remboursera avec ce prix sa part des impenses utiles et nécessaires, et le surplus sera payé par la succession ou par les autres cohéritiers.

128. Nous n'admettons la répétition que des impenses *utiles* et *nécessaires*, mais il n'est pas douteux qu'il serait permis au cessionnaire d'enlever ce qui pourrait être ôté sans détérioration, à la charge par lui de remettre les choses au même état où elles étaient lors de la cession, car il ne ferait là aucun tort au retrayant; ainsi, par exemple, si le cessionnaire avait mis des chambranles de marbre et des glaces aux cheminées d'une maison, il pourrait les emporter en remettant les anciens et en rétablissant ces cheminées dans leur état primitif.

129. Si le prix de la cession n'avait pas été payé au cohéritier, qu'il lui fût encore dû, le cessionnaire pourrait-il exiger de suite le remboursement? En d'autres termes, le retrayant devrait-il jouir du terme accordé au cessionnaire? L'affirmative ne nous paraît pas douteuse. Le retrait est une subro-

gation à tous les droits du cessionnaire et en même temps à ceux du cohéritier cédant; or, à l'égard du premier, le retrayant doit jouir de tous les avantages dont il aurait joui lui-même. Il y a eu un terme stipulé pour le paiement du prix de la cession, en faveur du cessionnaire; eh bien! le retrayant en profite, il y est subrogé.

Une autre raison qui doit d'ailleurs amener la solution de cette question en ce sens, c'est que le terme fait partie intégrante du prix, et comme c'est le prix qui doit être restitué, et non plus que le prix, le retrayant doit être subrogé nécessairement au bénéfice du terme, car il paierait au-delà du prix s'il remboursait de suite la somme qui n'est payable qu'à l'expiration d'un certain délai. Le cessionnaire doit être renvoyé indemne, mais il ne doit pas retirer un bénéfice du retrayant, et c'en serait un, bien évidemment, s'il recevait comptant le prix de la cession qu'il ne devrait payer lui-même qu'à terme.

130. Si le prix était encore dû au cohéritier cédant, soit en totalité, soit en partie, au moment du retrait, le retrayant pourrait-il obliger ce cohéritier à l'accepter pour débiteur de ce prix et de toutes les obligations portées au contrat, et à en décharger le cessionnaire?

On sent que dans certains cas il peut importer beaucoup au retrayant de payer le prix de la cession au cohéritier cédant plutôt qu'au cessionnaire; ainsi, supposons que le cessionnaire soit devenu insolvable ou qu'il n'offre que peu de garantie pour le paiement du prix, dans ce cas, il devient urgent pour le retrayant de payer entre les mains du cohéritier, afin de faire affranchir les immeubles de l'hypothèque ou du privilége du vendeur. Dans ce cas, si le retrayant offrait une caution solvable, pourrait-il forcer le cohéritier à le prendre pour débiteur et à décharger le cessionnaire de toute obligation?

Pour l'affirmative, on pourrait dire que le retrait étant le droit de se faire subroger à la cession de l'acquéreur étranger, tous les droits résultant de cette cession doivent être transférés de la personne du cessionnaire sur celle du retrayant; que de là il doit suivre que les obligations résultant aussi de cette cession doivent pareillement passer de sa personne en celle du retrayant, et que le cessionnaire doit en être déchargé; que s'il est vrai que cette translation des droits et des obligations du cessionnaire en la personne du retrayant ne doive pas préjudicier au cohéritier cédant, l'offre de donner bonne et valable caution détruit l'objection du préjudice qu'il pourrait subir par le changement de débiteur; car peu importe au cohéritier de qui il reçoive le prix de sa cession, pourvu qu'il soit intégralement payé.

Malgré ces raisons, il faut dire avec Pothier et Dumoulin, que le cédant n'est pas obligé, quelque caution qu'on lui offre, à accepter le retrayant pour débiteur à la place du cessionnaire; la raison en est que le retrait est une affaire qui ne se passe qu'entre le retrayant et le cessionnaire sur qui la subrogation s'exerce et qui ne concerne pas le cédant; celui-ci n'étant nullement garant du retrait; le cessionnaire étant censé s'être chargé d'en courir le risque, le retrait ne peut lui donner aucune action contre le cohéritier, pour l'obliger à le décharger de son obligation. Le cohéritier cédant se trouve dans la règle générale, qui ne permet pas qu'un créancier puisse être obligé malgré lui à changer de débiteur, quelque caution qu'on lui offre.

Il y a d'ailleurs une autre raison décisive, c'est que la caution que l'on pourrait offrir au cohéritier cédant ne lui offrirait jamais autant de garantie que l'hypothèque que le cessionnaire aurait pu lui concéder pour sûreté de son paiement; que s'il n'y avait pas eu concession d'hypothèque, le cohéritier cédant pourrait avoir encore plus de confiance dans la solvabilité du cessionnaire que dans celle du retrayant et de la caution qu'il offrirait.

131. Mais si le retrayant voulait payer de suite, malgré qu'il y eût un terme stipulé dans la cession, le cohéritier cédant ne pourrait pas se refuser au remboursement, à moins que le délai n'eût été inséré dans l'acte que dans l'intérêt du cohéritier cédant; dans ce cas, mais seulement dans ce cas, le cédant pourrait résister à la libération du retrayant.

132. Lorsque le cohéritier reçoit son prix de vente des mains du retrayant, la quittance qu'il en donne doit contenir la décharge pleine et entière du cessionnaire, sans quoi celui-ci peut résister et ne point consentir à la subrogation. Cette quittance doit

contenir le consentement formel de la radiation de
l'inscription prise sur les biens du cessionnaire, et
c'est le retrayant qui doit faire opérer cette radiation
et en acquitter les frais.

133. Que faudrait-il décider dans le cas auquel le
cohéritier cédant, étant encore créancier du cessionnaire, lui aurait fait remise de la dette ou la lui aurait
léguée par testament? Dans ce cas, le retrayant
serait-il obligé de payer le prix entier ou seulement
ce que le cessionnaire aurait payé à compte avant le
don ou legs fait à ce dernier?

Nous croyons qu'il faut distinguer. Si le cohéritier
cédant a fait la remise d'une portion du prix parce
qu'il croyait avoir vendu trop cher ses droits successifs, dans ce cas, nous croyons que le retrayant ne
serait obligé de rembourser que ce qui aurait été
payé réellement, et qu'il profiterait de la remise
faite au cessionnaire. Mais si le cohéritier avait
voulu faire une libéralité pure et simple et sans
arrière-pensée au cessionnaire, en lui léguant ce
qu'il resterait lui devoir, dans cette hypothèse, nous
pensons que le retrayant serait tenu de payer la totalité du prix stipulé. La raison en est que la donation
ou le legs est étranger au retrait; que si le cohéritier
n'avait pas été créancier du cessionnaire, il lui aurait probablement légué ou donné une somme équi-
valente à celle encore due par lui.

134. Une autre question que fait naître la précédente, est celle de savoir ce qu'il faudrait résoudre

dans le cas où le cessionnaire, croyant avoir acheté
à vil prix, aurait, par pure délicatesse de conscience
et avant la demande en subrogation, payé un supplément de prix au cohéritier cédant. Dumoulin
semble se décider pour le remboursement du supplément, car il dit : *Illud et non primum est rerum
pretium conventum, quasi reformata priore vendi-
tione.* Pothier, qui cite aussi cet auteur, ne partage
cet avis qu'autant que la somme payée en augmentation du prix ne l'a été que lorsque la convention
n'avait pas reçu son exécution par la tradition ;
différemment, il décide la question contre le cessionnaire et n'oblige pas le retrayant à payer au-delà de
ce qui a été stipulé dans le contrat. Nous adoptons
le sentiment de Pothier : nous ne pensons pas que le
cessionnaire pût contraindre le retrayant à lui payer
au-delà du prix convenu, alors même que le supplément serait reconnu avoir été réellement payé.

135. Lorsque le cessionnaire a revendu les droits
successifs par lui acquis du cohéritier, contre qui
s'exerce le retrait et quel est le prix qui doit être
remboursé ?

Ces deux questions ne sont pas d'une solution
facile.

Quant à celui contre qui le retrait doit être exercé,
il semblerait, au premier aspect, que ce devrait être
contre le premier cessionnaire. Les droits aliénés ne
sont pas des immeubles que le retrayant puisse
suivre dans quelques mains qu'ils passent ; une fois
le retrait exercé contre celui qui aurait acheté du

cohéritier, il paraîtrait que la cession faite au tiers
dût tomber d'elle-même, sans qu'il fût besoin au
retrayant de s'adresser à lui, car le cessionnaire ne
lui ayant transmis qu'un droit résoluble, dès que la
demande en subrogation est faite, ce droit du sous-
acquéreur devrait s'évanouir.

Mais à cela on opposerait avec raison que le cessionnaire étant dépouillé du droit acquis, il faut
bien s'adresser à celui qui en est devenu propriétaire
et qui peut seul les exercer. D'ailleurs, il est rare
que dans une succession il n'y ait pas des immeubles, et alors, le tiers ayant sur sa tête une part
indivise de ces mêmes immeubles, c'est nécessairement contre lui que la demande doit être dirigée.

Maintenant, quant au prix à rembourser, la difficulté nous paraît plus sérieuse. Sera-ce celui que le
cessionnaire aura payé au cohéritier cédant, ou bien
celui que le tiers aura compté au cessionnaire, que
le retrayant sera obligé de rembourser?

Ceux qui penseraient que ce serait le prix payé
par le tiers au cessionnaire pourraient dire : Il n'y
a qu'un cessionnaire dans l'espèce, c'est celui qui a
acquis le dernier, car lui seul est propriétaire, lui
seul peut se présenter aux cohéritiers pour réclamer
la part qui lui a été cédée dans la succession ; or, si
ce dernier acquéreur est le seul cessionnaire, si c'est
contre lui seul que le retrait puisse être exercé, c'est
nécessairement le prix qu'il a payé lui-même qui
doit être remboursé.

Nous n'adopterions pas toutefois cette opinion ;
nous croyons que le prix seul payé au cohéritier

cédant devrait être remboursé par le retrayant. En voici la raison :

Aux yeux de la loi, il ne peut y avoir deux cessionnaires successifs, car s'il en était autrement, rien ne serait plus facile que d'éluder l'exercice du retrait; le premier cessionnaire n'aurait qu'à porter le prix de la cession qu'il ferait au tiers à une somme plus forte que celle qu'il aurait déboursée lui-même, et rendre ainsi la subrogation impraticable ou tout au moins fort difficile, ce qui ne doit pas être permis.

Supposons donc, d'après cela, que le cessionnaire ait acheté les droits successifs du cohéritier moyennant la somme de 5,000 fr., et qu'il les ait revendus 8,000 fr., dans ce cas, le tiers ne recevra que 5,000 fr. du retrayant, mais il aura le droit de se faire rembourser les 3,000 fr. de surplus du prix par le cessionnaire.

Pothier, qui propose et résout cette question en matière de retrait lignager, s'explique ainsi à ce sujet :

« Si j'ai vendu l'héritage sujet au retrait à Pierre, pour un prix plus fort que celui auquel je l'avais acheté, *puta* si je le lui ai vendu 10,000 fr. quoique je ne l'eusse acheté que 8,000, Pierre, qui ne recevra du retrayant que 8,000fr., aura-t-il le droit de répéter de moi les 2,000 fr. qu'il m'a payés de plus? Oui; il a à cet effet l'action qu'on appelle *condictio sine causa;* l'acquisition que j'avais faite de l'héritage que je lui ai vendu ayant été détruite en ma personne et transférée en celle du retrayant, la vente que je lui en avais faite est détruite, n'ayant pas eu le droit de le lui vendre, et par conséquent je ne puis pas en retenir le prix. »

Cette décision est de toute justice : la demande en subrogation anéantissant les cessions, les choses étant remises au même état qu'elles étaient avant, la totalité du prix payé par le tiers doit lui être remboursée par le retrayant, d'abord pour le prix payé par le cessionnaire, et par ce dernier, pour l'excédant qu'il a reçu.

Supposons maintenant que le cessionnaire qui avait acheté 10,000 fr. les droits des cohéritiers ne les ait revendus que 8,000 fr. Dans ce cas encore, le tiers acquéreur recevra 10,000 fr., et non pas seulement 8,000, et le cessionnaire n'aura pas le droit de lui demander le remboursement des 2,000 fr. qu'il aura reçus de plus ; c'est encore là l'avis de Pothier, et il est fondé sur le principe qui ne permet pas de reconnaître plusieurs cessionnaires des mêmes droits successifs ; dès qu'il n'y a qu'une seule cession de reconnue par la loi, il n'y a qu'un prix aussi à restituer, et c'est celui payé au cohéritier par le cessionnaire.

Vainement dirait-on que le tiers ne doit pas profiter de cet excédant de 2,000 fr. plutôt que le cessionnaire, qu'il n'y a aucune raison pour cela ; que, d'un autre côté, il y a contrat entre le cessionnaire et le tiers, et que ce contrat doit recevoir son exécution, tant qu'il n'apporte aucun obstacle au retrait.

On répondrait à cela que le cessionnaire étant dépouillé de l'objet de la cession, il ne souffre, par le

retrait, aucun dommage, tandis que le tiers qui en
est devenu propriétaire subit lui seul la perte du
bénéfice qu'il aurait pu faire, et qu'à raison de cette
circonstance, c'est lui plutôt que le cessionnaire qui
doit profiter des 2,000 fr.

Pothier donne aussi pour raison qu'en vendant
l'héritage au tiers, le cessionnaire ou premier acquéreur a aliéné tous les droits qu'il avait par rapport à
cet héritage, et par conséquent celui qu'il avait d'exiger, en cas de retrait, le remboursement du prix de
10,000 fr., pour lequel l'héritage lui avait été
vendu; ce retrait ayant donné ouverture à ce droit,
bien loin de détruire l'acquisition que le sous-acqué-
reur en avait faite.

136. En partant du motif donné par Pothier, et
qui nous paraît fondé sur la plus saine raison, il faut
décider aussi avec lui que si le retrait était exercé
contre le tiers à qui ce cessionnaire aurait fait donation des droits successifs par lui acquis du cohéritier, ce cessionnaire ne pourrait pas répéter du tiers
la somme reçue du retrayant.

137. Que faudra-il décider à l'égard des loyaux
coûts? Evidemment ce seront ceux du cessionnaire
et non ceux du tiers qui devront être remboursés à
ce dernier, car dès qu'on ne considère qu'une cession, ce sont les loyaux coûts de cette cession qui
doivent être remboursés.

138. A l'égard des impenses, il faudrait prendre

une autre décision. Le principe qui veut que les impenses soient restituées est fondé sur ce qu'il ne faut pas que le cessionnaire soit lésé, et surtout que le retrayant s'enrichisse aux dépens d'autrui. Or, le tiers serait évidemment lésé, et le retrayant s'enrichirait à son détriment, s'il ne remboursait que les impenses faites par le cessionnaire; le retrayant serait donc obligé de rembourser celles faites par le cessionnaire et celles faites par le tiers.

139. Le cohéritier cédant ne pouvant lui-même revenir contre ses propres engagements, ne peut pas non plus, ni directement ni indirectement, exercer le retrait successoral. Cette faculté est exclusivement réservée aux autres cohéritiers. Il suit de là que s'il était prouvé que le retrayant n'exerçât le retrait que pour faire rentrer les droits successifs aliénés *dans les mains du cédant*, le cessionnaire pourrait s'opposer au retrait, et nous pensons que sa résistance devrait être accueillie par les tribunaux.

Toutefois nous croyons qu'il faudrait une preuve écrite émanée du retrayant lui-même : ainsi, une correspondance ou une convention intervenues entre les deux cohéritiers seraient suffisantes pour prouver le vrai but du retrait.

140. Dès qu'il y a convention ou jugement qui fixe l'époque où le retrayant sera investi des droits du cessionnaire, celui-ci doit être remboursé à cette même époque et sans délai. La loi n'accordant aucun terme, et le cessionnaire étant dépouillé immédia-

tement, il est juste qu'on ne lui fasse pas attendre son remboursement. La plupart des coutumes qui fixaient les règles du retrait lignager ne donnaient que vingt-quatre heures ; on peut voir celle de Paris, art. 136, et celle d'Orléans, 370 ; ces dispositions du droit ancien n'ont pas été reproduites par le Code, mais il suffit d'être pénétré de cet esprit de justice et d'équité qui doit diriger l'homme dans tous ses actes, pour sentir la nécessité de suivre cette règle.

Remarquons cependant que lorsque le retrayant est éloigné et que le retrait a été convenu et arrêté par correspondance, le retrayant doit obtenir le délai moral suffisant pour l'exécuter. Lorsque le retrait a été ordonné par jugement, le délai de vingt-quatre heures court à partir de la signification qui en est faite. La coutume de Paris le faisait courir du jour même de la prononciation ; mais ce serait d'autant plus rigoureux, que le retrayant peut ignorer cette prononciation, tandis qu'il n'est pas censé ignorer la signification que l'on fait en son nom.

On suppose que dans le cours de l'instance la cession a été régulièrement communiquée ou signifiée, car si cela n'avait pas eu lieu, le délai de vingt-quatre heures ne commencerait à courir que du jour de la signification ou de la communication ; il faut bien, en effet, que le retrayant connaisse le prix qu'il doit rembourser avant qu'on puisse le mettre en demeure ou le poursuivre.

141. Si le retrayant ne paie pas à l'époque fixée,

il n'est pas déchu de la faculté du retrait, mais le
cessionnaire peut le poursuivre immédiatement; il
peut lui faire signifier un commandement de vingt-
quatre heures et faire saisir ses meubles.

142. Ce que nous venons de dire relativement au
délai de vingt-quatre heures accordé au retrayant
pour payer le prix de la cession n'est relatif qu'au
prix de la cession, et alors qu'il est liquide et
certain; dans les autres cas, il est toujours accordé
un délai suffisant pour arriver à la parfaite appréciation des choses livrées ou à livrer au cohéritier
cédant.

143. Si le cessionnaire, en vertu de sa cession,
s'était mis, en l'absence ou à l'insu des cohéritiers,
en possession d'un immeuble de la succession qui
n'excédât pas la part du cohéritier cédant, serait-
il autorisé à rester assis sur son gage, jusques à
ce que le retrayant se fût pleinement exécuté à son
égard ?

Ce droit d'insistance nous semblerait être dans
l'esprit de l'art. 841 ; pourquoi, en effet, obligerait-
on le cessionnaire à délaisser l'immeuble alors qu'il
ne serait pas nanti de son prix ? L'objet du retrait
est d'éloigner l'étranger de la succession et de faire
rentrer dans les mains d'un des héritiers les droits
aliénés ; mais ce droit, ce privilége exorbitant n'est
accordé que sous la condition expresse du remboursement du prix de la cession. Or, tant que cette
condition n'est pas remplie par le retrayant, le ces-

sionnaire peut résister et rester en possession de l'immeuble.

Remarquons cependant que si le retrayant agissait, non pas en cette qualité seule, mais aussi comme cohéritier, comme propriétaire d'une partie indivise des biens de la succession, son action en délaissement ou en revendication devrait être accueillie quoiqu'il n'eût pas encore payé le prix de la cession.

FIN.

TABLE

ALPHABÉTIQUE ET ANALYTIQUE

DES MATIÈRES.

——•○•——

A

DOTALITÉ.

DROITS SUCCESSIFS.

E

ECHANGISTE.

ENFANT NATUREL.

EXCEPTION.

EXÉCUTION.

H

HÉRITIER.

HÉRITIER BÉNÉFICIAIRE.

I

INDIVIS.

INSISTANCE.

INTÉRÊTS.

IMPENSES.

L

LÉGATAIRE.

LÉGITIMAIRE.

LICITATION.

LOYAUX COUTS.

M

MARI.

O

OFFRES.

OFFRES RÉELLES.

P

PARAPHERNAUX.

PARTAGE.

Q

R

S

T

FIN DE LA TABLE.